Kohlhammer

Der Autor und die Autorin

Dr. Jörn Borke ist Professor für Entwicklungspsychologie der Kindheit an der Hochschule Magdeburg-Stendal und Vorstandsmitglied im dortigen Kompetenzzentrum Frühe Bildung (KFB). Er verfügt über langjährige Forschungs-, Lehr- und Weiterbildungserfahrungen unter anderem in den Bereichen kulturvergleichende Säuglings- und Kleinkindforschung, Eltern-Kind-Interaktionen sowie kultursensitive Frühpädagogik und Beratung.

© Kerstin Seela

Dr. Heidi Keller ist Professorin i. R. an der Universität Osnabrück und Direktorin des Nevet Greenhouse an der Hebrew University in Jerusalem. Ihr Forschungsschwerpunkt ist die Entwicklung von Kindern in unterschiedlichen kulturellen Kontexten. Auf der Grundlage der Erkenntnisse der kulturvergleichenden Entwicklungspsychologie entwickelt sie Konzepte und Programme für die elementar- und frühpädagogische Praxis. Diverse Preise und Auszeichnungen reflektieren die internationale Anerkennung ihrer Forschung.

Jörn Borke
Heidi Keller

Kultursensitive Frühpädagogik

2., überarbeitete Auflage

Verlag W. Kohlhammer

Dieses Werk einschließlich aller seiner Teile ist urheberrechtlich geschützt. Jede Verwendung außerhalb der engen Grenzen des Urheberrechts ist ohne Zustimmung des Verlags unzulässig und strafbar. Das gilt insbesondere für Vervielfältigungen, Übersetzungen, Mikroverfilmungen und für die Einspeicherung und Verarbeitung in elektronischen Systemen.

Die Wiedergabe von Warenbezeichnungen, Handelsnamen und sonstigen Kennzeichen in diesem Buch berechtigt nicht zu der Annahme, dass diese von jedermann frei benutzt werden dürfen. Vielmehr kann es sich auch dann um eingetragene Warenzeichen oder sonstige geschützte Kennzeichen handeln, wenn sie nicht eigens als solche gekennzeichnet sind.

Es konnten nicht alle Rechtsinhaber von Abbildungen ermittelt werden. Sollte dem Verlag gegenüber der Nachweis der Rechtsinhaberschaft geführt werden, wird das branchenübliche Honorar nachträglich gezahlt.

Dieses Werk enthält Hinweise/Links zu externen Websites Dritter, auf deren Inhalt der Verlag keinen Einfluss hat und die der Haftung der jeweiligen Seitenanbieter oder -betreiber unterliegen. Zum Zeitpunkt der Verlinkung wurden die externen Websites auf mögliche Rechtsverstöße überprüft und dabei keine Rechtsverletzung festgestellt. Ohne konkrete Hinweise auf eine solche Rechtsverletzung ist eine permanente inhaltliche Kontrolle der verlinkten Seiten nicht zumutbar. Sollten jedoch Rechtsverletzungen bekannt werden, werden die betroffenen externen Links soweit möglich unverzüglich entfernt.

2., überarbeitete Auflage 2021

Alle Rechte vorbehalten
© W. Kohlhammer GmbH, Stuttgart
Gesamtherstellung: W. Kohlhammer GmbH, Heßbrühlstr. 69, 70565 Stuttgart
produktsicherheit@kohlhammer.de
Umschlag: Gestaltungskonzept Peter Horlacher
Umschlagmotiv: pressmaster-Fotolia.com

Print:
ISBN 978-3-17-038682-2

E-Book-Formate:
pdf: ISBN 978-3-17-038683-9
epub: ISBN 978-3-17-038684-6
mobi: ISBN 978-3-17-038685-3

Vorwort der Herausgeberin und der Herausgeber

Die Lehrbuchreihe »*Entwicklung und Bildung in der Frühen Kindheit*« will Studierenden und Fachkräften das notwendige Grundlagenwissen vermitteln, wie die Bildungsarbeit im Krippen- und Elementarbereich gestaltet werden kann. Die Lehrbücher schlagen eine Brücke zwischen dem aktuellen Stand der einschlägigen wissenschaftlichen Forschungen zu diesem Bereich und ihrer Anwendung in der pädagogischen Arbeit mit Kindern.

Die einzelnen Bände legen zum einen ihren Fokus auf einen ausgewählten Bildungsbereich, z. B. darauf, wie Kinder ihre sozio-emotionalen, sprachlichen, kognitiven, mathematischen oder motorischen Kompetenzen entwickeln. Hierbei ist der Leitgedanke darzustellen, wie die einzelnen Entwicklungsniveaus der Kinder und Bildungsimpulse der pädagogischen Einrichtungen ineinandergreifen und welche Bedeutung dabei den pädagogischen Fachkräften zukommt. Die Reihe enthält zum anderen Bände, die zentrale bereichsübergreifende Probleme der Bildungsarbeit behandeln, deren angemessene Bewältigung maßgeblich zum Gelingen beiträgt. Dazu zählen Fragen, wie pädagogische Fachkräfte ihre professionelle Responsivität den Kindern gegenüber entwickeln, wie sie Gruppen von Kindern stressfrei managen oder mit Multikulturalität, Integration und Inklusion umgehen können. Die einzelnen Bände bündeln fachübergreifend aktuelle Erkenntnisse aus den Bildungswissenschaften wie der Entwicklungspsychologie, Diagnostik sowie Früh- und Sonderpädagogik und bereiten für den Einsatz in der Aus- und Weiterbildung, aber ebenso für die pädagogische Arbeit vor Ort vor. Die Lehrbuchreihe richtet sich sowohl an Studierende, die sich in ihrem Studium mit der Entwicklung und institutionellen Erziehung von Kindern befassen, als auch an die pädagogischen Fachkräfte des Elementar- und Krippenbereichs.

Im vorliegenden Band »Kultursensitive Frühpädagogik« wird ein vielfach nachgefragter frühpädagogischer Ansatz vorgestellt, der den Umgang mit kultureller Vielfalt in den Kindertageseinrichtungen (KiTas) zum Gegenstand hat und in die Bildungsangebote einbezieht. Bei mittlerweile 35 % Kindern mit Migrationshintergrund in den KiTas ist ein offenkundiges Spannungsfeld zwischen den kulturspezifischen Erziehungserwartungen entstanden, die Eltern mit und ohne Migrationshintergrund an die KiTa herantragen und die KiTa-Fachkräfte in ihrer pädagogischen Arbeit vertreten. Dieses Spannungsfeld wird in dem Band kritisch reflektiert und Lösungen in Richtung auf einen kultursensitiven Umgang werden vorgeschlagen. Der Autor Jörn Borke hat als Leiter der Babysprechstunde an der Universität Osnabrück einen umfassenden Einblick in die Erziehungssorgen von Eltern, die sich gerade auch aus der kulturellen Vielfalt ergeben, und Heidi Keller hat als international renommierte Wissenschaftlerin im Bereich der Kultur- und Entwicklungspsychologie maßgeblich zu unserem heutigen differenzierten Verständnis von kulturspezifischen Erziehungszielen und -praktiken beigetragen. Ihr kultursensitiver Ansatz erlaubt es, nicht nur das menschliche Grundbedürfnis nach *Autonomie*, das in westlichen Industrieländern vor allem wertgeschätzt wird, sondern auch das ebenso menschliche Grundbedürfnis nach *Verbundenheit* in den Blick zu nehmen und ihre jeweils kulturspezifischen Legierungen klarer identifizieren zu können.

Ein großes Verdienst dieses Buches ist es, die in der (Früh-)Pädagogik favorisierten Ansätze und bildungspolitischen Rahmenvorgaben für die KiTa-Arbeit auf ihre impliziten kulturpsychologischen Vorannahmen kritisch zu hinterfragen und praktikable Möglichkeiten der Öffnung und Erweiterung in Richtung auf eine kultursensitive Pädagogik anzubieten. Dazu werden anhand von prototypischen Situationen des KiTa-Alltags Handlungsalternativen für einen kultursensitiven Umgang mit Kindern und Eltern beschrieben und auch konkrete kultursensitive Bildungsangebote vorgestellt.

Die »Kultursensitive Frühpädagogik« kann Fachkräften ebenso wie Eltern helfen, das Spektrum an kulturspezifischen Erziehungsvorstellungen und -erwartungen von Eltern und kulturspezifischen Verhaltensweisen ihrer Kinder in der KiTa besser verstehen und einordnen zu können. Dadurch kann sowohl der Kontakt mit den Eltern erleichtert als auch deren Bereitschaft erhöht werden, sich auf einen Dialog mit den KiTa-Fachkräften einzulassen. Eine kultursensitive pädagogische Arbeit kann an die unterschiedlichen kulturellen Hintergründe der Kinder passgenauer anknüpfen und im Sinne der aktuell auch diskutierten inklusiven Bildung einen erfolgreichen Start in das Bildungssystem eröffnen.

Wir freuen uns, dass Jörn Borke und Heidi Keller eine Bearbeitung ihres Buches vorgenommen haben, in der sie die neuesten Entwicklungen und Studien der letzten sechs Jahre nach der Erstveröffentlichung berücksichtigt haben.

Münster, Freiburg und Heidelberg im Frühjahr 2020
Manfred Holodynski, Dorothee Gutknecht und Hermann Schöler

Inhaltsverzeichnis

Vorwort der Herausgeberin und der Herausgeber		5
Einführung		9
1	**Kultur und Entwicklung**	**13**
	1.1 Einleitung	13
	1.2 Kontext und Kultur	14
	1.3 Autonomie und Verbundenheit als menschliche Grundbedürfnisse und kulturelle Werte	17
	1.4 Der Prototyp der *psychologischen Autonomie* als Organisator von Entwicklung	20
	1.5 Der Prototyp der *hierarchischen Verbundenheit* als Organisator von Entwicklung	23
	1.6 Mischformen, Varianten und Risiken	28
	1.7 Unterschiedliche kulturelle Modelle in frühpädagogischen Einrichtungen	30
	1.8 Empfohlene Literatur zur Vertiefung	30
2	**Einordnung zentraler Konzepte, Begriffe und Curricula der Frühpädagogik**	**32**
	2.1 Pädagogische Konzepte	32
	2.1.1 Friedrich Fröbel – die Anfänge des Kindergartens und einer kindzentrierten Sichtweise	32
	2.1.2 Montessoripädagogik	35
	2.1.3 Waldorfpädagogik	38
	2.1.4 Emmi Pikler	43
	2.1.5 Reggio-Pädagogik	45
	2.1.6 Situationsansatz	50
	2.1.7 Resümee	58
	2.2 Der Bildungsbegriff	59
	2.2.1 Definition	59
	2.2.2 Die Wende zur Subjektivität	60
	2.2.3 Aktuelle Bildungsbegriffe in der Frühpädagogik	61
	2.3 Die Bedeutung von kultureller Vielfalt in den fachpolitischen Vorgaben und Rahmenrichtlinien der Frühpädagogik	69
	2.3.1 Der politische Entstehungshintergrund	69

		2.3.2	Die Bedeutung des Aspektes *Umgang mit kultureller Vielfalt* im Rahmenpapier der Jugendministerkonferenz sowie der Kultusministerkonferenz	78
		2.3.3	Die Bedeutung des Aspektes *Umgang mit kultureller Vielfalt* in den Bildungs- und Orientierungsplänen	79
	2.4		Pädagogische Ansätze zum Umgang mit kultureller Vielfalt	85
	2.5		Inklusion	97
	2.6		Empfohlene Literatur zur Vertiefung	103
3	**Kultursensitive Frühpädagogik**			**104**
	3.1		Einleitung	104
	3.2		Kultursensitive Frühpädagogik	104
		3.2.1	Kenntnis	105
		3.2.2	Haltung	106
		3.2.3	Können	110
	3.3		Zentrale Situationen der frühpädagogischen Praxis	111
		3.3.1	Kontakt mit Eltern/Familien	111
		3.3.2	Spielsituationen	116
		3.3.3	Gestaltung von Übergängen/Eingewöhnung	121
		3.3.4	Umgang mit zentralen physiologischen Bedürfnissen	125
		3.3.5	Sprache	129
		3.3.6	Raumgestaltung	135
	3.4		Empfohlene Literatur zur Vertiefung	138
4	**Zusammenfassung und Ausblick**			**139**
Literatur				**141**

Einführung

Vor einiger Zeit ist ein bedeutsamer Perspektivenwechsel in Bezug auf die pädagogische Arbeit in Kindertageseinrichtungen vollzogen worden. Aus der Kinderbetreuung unter dem primären Aspekt der Betreuung wurde ein Bildungsort mit definitivem Bildungsauftrag. Dies ist vor allem auf die Ergebnisse der »*Programs for International Student Assessment-Studien*« (Programme zur internationalen Schülerbewertung oder kurz *PISA-Studien*) zurückzuführen. Diese Studien werden von der *OECD* (Organisation für wirtschaftliche Zusammenarbeit und Entwicklung) seit dem Jahr 2000 alle drei Jahre durchgeführt. Die Ergebnisse der ersten Untersuchung, bei der deutsche Schülerinnen und Schüler unerwartet schlecht abschnitten, wirkten schockartig auf Bildungspolitik und Öffentlichkeit. Besonders deutlich wurde dabei auch, wie stark in Deutschland das Abschneiden in den Bildungssystemen von der sozialen Herkunft und damit auch vom kulturellen Hintergrund der Kinder und Familien abhängt, was als deutliches Indiz dafür gesehen werden kann, dass die Bildungssysteme nicht gut anschlussfähig an unterschiedliche Hintergründe von Kindern sind. Dies löste eine große Welle von Aktivitäten aus, woraufhin sich die Ergebnisse in den folgenden Jahren tatsächlich auch verbesserten, seit 2012 allerdings eher stagnierten oder teilweise sogar wieder rückläufig waren. Dennoch hat sich die Bedeutung der sozialen Herkunft verringert, wenngleich diese im Vergleich zu vielen anderen Ländern weiterhin recht hoch ist. Und auch die Ergebnisse von Kindern mit Migrationshintergrund haben sich verbessert (BMBF, o. J.). Die Ergebnisse und Entwicklungen zeigen also zum einen, dass sich Verbesserungen ergeben haben, belegen aber zum anderen auch, dass weiterhin Anstrengungen und Reformen notwendig sind. Konkret bezogen auf die Qualität im Bildungsbereich Frühe Bildung, trat zu Beginn des Jahres 2019 zudem das Gesetz zur Weiterentwicklung der Qualität und zur Teilhabe in der Kindertagesbetreuung (Gute-KiTa-Gesetz) in Kraft, welches mit einen Fördervolumen von 5,5 Milliarden Euro dazu beitragen soll, die Betreuungsqualität in Kindertagesstätten weiter zu erhöhen (BMFSFJ, 2019a). Daneben besteht eine Debatte bezüglich der Quantität von angebotenen Betreuungsmöglichkeiten. Anfang der 1990er Jahre wurde ein Rechtsanspruch auf einen Kindergartenplatz für jedes Kind im Alter von drei Jahren bis zum Schuleintritt beschlossen und 1996 auch gesetzlich verankert (§ 24 SGB VIII). Vor allem auch um Eltern bessere Möglichkeiten zur Vereinbarkeit von Familie und Beruf anbieten zu können, wurde dann durch das Kinderförderungsgesetz (KiföG) 2008 ein Rechtsanspruch auf einen Platz (in einer Einrichtung oder in einer Kindertagespflegestelle) auch für Kinder ab dem vollendeten ersten Lebensjahr beschlossen, welcher im August 2013 in Kraft trat. In der Zeit von 2008 bis 2018 hat sich die Betreuungsquote von

Kindern unter drei Jahren von 17,6 % auf 33,6 % nahezu verdoppelt. Der Wunsch nach einem Betreuungsplatz besteht allerdings bei etwa 45 % der Eltern, so dass, auch wenn in den letzten zehn Jahren 400.000 neue Plätze für Kinder unter drei Jahren neu geschaffen werden konnten und bis Ende 2020 100.000 weitere angeboten werden sollen, es dennoch nach wie vor ein Unterangebot gibt (BMFSFJ, 2019b).

Dieser quantitative Ausbau erfordert eine inhaltliche und qualitative Auseinandersetzung mit diesem frühen Altersbereich in Bezug auf Bildungsmöglichkeiten, die aktuell im Zentrum vieler Debatten steht. Die Qualitätsdebatte ist inzwischen ausgeweitet worden, auch auf die multikulturelle Realität in vielen Tageseinrichtungen. Eine Vielzahl von Ansätzen mit unterschiedlichen Schwerpunkten ist in den letzten Jahren entwickelt worden (für einen Überblick siehe Borke & Schwentesius, 2020; Otto, Schröder & Gernhardt, 2013; Wagner, 2017). Hierbei lassen sich mitunter sehr unterschiedliche Definitionen bzw. Konzeptionen von kultureller Vielfalt finden sowie entsprechend unterschiedliche Herangehensweisen. So gibt es Ansätze, die sich auf eine Betrachtung von Kultur aus einer Perspektive von Ländern und ethnischen Gruppen beziehen (z. B. Beschreibungen zur Arbeit mit Familien mit türkischem Hintergrund [z. B. Leenen, Grosch & Kreidt, 1990] oder auf die Arbeit mit Familien mit Migrationshintergrund generell; ▶ Kap. 2.4). Diese Definition des Kulturbegriffes ist jedoch irreführend, da natürlich auch sehr große Unterschiede zwischen Familien, die im selben Land leben oder aus demselben Land kommen, bestehen. Ländervergleiche können durch die Beschreibung historischer Hintergründe, bestimmter daraus entstandener Werte sowie sprachlicher und religiöser Aspekte nützlich sein, sie sind aber nur sehr bedingt geeignet, das jeweilige kulturelle Verständnis von frühpädagogischen Einrichtungen und kindlichen Bildungsprozessen sowie von elterlichen Erziehungsvorstellungen zu erfassen.

Demgegenüber stehen Ansätze, die die Einzigartigkeit jeder Familie und ihrer Familienkultur betonen. Dabei wird das Beschreiben von Gruppen vermieden, um möglichen Diskriminierungen vorzubeugen (z. B. Mecheril, do Mar Castro Varela, Dirim, Kalpaka & Melter, 2010; ▶ Kap. 2.4). So lässt sich zwar einerseits Sensibilität für das Individuum und die individuelle Familie vermitteln, denn natürlich ist jedes Kind und jede Familie einzigartig; auf der anderen Seite ist jedoch nicht zu übersehen, dass jedes Individuum gleichzeitig wie manch anderes und auch wie alle anderen Individuen ist (so hat Pervin [1987], einem Zitat von Kluckholm & Murray [1953] folgend, den Gegenstandsbereich der Persönlichkeits- und Differenziellen Psychologie definiert). Diese Perspektiven sind ebenfalls notwendig, um kulturelle Vielfalt zu verstehen und frühpädagogischen Fachkräften Erklärungsansätze für kindliches Verhalten und elterliche Vorstellungen und Wünsche sowie Handlungsalternativen zur Verfügung zu stellen. Diese komplexe Situation birgt durchaus auch die Gefahr, sich in Widersprüche zu verstricken. Es wird nämlich zum einen gefordert, das einzelne Kind in seinen Möglichkeiten und Grenzen individuell zu fördern, andererseits wird aber darauf geachtet, dass alle Kinder die gleiche Behandlung erfahren sollen, um Diskriminierungen zu vermeiden. Das kann zu widersprüchlichen Anforderungen an das alltägliche Handeln führen, wenn man jedem Kind individuell begegnen möchte, sich aber bei einer Ungleichbehandlung potenziell einem Diskriminierungsverdacht ausgesetzt sehen kann.¹

Der in diesem Buch vorgestellte Ansatz einer kultursensitiven Frühpädagogik bietet eine Möglichkeit zum Umgang mit kultureller Vielfalt, durch die die oben dargestellten Einschränkungen der bisherigen Ansätze aufgehoben werden können. Kulturelle Vielfalt wird über zugrunde liegende sozio-demografische und sozio-ökonomische Hintergründe definiert. Dadurch wird es möglich, kulturelle Kontexte zu definieren, die sich empirisch erfassen und vergleichend analysieren lassen. Aus diesem Wissen heraus können die bisherige Bildungsbiographie bei Eintritt in die frühpädagogische Einrichtung ebenso eingeordnet werden wie die Erwartungen, die Eltern den frühpädagogischen Fachkräften entgegenbringen. Aus den Kenntnissen über den kulturellen Kontext, in dem ein Kind und seine Familie sozialisiert sind, lassen sich konkrete Handlungsmöglichkeiten für die frühpädagogische Arbeit herleiten.

Dabei soll nicht bestritten werden, dass sich selbstverständlich Unterschiede zwischen allen Familien zeigen, und es soll sicherlich keinem »Schubladendenken« Vorschub geleistet werden. Vielmehr bietet der hier dargestellte Ansatz einer kultursensitiven Frühpädagogik Einordnungsmöglichkeiten, die die Komplexität kultureller Vielfalt nicht über Gebühr reduzieren (wie es z. B. bei Ländervergleichen der Fall ist). Der Ansatz soll – unter bewusster Einbeziehung der jeweiligen individuellen familiären Hintergründe, Wünsche und Bedürfnisse – für die frühpädagogische Praxis Handlungsalternativen bezüglich eines differenzierten Umgangs je nach kulturellem Hintergrund bereitstellen. Die Unterschiedlichkeit zwischen Menschen und Gruppen ist dabei Gegenstand einer ressourcenorientierten pädagogischen Haltung. Der in diesem Buch präsentierte Ansatz kann also dazu beitragen, unterschiedliche kulturelle Hintergründe von Kindern und Eltern in der Kindertageseinrichtung besser verstehen und einordnen zu können. Durch dieses Verständnis kann der Kontakt mit den Eltern sowie auch deren Bereitschaft, sich auf den Dialog mit der Kindertageseinrichtung einzulassen, erleichtert werden. Weiterhin kann durch die dargelegten Möglichkeiten eines differenziellen Umgangs mit unterschiedlichen Alltagssituationen ein frühpädagogisches Angebot gestaltet werden, welches für Kinder mit unterschiedlichen kulturellen Hintergründen anschlussfähig ist und ihnen damit einen jeweils für sie passenden Start in das institutionelle Bildungssystem bereiten kann.

Das Buch ist in folgender Weise aufgebaut: Im ersten Teil wird zunächst der Kulturbegriff, wie wir ihn verstehen, erläutert. Daran anschließend werden verschiedene kulturelle Entwicklungspfade mit jeweils unterschiedlichen Konsequen-

---

1 Eine solche Situation kann beispielsweise eintreten, wenn Kinder sehr unterschiedliche Spielinteressen und -erfahrungen zeigen, die unter anderem mit ihren kulturell bedingten Vorerfahrungen zusammenhängen können. Die frühpädagogischen Fachkräfte stehen damit möglicherweise zwischen der Herangehensweise, auf die jeweiligen kindlichen Bedürfnisse und Erfahrungen einzugehen und damit Unterschiede im Umgang mit den Kindern bzw. der Gestaltung von Situationen und Abläufen zu ermöglichen, sowie der Maxime, allen Kindern die gleichen Bedingungen anzubieten und keine Kinder von Aktivitäten auszuschließen bzw. ihnen Angebote vorzuenthalten.

zen für die kindliche Entwicklung, die elterliche Erziehung und die frühpädagogische Arbeit dargestellt. In Teil 2 wird betrachtet, inwiefern sich die jeweiligen Konzepte und Ansätze der Frühpädagogik mit dem hier vertretenen kultursensitiven Ansatz vereinbaren bzw. welche Chancen und Grenzen sich jeweils für eine kultursensitive Arbeit beschreiben lassen. In Teil 3 werden die Grundzüge einer kultursensitiven Frühpädagogik dargestellt und anhand von alltäglichen Situationen der frühpädagogischen Arbeit kultursensitive Handlungs- bzw. Gestaltungsmöglichkeiten beschrieben.

1 Kultur und Entwicklung

1.1 Einleitung

In diesem Kapitel wird ein ökokulturelles Modell von Entwicklung dargestellt, das die Hintergründe für die weiter unten ausgeführten Ansätze einer entwicklungspsychologisch fundierten kultursensitiven Frühpädagogik bildet. Damit soll ein Beitrag zu einer differenziell orientierten Pädagogik geleistet werden.

Ausgangspunkt ist die zentrale Annahme, dass alle Menschen mit biologisch angelegten Entwicklungspotenzialen ausgestattet sind, die es ihnen ermöglichen, allgemeine Entwicklungsaufgaben in spezifischen Umwelten zu bewältigen. Die Umwelt hat also einen selektierenden Einfluss auf die Gestaltung und Ergebnisse von Entwicklungsprozessen und damit auf die gesamte Psyche des Menschen. Die jeweiligen umwelt- oder kontextspezifischen Ausprägungen sind an kulturellen Modellen orientiert, die Anpassungen an diese spezifischen Umwelten definieren. Die Entwicklungsaufgaben sind weitgehend universell (z. B. Erikson, 1950; Havighurst, 1972) und können als Teil unseres evolutionären Erbes betrachtet werden. Es wird angenommen, dass sich im Verlauf der Menschheitsgeschichte Aufgaben gestellt haben, die das Überleben erleichtert haben. So können sich z. B. größere Gruppen erfolgreicher verteidigen und effektiver Nahrungsquellen erschließen. Größere Gruppen erfordern aber andere Kommunikationsmuster als kleine Gruppen, um die Gruppenzusammengehörigkeit zu erhalten. Manche Evolutionspsychologen erklären so z. B. die Entstehung von Sprache: Sprache ermöglichte die Aufrechterhaltung von sozialen Beziehungen in größeren Gruppen (*social grooming Hypothese* [Sprache als soziale Weiterentwicklung der bei vielen Tierarten üblichen gegenseitigen Fellpflege], Dunbar, 1996). Also mussten sich entsprechende Fähigkeiten und Fertigkeiten herausbilden, die den Erwerb dieser neuen Kompetenzen ermöglichten. Durch die zentrale Bedeutung der Kontexteinflüsse wird die besondere Bedeutung des Lernens für die menschliche Entwicklung deutlich. Das Lernen in Abhängigkeit von Kontextfaktoren ist zwar ein lebenslanger Prozess, dennoch bestehen enge Beziehungen zwischen der Wirksamkeit und der Bedeutsamkeit von Erfahrungen in den jeweiligen Entwicklungsphasen. Gerade das Säuglings- und Kleinkindalter ist eine besondere Entwicklungsphase mit einer hohen Entwicklungsgeschwindigkeit. In den ersten beiden Lebensjahren lernen wir mehr und schneller als in allen anderen Entwicklungsphasen. Aufgrund der komplexen Anforderungen der sozialen Regulation in größeren Gruppen (Geary & Flinn, 2001) und der damit verbundenen Notwendigkeit sozialer Intelligenz entwickelte und vergrößerte sich das menschliche Gehirn. Die ebenfalls evolvierte Zweibeinigkeit des Menschen, welche wiederum den großen Selektionsvorteil mit sich brachte, dass die Hände auch losgelöst von Fortbewegungsaktivitäten benutzt werden können, begrenzte die Ausdehnungsmöglichkeiten des Geburtskanal. Das bedeutet, dass Babys nicht im Mutterleib ausreifen können, da sie dann den Geburtskanal nicht mehr passieren könnten. So kam es dazu, dass die Säuglinge früher und damit unreifer (etwa zwei bis drei Monate vorverlagert) geboren werden. Der Schweizer Biologe, Zoologe und Naturphilosoph Adolf Portmann (1941) hat den Menschen daher als »physiologische Frühgeburt« bezeichnet. Diese besondere Ausgangssituation erfordert ein hohes Maß an postnataler neuronaler Entwicklung und damit eine lange Spanne der unselbstständigen Kindheit. Die, verglichen mit dem Tierreich, relativ lange Zeit der Abhängigkeit ist also ein zentrales Kennzeichen von menschlicher Entwicklung (Bjorklund & Pellegrini, 2002; Tomasello, 2019), ebenso wie die damit zusammenhängende Notwendigkeit des Lernens und Verarbeitens kontextgebundener Informationen als zentraler menschlicher Entwicklungsmotor. Die Plastizität der menschlichen Entwicklung bietet den großen Vorteil, dass sich Menschenkinder sehr flexibel an die unterschiedlichsten Umgebungen erfolgreich anpassen können. Auch für die Zeit bis zum Schuleintritt lässt sich zeigen, dass die Entwicklungsgeschwindigkeit noch sehr hoch ist und Kinder noch relativ leicht große Mengen an Information aufnehmen. Allerdings gibt es eine große natürliche Varianz von Entwicklungsprozessen, was zu ausgeprägten interindividuellen Unterschieden führt (siehe z. B. Borke, Lamm & Schröder, 2019; Largo, 2006; Michaelis, 2006).

1.2 Kontext und Kultur

Zu kaum einem anderen Konzept liegt eine solche Fülle von unterschiedlichen Definitionen vor wie für *Kultur*. Liest man frühpädagogische Konzeptionen von Kindertageseinrichtungen, wird darin der Begriff *Kultur* häufig mit künstlerischen Tätigkeiten oder Produkten in Verbindung gebracht, also im weitesten Sinne mit ästhetischer Bildung gleichgesetzt. In weiten Bereichen der empirischen Psychologie wird Kultur mit Land gleichgesetzt. In der öffentlichen Diskussion finden wir häufig Kultur als Religion gefasst, z. B. »die muslimische Kultur«. In der Kulturpsychologie wird Kultur mit Deutungsmustern (Normen, Werten, Einstellungen) und Verhaltensweisen bestimmt. Wir folgen dieser Tradition und verankern Kultur in kontextuellen Merkmalen der Menschen, die diese Deutungsmuster teilen und ähnliche Verhaltensweisen zeigen (Keller, 2011a, 2019a). Die kontextuellen Merkmale bestimmen das soziale Milieu und betreffen in erster Linie

- das Niveau der formalen (schulischen) Bildung
- die Organisationsform der Familie
- die Anzahl der Kinder und
- das Erstgeburtsalter.

Die Unterscheidungskriterien beziehen sich also nicht auf Länder-, Sprach- oder Religionsunterschiede, sondern auf soziodemographische Merkmale. Menschen, die in solchermaßen definierten ähnlichen sozialen Milieus leben, teilen auch Einstellungen und Verhaltensweisen. Dieser kulturelle Kontext wird als der zentrale Organisator für die Gestaltung des Lebens betrachtet. Kontext und Kultur bilden demnach eine untrennbare Allianz, und die jeweiligen Kontexte erfordern bestimmte Anpassungsleistungen der dort lebenden Menschen, damit sie erfolgreich agieren und sich wohlfühlen können. Kultur wird demnach als das Medium des Menschen aufgefasst, durch welches sich solche Anpassungsleistungen vollziehen können.

Eine solche Verortung von Entwicklung als soziokulturellem Prozess geht zurück auf die kulturanthropologische/psychologische Schule von John W. M. und Beatrice B. Whiting und verbindet diese Annahmen mit zentralen Konzepten der evolutionären Psychologie (Keller, 2007, 2011a). Die Whitings riefen das Harvard-Projekt *Six Cultures Study* ins Leben, in dem die Entwicklung von Kindern in sechs unterschiedlichen kulturellen Umwelten[2] nachgezeichnet wurde (Whiting & Whiting, 1975). Sie beschrieben und verdeutlichten damit detailliert den direkten Bezug zwischen den Bedingungen der spezifischen ökologischen Umwelt, den sozialen Arrangements und der Sozialisation der Nachkommen, der Entwicklung des Kindes bis zum Erwachsenen sowie der Ausgestaltung und Weitergabe der jeweils spezifischen Kultur.

Ähnliche Zusammenhänge werden auch in der Evolutionspsychologie beschrieben; in den sogenannten *life history-Ansätzen* spielen die Umwelt und die Ressourcen eine zentrale Rolle für die körperliche und psychologische Entwicklung (Belsky, Steinberg & Draper, 1991; Keller, 2010). Nach diesen Ansätzen sind die alltägliche Umgebung und das Alltagsleben sowie die durch diese hergestellte Lernumwelt des Kindes zentral für dessen weitere Entwicklung.

Aus einer Synthese dieser beiden Ansätze (den psychokulturellen und evolutionären Konzeptionen) haben wir das ökokulturelle Modell der Entwicklung entwickelt (▶ Abb. 1).

Wie oben bereits aufgeführt, lassen sich die ökologische Situation bzw. die Möglichkeiten und Gegebenheiten des jeweiligen Umfeldes, in dem Familien leben, anhand von soziodemographischen Variablen beschreiben, die eng mit den ökonomischen Situationen sowie den sozialen Strukturen verbunden sind (z. B. sozioökonomischer Status [SÖS], Bildungsgrad oder Familienform). Daraus abgeleitet definieren wir Kultur als einen dynamischen und interaktiven Prozess, in dem sich Überzeugungen und Werte herausbilden, die zentral für das Alltagsleben der Menschen in den jeweiligen Kontexten sind (Greenfield, 2004; Keller, 2007, 2016). Kinder nehmen daher geradezu beiläufig die kulturellen Botschaften ihrer Umgebung auf. Auch werden diese durch bewusste und unbewusste Prozesse von den Eltern an die nachfolgende Generation übertragen. Da Entwicklung ein aktiver Prozess ist, werden kulturelle Werte in dem intergenerationellen Geschehen modi-

---

2 Diese Umwelten waren die Bewohner (1) einer Baptistengemeinde in New England (USA), (2) eines Stadtteils auf den Philippinen, (3) eines Dorfes auf Okinawa (Japan), (4) eines Dorfes mit indigener Bevölkerung in Mexico, (5) eines Stammes im ländlichen Kenia und (6) eine Bevölkerungsgruppe im Norden Indiens.

fiziert. Zudem sind zeithistorische Prozesse wirksam. So lässt sich beispielsweise zeigen, dass mit einem Anstieg der formalen (schulischen) Bildung das Erstgeburtsalter der Frauen steigt, die Anzahl der Kinder zurückgeht und eher die Form der Kleinfamilie bevorzugt gelebt wird (Caldwell, 1982). Kultur bedeutet in diesem Sinne: Anpassungsprozesse an eine bestimmte Umwelt. Diese Anpassungsleistung ist mithin als Teil der menschlichen Natur anzusehen (Keller, 2007; Rogoff, 2003).

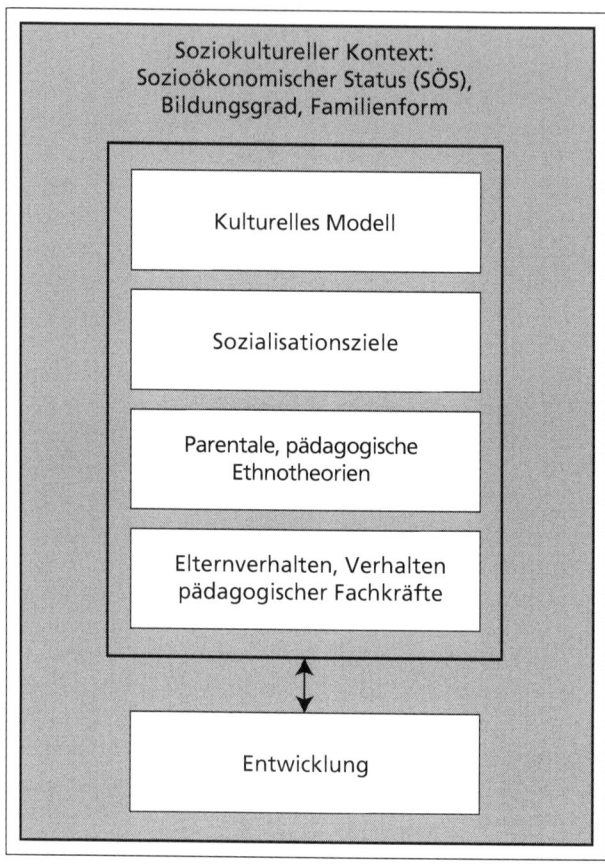

Abb. 1: Ökokulturelles Modell der Entwicklung (Keller, 2011a, S. 25; vgl. auch Keller, 2007; Keller & Kärtner, 2013)

Aus diesem Kulturbegriff lässt sich eine differenzielle Betrachtungsweise ableiten, da sich anhand der unterschiedlichen soziodemographischen Profile, die durch diesen Ansatz beschrieben sind, jeweils mit diesen zusammenhängende Werte, Normen und Verhaltenskonzepte unterscheiden lassen (LeVine, Miller, Richman & LeVine, 1996; Keller, 2018). Das *Kulturelle Modell* in Abbildung 1 stellt also das Verbindungsglied zwischen dem soziokulturellen Kontext und den Sozialisationsvorstellungen und -strategien dar.

Bei diesen Vorstellungen und Strategien spielen zunächst die *Sozialisationsziele* eine wichtige Rolle. Unter *Sozialisationszielen* versteht man das gewünschte Entwicklungsergebnis, also Ideen darüber, was von Kindern zu bestimmten Entwicklungsabschnitten erwartet wird. Das kann, wie weiter unten näher ausgeführt, je nach kulturellem Kontext sehr unterschiedliche Vorstellungen beinhalten (Keller, 2011a, 2019a).

Neben Zielen lassen sich Überzeugungen beschreiben, wie diese Ziele erreicht werden können, was dabei unterstützend wirkt oder hinderlich ist, z. B. was ein »gutes Elternverhalten« ist, was eine »gute und förderliche Interaktion« mit Kindern kennzeichnet und beispielsweise auch, was einen »guten Umgang« in frühpädagogischen Einrichtungen ausmacht oder wie sich frühkindliche Bildungsprozesse gestalten sollten. Diese zum Teil bewussten, zum Teil unbewussten Überzeugungen können als *parentale* (auf die Eltern bezogene) oder *pädagogische Ethnotheorien* beschrieben werden (Harkness & Super, 1996; Keller, 2011a, 2019a). Sie werden zum Teil unbewusst vermittelt, können aber auch bewusst, z. B. durch die Lektüre von Ratgebern erworben werden.

Sozialisationsziele und Ethnotheorien bilden einen maßgeblichen Hintergrund für das konkrete Verhalten von Eltern/Familienangehörigen, aber auch von pädagogischen Fachkräften. Je nachdem, was als wichtig, erstrebenswert und förderlich gilt, werden manche Verhaltens- und Umgangsweisen eher betont, andere eher vernachlässigt oder gar unterbunden. All dies hat Auswirkungen auf die kindliche *Entwicklung* und *Bildung*. So hängen sowohl der Zeitpunkt als auch die Art und Weise, wie Kinder Entwicklungsaufgaben lösen, damit zusammen, was in dem jeweiligen Umfeld als besonders bedeutsam gilt, was wiederum durch die jeweiligen kulturellen Modelle maßgeblich beeinflusst wird. Die unterschiedlichen Ausprägungen dieser kulturellen Modelle lassen sich vor allen durch das Zusammenspiel und die jeweiligen Ausgestaltungen von zwei zentralen menschlichen Bedürfnissen ordnen: *Autonomie* und *Verbundenheit* (bzw. *Relationalität*).

1.3 Autonomie und Verbundenheit als menschliche Grundbedürfnisse und kulturelle Werte

Als *Autonomie* ist die Fähigkeit definiert, Kontrolle über das eigene Leben sowie über die eigenen Entscheidungen und Handlungen zu erlangen. Als *Verbundenheit* ist die psychologische und/oder ökonomische Verwobenheit zwischen Personen definiert. Beide Bedürfnisse sind für alle Menschen wichtig, aber in durchaus unterschiedlichen Formen und Ausgestaltungen. Zudem beeinflussen sich die jeweiligen Bedeutungen von Autonomie und Verbundenheit auch wechselseitig. Eine Lebensgestaltung, die beispielsweise eher durch das Primat individueller Entscheidungen und Kontrolle gekennzeichnet ist (wie dies beim unten ausgeführten Prototyp der *psychologischen Autonomie* der Fall ist), hat auch Auswirkungen auf die Gestaltung von sozialen Beziehungen. Auch hier spielt die individuelle Kontrolle eine bedeutende Rolle, so dass soziale Beziehungen durch persönliche Entscheidungen gekennzeichnet sind. Das impliziert, dass Beziehungen verhandelt und auch beendet werden können. Beziehungen können demnach auf der einen Seite als psychologisches oder emotionales Band zwischen Personen gefasst werden, auf der anderen Seite kann der Schwerpunkt aber auch eher auf der Betonung von sozialen Verpflichtungen und möglicherweise damit einhergehend auch der ökonomischen Bedeutung von Beziehungen liegen (z. B. der mögliche Beitrag von älteren Kindern zur Unterstützung der Familie). Diese Form von Beziehungen erfordert eine entsprechende Auslegung von Autonomie, nämlich als verantwortliches Handeln im kommunalen Kontext. Im Folgenden sollen zwei prototypische Ausprägungen kultureller Modelle näher dargestellt werden, die auf unterschiedlichen Auslegungen von Autonomie und Verbundenheit basieren. Damit soll der Raum der Möglichkeiten, der sich für die frühpädagogische Praxis ergibt, näher umschrieben werden.

Beim ersten Prototyp kann die sogenannte *psychologische Autonomie* als Organisator von Verhalten und Erleben betrachtet werden. Zentraler Bezugspunkt ist das Individuum. Stabile Ich-Grenzen sowie ein Sich-Abheben und Unterscheiden von anderen Personen stellen in diesem kulturellen Modell wichtige Voraussetzungen für Gesundheit und Wohlbefinden dar (Chirkov, Ryan, Kim & Kaplan, 2003; Kağıtçıbaşı, 2005). Damit geht ein Selbstkonzept einher, welches sich auf die Ideale der Freiheit und individuellen Unabhängigkeit bezieht, die als typische Lebensphilosophie in weiten Teilen der postindustrialisierten städtischen Welt angesehen werden können (Kağıtçıbaşı, 2017; Markus & Kitayama, 1991).

Beim zweiten Prototyp kann die sogenannte *hierarchische Verbundenheit* als Organisator von Verhalten und Erleben angesehen werden. Dieser Prototyp findet sich vor allem in ländlichen und wenig industrialisierten Kontexten. Er ist unter anderem dadurch gekennzeichnet, dass die Ich-Grenzen zwischen Personen als eher fließend angesehen und erlebt werden und zugleich eine hierarchische Differenzierung von sozialen Strukturen vorhanden ist.

Bezüglich der dimensionalen Ausprägungen dieser beiden Bedürfnisse bestehen in der Literatur durchaus unterschiedliche Debatten (z. B. Deci & Ryan, 1991; Kağıtçıbaşı, 1996; Keller, 2011a, 2018, 2019b; Oysermann, Coon & Kemmelmeier, 2002), auf die an dieser Stelle nicht im Detail eingegangen werden kann. Die unterschiedlichen Ansätze eint, dass sich die Autonomie (teilweise auch als *agency* bezeichnet) auf individuelle Wünsche, Vorlieben, Präferenzen und Intentionen bezieht. Bezogen auf die oben ausgeführte Definition der Entwicklung von Kindern bzw. Menschen als kulturspezifische Lösung universeller Entwicklungsaufgaben zeigt sich, dass diese Beschreibung der Autonomie, die hier als *psychologische Autonomie* bezeichnet wird, vor allem für die Menschen der postindustrialisierten städtischen Mittelschicht passend und hilfreich ist. Es finden sich hier folglich auch entsprechende elterliche Verhaltensweisen und Überzeugungen sowie Erwartungen an kindliche Bildungsprozesse und frühpädagogische Einrichtungen, die dem Primat der individuellen Entscheidungen folgen. Die aktuelle frühpädagogische Debatte ist stark von dieser Sichtweise geprägt (▶ Kap. 2.1 und ▶ Kap. 2.2). Diese Form der Autonomie findet sich kaum in nicht-industrialisierten ländlichen Kontexten, in welchen das formale Bildungsniveau eher niedrig ist, Elternschaft früh einsetzt sowie eher viele Kinder und großfamiliäre Strukturen das Alltagsleben prägen. In diesen Kontexten ist die Bedeutung der Autonomie eng mit dem konkreten Handlungsvollzug verbunden. Ein zentrales Sozialisationsziel ist dabei, dass die Kinder bereits recht früh lernen, Handlungen eigenständig durchzuführen und damit zusammenhängend alltägliche Routinen eigenverantwortlich übernehmen zu können, um auf diese Weise ihren Beitrag zur Gemeinschaft zu leisten (Ogunnaike & Houser, 2002). Dabei sind ihre Wünsche oder Vorlieben nicht von denen des sozialen Systems zu trennen. Aus diesem Grund soll diese Ausprägung von Autonomie hier als *Handlungsautonomie* bezeichnet und von der *psychologischen Autonomie* abgegrenzt werden (Keller, 2011a; Keller & Kärtner, 2013). Die unterschiedlichen Formen der Autonomie haben Auswirkungen darauf, mit welchen Wünschen sich Eltern an frühpädagogische Einrichtungen wenden, sowie auf die Verhaltensweisen und Bedürfnisse der Kinder (▶ Kap. 3.3.4).

Dem Vorschlag von Kağıtçıbaşı (2017) folgend wird *Verbundenheit* überwiegend durch die Merkmale *Nähe* und *Getrenntheit* und ihre Ausprägungen definiert. Mit Nähe ist die Verbundenheit mit einem sozialen System gemeint, welches durch fließende Grenzen zwischen den Personen gekennzeichnet ist. Getrenntheit bezeichnet die Unabhängigkeit von anderen Personen sowie die damit einhergehenden individuellen Kontrollmöglichkeiten bezüglich Form und Ausgestaltung der sozialen Beziehungen. Getrenntheit bedeutet dabei nicht, dass Beziehungen keine Rolle spielen oder als unwichtig angesehen werden, denn auch Beziehungen stellen ein menschliches Grundbedürfnis dar. Es erscheint daher angemessen, auch bei der Gestaltung von sozialen Beziehungen, wie bei den unterschiedlichen Formen der Autonomie, von verschiedenen Typen auszugehen.

Der Begriff der *psychologischen Verbundenheit/Relationalität* bezeichnet Strukturen, bei denen die zwischenmenschlichen Beziehungen vor allem durch die innere, mentale Welt und die psychologische Realität des Einzelnen organisiert und bestimmt werden, Beziehungen also, die aufgrund von Vorlieben, Wünschen und Neigungen aufgebaut und gestaltet werden. Im Vergleich dazu bezeichnet der Begriff *hierarchische Verbundenheit* eine Struktur, in der sich die sozialen Beziehungen durch ein enges Netz aus Verpflichtungen definieren. Diese leiten sich aus familiären und kommunalen Hintergründen ab. Für individuelle Verhandlungen und Ausgestaltungen bezüglich der Art der sozialen Beziehungen sowie über die vorhandene Nähe oder Distanz besteht daher kaum Spielraum und auch wenig Bedürfnis.

> Die *psychologische Autonomie* steht in enger Beziehung zur *psychologischen Relationalität*, die *Handlungsautonomie* in enger Beziehung zur *hierarchischen Verbundenheit*. Psychologische Autonomie und psychologische Relationalität finden sich prototypisch vor allem in der postindustrialisierten städtischen Mittelschicht. Die Betonung von *Handlungsautonomie* und *hierarchischer Verbundenheit* ist prototypisch für nicht-industrialisierte ländliche Kontexte.

Die Kontexte, in denen diese unterschiedlichen Ausprägungen von Autonomie und Verbundenheit jeweils adaptiv sind, sind also durch große Unterschiede und teilweise sich gegenseitig ausschließende oder widersprechende Verhaltens- und Wertesysteme gekennzeichnet. Die Prototypen sind aber nicht als zwei Endpunkte einer Dimension zu verstehen, die jeweils gegenteilige Pole repräsentieren. Die Betonung der *psychologischen Autonomie* ist nicht als das Gegenteil einer Betonung der *Handlungsautonomie* und die *hierarchische Verbundenheit* nicht als Gegenteil der *psychologischen Relationalität* anzusehen. Alle Typen sind jeweils immer vorhanden, allerdings zeigen sich deutlich unterschiedliche Schwerpunktsetzungen und Gewichtungen. Dies ist wichtig zu betonen, um dem Missverständnis vorzubeugen, durch die prototypische Beschreibung unterschiedlicher kultureller Kontexte und Entwicklungspfade eine zu große Komplexitätsreduktion und Vereinfachung von kultureller Vielfalt vornehmen zu wollen. Denn auch hier lassen sich unterschiedlichste Erscheinungs- und Mischformen finden und beschreiben (Keller, 2007). Genau genommen hat jeder einzelne Mensch und jede einzelne Familie einen eigenen (sub)kulturellen Hintergrund, da die Kontextbedingungen, in denen Menschen aufgewachsen sind, niemals identisch sein können. Die Beschreibung der beiden Prototypen ist dennoch hilfreich, um das Feld abzustecken, in dem unterschiedliche, kulturell bedingte Entwicklungs-, Erziehungs- und Bildungsformen auftreten und damit auch Thema in frühpädagogischen Einrichtungen werden können. Ihre Kenntnis ist wichtig, um auch Mischformen erkennen und einordnen zu können. Im Folgenden werden diese beiden Prototypen weiter ausgeführt.

1.4 Der Prototyp der *psychologischen Autonomie* als Organisator von Entwicklung

Die Ausprägung der psychologischen Autonomie findet sich prototypisch in Kontexten der postindustrialisierten städtischen Mittelschicht. Diese sind unter anderem durch eine späte Elternschaft und eher wenige Kinder gekennzeichnet. Eltern sind häufig Mitte bis Ende Dreißig, wenn sie das erste Kind bekommen, und es finden sich selten mehr als ein oder zwei Kinder pro Familie. Meist ist ein hohes Ausmaß an formaler Schulbildung vorhanden, und es gab bereits eine ausgeprägte Phase der beruflichen Orientierung und Etablierung. Kinder sind meist Teil einer neuen und in der Regel geplanten sowie gewünschten Entwicklungsaufgabe. Das Baby nimmt einen zentralen Stellenwert im Leben der Eltern ein, die ihre psychologischen und materiellen Ressourcen auf diese neue Situation ausrichten.

Die Säuglinge und Kleinkinder erfahren in solchen Kontexten viel exklusive, dyadische Aufmerksamkeit. Es gibt viele Situationen, in denen sich die Mutter (oder der Vater) auf einen intensiven Kontakt mit dem Kind einstellt, ohne sich von Umgebungsfaktoren ablenken zu lassen. Bei Säuglingen wird für diesen sozialen Austausch häufig eine Position gestaltet, bei der das Baby auf dem Rücken liegt und die Mutter bzw. der Vater sich über das Baby beugen und Blickkontakt mit dem Kind aufnehmen (Face-to-face-Situation). Über Gesichtsausdruck und Töne können dem Kind dabei Wärme und Anteilnahme vermittelt werden. In diesen Blickkontaktsi-

1.4 Der Prototyp der *psychologischen Autonomie* als Organisator von Entwicklung

tuationen wiederholen die Eltern die Signale des Babys und reagieren prompt darauf (Papoušek & Papoušek, 1995). Auf diese Weise kann das Kind sich als Verursacher von Reaktionen erleben, wodurch die Umwelt für den Säugling zunehmend vorhersagbarer werden kann. Vor allem wird das Bewusstsein gefördert, ein eigenständiges Wesen zu sein. So konnte beispielsweise gezeigt werden, dass Kinder, die mit drei Monaten vermehrt Face-to-face-Situationen erlebten, sich zu einem höheren Anteil mit 18 Monaten im Spiegel erkannten (also eine Vorstellung davon entwickelt haben, eine eigenständige Person zu sein) als Kinder, die mit drei Monaten andere elterliche Verhaltenssysteme erfahren haben (Keller, 2019a; Keller et al., 2004). In Momenten des Blickkontaktes können also wesentliche Grundlagen der *psychologischen Autonomie* vermittelt werden.

In diesen Kontexten spielen Objekte/Spielzeug eine wichtige Rolle. Diese werden eingesetzt, damit Kinder schon früh lernen können, sich auch mit einer nichtsozialen Umwelt auseinanderzusetzen, sowie um zu lernen, sich auch alleine beschäftigen und mit sich selbst zufrieden sein zu können. Das Alleinsein-Können stellt einen Wert dar, den Eltern so früh wie möglich anstreben (Keller, 2019a). Dies wird auch bei der Betrachtung der Elternratgeber in postindustrialisierten Ländern deutlich. Viele Ratgeber vermitteln z. B. Strategien, wie es Kinder früh schaffen, im eigenen Bett bzw. im eigenen Zimmer zu schlafen. Nicht alleine sein zu können und sich mit sich selbst beschäftigen zu können, wird als ungünstig für die Selbstentwicklung angesehen, denn für die Entwicklung *psychologischer Autonomie* hat das Alleinsein-Können eine große Bedeutung.

Im Säuglings- und Kleinkindalter findet sich also eine soziale Umwelt, die in besonderem Ausmaß durch Face-to-face-Situationen und Objektstimulationen gekennzeichnet ist. Dies ist eine Konstellation, die auch als *distale Sozialisationsstrategie* bezeichnet wird, da der soziale Austausch in erster Linie über die Fernsinne stattfindet (Keller et al., 2009). Die hinzukommende umfangreiche verbalvokale Kommunikation spiegelt das Bild vom Kind als unabhängigem und autonomem Kommunikationspartner wider. Dazu gehört viel verbale Begleitung, vorwiegend im Frageformat: »*Möchtest du alleine sein?*« – »*Soll die Mama mit dir spielen?*« – »*Sollen wir heute zum Opa fahren?*« Diese frühen Konversationen vermitteln kulturelle Werte und Normen, selbst wenn das Baby den semantischen Gehalt noch nicht verstehen kann. Prosodische Merkmale können Babys aber bereits früh dekodieren.

Zwei strukturelle Dimensionen sind hier besonders wichtig: *Elaborationen* und *Evaluationen*.

> **Elaborationen und Evaluationen**
>
> Unter *Elaboration* kann das Erweitern und Ausschmücken von Gesprächen z. B. durch neue Gesprächsanteile in Form von weiterführenden Fragen, Gedanken und Ideen verstanden werden. Von Anfang an besteht dabei eine Dialogstruktur, die das Baby als gleichberechtigten Partner einbindet. Beispielsweise werden bereits bei präverbalen Interaktionssituationen mit Babys Pausen gemacht, damit diese die Möglichkeit haben zu antworten, und die Eltern beziehen wiederum

> diese »Antworten« (Blicke, Vokalisationen, Gesten) der Säuglinge in ihre weitere Konversation mit ein (Demuth, 2008).
> Mit *Evaluation* ist die bewertende Kommentierung gemeint. Dabei spielt vor allem das Lob eine bedeutende Rolle, womit die Kinder in ihren Handlungen verstärkt und unterstützt werden. Auch auf diese Weise wird das in diesem kulturellen Modell bedeutsame Streben nach Selbstverwirklichung gefördert.

Es sind also der Alltag und die alltäglichen Erfahrungen, die die kulturellen Botschaften vermitteln und Entwicklungspfade kanalisieren. Die Verhaltensstrategien stehen in Einklang mit den jeweiligen *Sozialisationszielen*. Fragt man beispielsweise Mütter oder Väter in Kontexten, in denen die *psychologische Autonomie* eine große Rolle spielt, was Kinder in den ersten drei Lebensjahren entwickeln sollten, dann werden Ziele wie *Talente und Interessen entwickeln* und *eigene Vorstellungen klar ausdrücken* als sehr wichtig und Ziele wie *soziale Harmonie erhalten, tun was Eltern sagen* und *ältere Menschen respektieren* als eher unwichtig angesehen (Keller, 2011a). Dem Verwirklichen eigener Interessen und Vorlieben kommt eine größere Bedeutung zu als dem Unterordnen unter gemeinschaftliche Wünsche und Strukturen.[3] Den *Ethnotheorien* der Eltern (und auch der pädagogischen Fachkräfte) liegt ein Konzept zugrunde, dass sich als *Gleichberechtigungsmodell* beschreiben lässt (Keller, 2019a). Danach werden Kinder von Anfang an als (quasi) gleichberechtigte Partner angesehen, deren Persönlichkeit und Wünsche in Entscheidungsprozesse einbezogen werden sollten. Dies zeigt sich u. a. darin, dass Eltern sich in Spielsituationen mit ihren 18 Monate alten Kindern eher zurücknehmen und auf die Initiativen der Kinder warten, um sich diesen anzuschließen, anstatt diese vorzugeben (Keller, Borke, Chaudhary, Lamm & Kleis, 2010). Zusammenfassend ist der Prototyp der *psychologischen Autonomie* in das ökokulturelle Modell eingeordnet (▶ Abb. 2).

Diese Sozialisationsstrategie bereitet Kinder auf hoch individualisierte und komplexe gesellschaftliche Bedingungen vor. Im Folgenden wird der zweite Prototyp näher dargestellt.

---

3 Ähnliche Ergebnisse finden sich auch, wenn frühpädagogische Fachkräfte in westlichen Kontexten befragt werden. Auch lassen sich hier Verbindungen ziehen zu entsprechenden Wünschen von Eltern an die Betreuung in frühpädagogische Einrichtungen, z. B. dass es ihnen besonders wichtig ist, dass die Interessen und Begabungen der Kinder sowie deren Persönlichkeiten besondere Beachtung und Berücksichtigung finden (▶ Kap. 3).

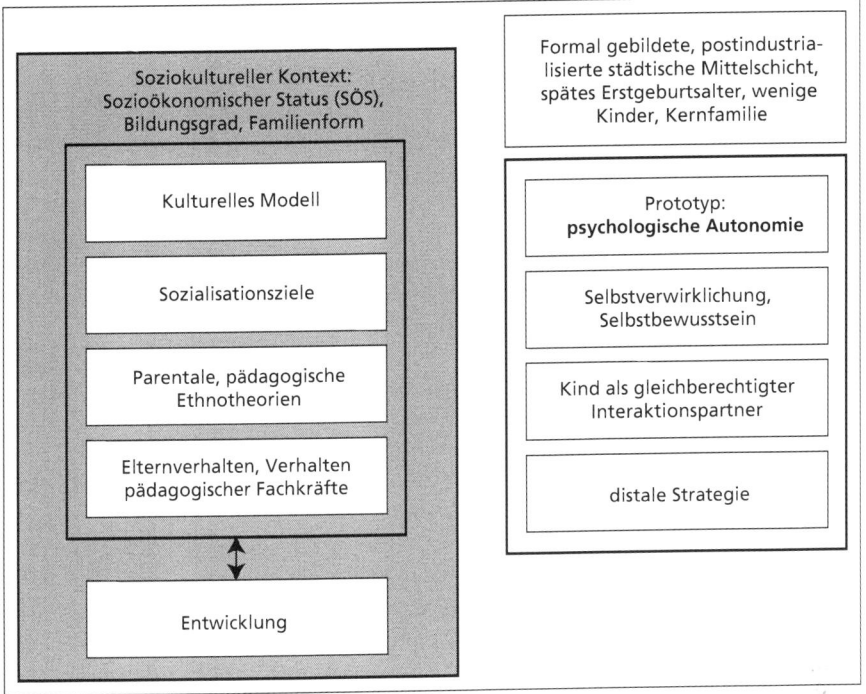

Abb. 2: Ökokulturelles Modell der Entwicklung – Prototyp der psychologischen Autonomie (Keller, 2011a, S. 25; vgl. auch Keller, 2007)

1.5 Der Prototyp der *hierarchischen Verbundenheit* als Organisator von Entwicklung

Der Prototyp der *hierarchischen Verbundenheit* als Organisator von Entwicklung findet sich vor allem in ländlichen Kontexten, die wir in ursprünglicher Form heute meist in nicht-industrialisierten Ländern finden. Zur Veranschaulichung soll hier beispielhaft die Entwicklungsumwelt der Nso-Bauern, einer Ethnie aus dem Nordwesten Kameruns, dargestellt werden. Die Mütter bekommen hier ihre ersten Kinder in einem Alter etwa zwischen 16 und 18 Jahren. Dem ersten Kind folgen in der Regel noch viele weitere, denn Kinder sind die Versicherung für das Alter und notwendige Helfer für die häusliche und landwirtschaftliche Arbeit. Keine Kinder zu haben oder Unfruchtbarkeit stellen schwere soziale Stigmata dar, denn Menschen gelten erst dann als erwachsen und vollwertige Mitglieder der Gesellschaft, wenn sie Vater oder Mutter geworden sind. Die jungen Mütter haben meist eine siebenjährige Schulzeit in einer Dorfschule verbracht, die jedoch häufig für Mitarbeit bei der Haus- und Feldarbeit unterbrochen wurde. Die Zeit, die ihre – meist deutlich älteren – Männer in der Schule verbracht haben, ist oftmals kürzer, weil die Dorfschulen noch eine vergleichsweise neue Errungenschaft darstellen. Vor der Schule gibt es eine *nursery school*, also eine Vorschule, in der den Kindern ab drei Jahren in einer schulähnlichen Struktur Wissen und Fähigkeiten vermittelt werden. Die Curricula sind deutlich direktiver als in den Einrichtungen in Kontexten, die an *psychologischer Autonomie* ausgerichtet sind.

Kinder nehmen in diesem Sozialisationsmuster am Familienalltag teil, ohne dass für sie spezielle Räume, Objekte oder Verhaltensroutinen vorgesehen werden. Das bedeutet auch, dass sie nicht im Zentrum der Aufmerksamkeit der Erwachsenen stehen. Obwohl Mütter ihre Kinder im Schnitt etwa zwei Jahre lang stillen, sind sie in vielen Fällen nicht die Hauptbezugspersonen der Kinder. Aufgrund ihres fordernden Alltagslebens mit vielerlei Aufgaben in Haus und Feld sind sie auf multiple Betreuungsarrangements mit mehreren Bezugspersonen (Erwachsene wie auch Kinder) angewiesen. Zudem sollen sich im Einklang mit dem kulturellen Script Kinder nicht als besondere Individuen mit vielen Rechten, aber wenig Pflichten erleben, sondern als Teil einer Gruppe und Gemeinschaft mit Aufgaben und Verpflichtungen, wie alle anderen Mitglieder auch. Kinder erleben also von Anfang an multiple und polyadische Kommunikationsstrukturen, d. h. sie nehmen an verschiedenen Kommunikationen gleichzeitig teil und beobachten gleichzeitig andere Personen (Keller, 2019a). Es finden sich kaum Strukturen, die dialogartig, also durch ein gegenseitiges Abwarten und Aufeinanderbeziehen der Kommunikationspartner gestaltet sind, wie es beim Prototyp der *psychologischen Autonomie* bereits früh in Eltern-Säuglings- und -Kleinkind-»gesprächen« beobachtet werden kann. Im Umgang mit Säuglingen findet sich eher eine Struktur von sich gegenseitig überlagernden rhythmischen Verbalisierungen und Vokalisierungen, die mehr zu einem gemeinschaftlichen Empfinden als zu einer erlebten Getrenntheit der Personen beiträgt (Demuth, 2008; Keller, 2007; Keller, Otto, Lamm, Yovsi & Kärtner, 2008). Es kann von einem repetitiven Konversationsmuster gesprochen werden, welches durch rhythmische Laut-, Wort- oder Satzwiederholungen sowie Aufforderungen gekennzeichnet ist. Wiederholungen in der Kommunikation mit Säuglingen und Kleinkindern sind zwar durchaus auch als Teil eines intuitiven Elternverhaltens in allen Kontexten beobachtbar, sie spielen aber beim Prototyp der *hierarchischen Verbundenheit* eine besondere Rolle und stellen einen zentralen Aspekt der Kommunikation mit Säuglingen und Kleinkindern dar. Bezogen auf die Inhalte der Kommunikationen zeigt sich, dass direkte Handlungen im Mittelpunkt stehen und nicht die Reflexion über Handlungen.

In den ersten Jahren kommt dem Körperkontakt eine besondere Bedeutung zu. Die Kinder werden häufig getragen und haben nahezu permanent körperlichen Kontakt zu Bezugspersonen. Auch die Nächte verbringen sie in einem Bett mit anderen Mitgliedern der Familie. Durch diese körperliche Nähe wird sprichwörtlich Wärme und Verbundenheit vermittelt (etwas, das im Prototyp der *psychologischen Autonomie* eher über Blickkontakt, Mimik sowie Sprache erfolgt). In der Regel gibt es keine eigenen Räume für Kinder; und sie haben auch keine persönlichen Dinge, die nur ihnen gehören. Ihr Leben ist eingebunden in den familiären Alltag, und die Kinder erwerben auf diesem Weg durch Imitation, Beobachtung und Anleitung Wissen und Fähigkeiten hinsichtlich ihrer Pflichten und Aufgaben im Familien- und Dorfverbund.

1.5 Der Prototyp der *hierarchischen Verbundenheit* als Organisator von Entwicklung

In Situationen, in denen dann doch eine exklusive Beschäftigung mit dem Baby stattfindet, steht oft die motorische Stimulation im Mittelpunkt. Bei den Nso sind bestimmte Formen einer rhythmischen Stimulation vorhanden, bei der das Kind (teilweise recht intensiv) auf- und abbewegt wird. Es wird als sehr wichtig für die gesunde Entwicklung des Kindes angesehen, diese Stimulation in dieser Form durchzuführen. Auch andere Arten von motorischen Trainings spielen hier eine Rolle. So wird beispielsweise relativ früh damit begonnen, das »Sitzen« und das »Gehen« zu üben. All dies führt dazu, dass die Kinder relativ früh motorische Unabhängigkeit erwerben, um sich an der Haus- und Feldarbeit beteiligen zu können (Keller, 2011a).

Es geht in den verschiedenen Bereichen insgesamt um die Entwicklung einer Wir-Identität *(co-agency)* sowie um die Vermittlung von Informationen über soziale Regeln und moralische Standards. Durch die rhythmische Strukturierung der verbalen/vokalen und auch motorischen Interaktionsanteile kann sich das Kind als eingebunden in eine synchrone Struktur mit der jeweiligen Bezugsperson erleben, was wiederum ein Empfinden von hierarchischer Verbundenheit unterstützt.

Fragt man in diesem Kontext Eltern oder frühpädagogische Fachkräfte nach den bevorzugten Sozialisationszielen in den ersten drei Lebensjahren, so werden »*mit anderen teilen*«, »*soziale Harmonie erhalten*«, »*Tun, was Eltern sagen und ältere Menschen respektieren*« als besonders bedeutsam hervorgehoben (Keller, 2011a). Das Einordnen in die Gemeinschaft sowie das Achten der Älteren und der hierarchischen Gruppenstruktur spielt also eine weit größere Rolle als das Entwickeln und Verfolgen von eigenständigen Vorlieben, Wünschen und Zielen. Auch kommt dem Gehorsam eine wichtige Bedeutung zu. Die Kinder lernen von Anfang an, Bitten und Anweisungen von Älteren zu befolgen, und zeigen folglich ein deutlich höheres Ausmaß an Gehorsam als die Kinder im Prototyp der *psychologischen Autonomie* (Keller et al., 2004), für die es durchaus adaptiv ist, sich von den Meinungen und Wünschen anderer abzugrenzen und einen eigenen Weg zu finden. In diesem Zusammenhang spielt auch der Respekt Älteren gegenüber, der hier generell und unhinterfragt erwartet wird, eine bedeutende Rolle. Bezogen auf die Ethnotheorien liegt ein Konzept zugrunde, welches als *Lehrlingsmodell* bezeichnet werden kann (Keller, 2003). Demzufolge wird davon ausgegangen, dass die Jüngeren von den Älteren lernen, denn die Älteren haben das notwendige Wissen und die notwendigen Fähigkeiten und geben beides an die Jüngeren weiter, die dies noch nicht wissen können. Dies erfolgt dann meist in einer eher direktiven Art der Vermittlung. So lässt sich beispielsweise zeigen, dass Eltern in diesen Kontexten in Spielsituationen mit ihren 18 Monate alten Kindern eher selber die Spielinitiativen setzen und die Kinder diesen folgen anstatt umgekehrt, wie es eher beim Prototyp der *psychologischen Autonomie* zu beobachten war (Keller et al., 2010). Hinsichtlich der Erwartungen von Eltern an frühpädagogische Einrichtungen kann dies bedeuten, dass es für sie wichtig ist, dass eine gewisse hierarchische Strukturierung in der Einrichtung vorhanden und ein klares Vermitteln von Wissen und Fähigkeiten durch die frühpädagogischen Fachkräfte zu beobachten ist. Zusammenfassend ist der Prototyp der *hierarchischen Verbundenheit* in das ökokulturelle Modell eingeordnet (▶ Abb. 3).

Im Zuge einer wachsenden kulturellen Vielfalt (auch durch Migrations- und Globalisierungsprozesse) begegnen sich in den frühpädagogischen Einrichtungen

Kinder und Familien mit unterschiedlichen Hintergründen und mit unterschiedlichen Konzepten von Autonomie und Verbundenheit (Ataca, 2006; Statistisches Bundesamt, 2017, 2018). Daher ist ein Verständnis für die unterschiedlichen Prototypen bzw. deren Mischformen (s. u.) hilfreich für einen adäquaten Umgang mit kultureller Vielfalt und für eine Bereitstellung von pädagogischen Handlungsstrategien, die den unterschiedlichen Familien gerecht werden können (siehe dazu ausführlich Keller, 2019a).

In Abbildung 4 werden die beiden prototypischen Entwicklungspfade noch einmal gegenübergestellt. Tabelle 1 gibt eine Übersicht darüber, wie die Hintergründe dieser beiden Begriffe zu verstehen sind.

Aus Gründen der besseren Lesbarkeit werden im weiteren Verlauf des Buches die Begriffe *Autonomieorientierung* für eine Ausrichtung, bei der die *psychologische Autonomie* als Hauptorganisator der Entwicklung, Erziehung und Bildung angesehen werden kann, und der Begriff der *Verbundenheitsorientierung* für eine Ausrichtung, bei der die *hierarchische Verbundenheit* der Hauptorganisator ist, verwendet. Dabei ist wichtig, immer zu bedenken, dass Autonomie und Verbundenheit immer gemeinsam vorhanden sind.

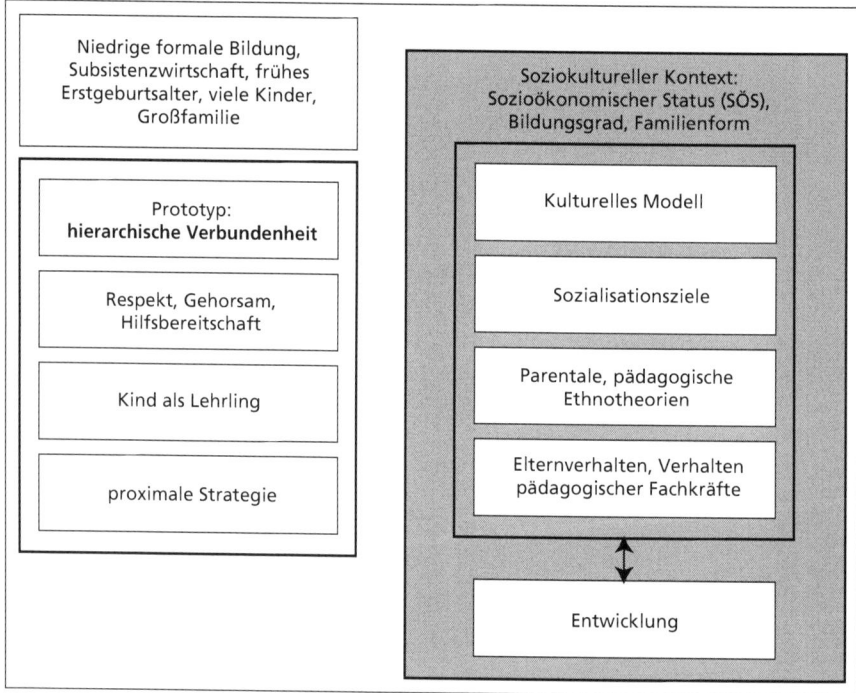

Abb. 3: Ökokulturelles Modell der Entwicklung – Prototyp der hierarchischen Verbundenheit (Keller, 2011a, S. 25; vgl. auch Keller, 2007)

1.5 Der Prototyp der *hierarchischen Verbundenheit* als Organisator von Entwicklung

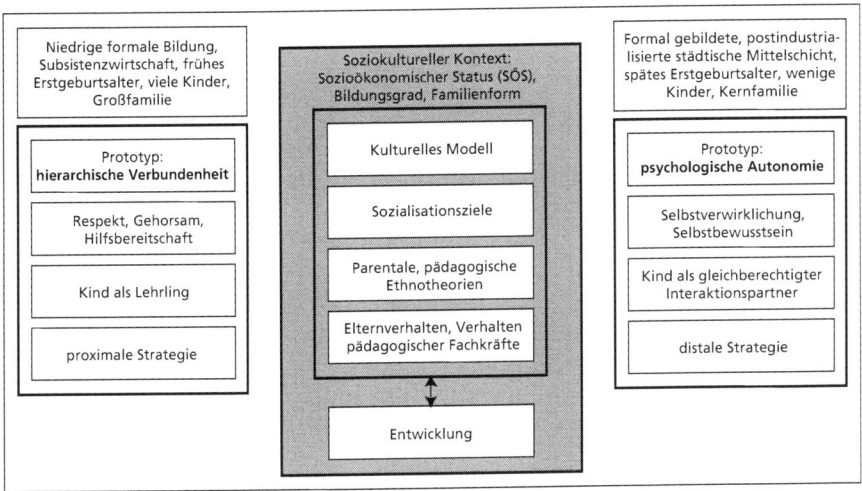

Abb. 4: Ökokulturelles Modell der Entwicklung – Prototyp der psychologischen Autonomie und Prototyp der hierarchischen Verbundenheit (Keller, 2011a, S. 25; vgl. auch Keller, 2007)

Tab. 1: Autonomieorientierung – Verbundenheitsorientierung

Autonomieorientierung **Prototyp *psychologische Autonomie***	Verbundenheitsorientierung **Prototyp *hierarchische Verbundenheit***
Psychologische Autonomie	*Hierarchische Verbundenheit*
• Freiheit und individuelle Unabhängigkeit • individuelle Intentionen, Wünsche, Präferenzen und Vorlieben • Individuen mit stabilen Ich-Grenzen	• soziale Beziehungen als Netzwerk von Verpflichtungen • hierarchische Sozialstruktur • Ich-Grenzen zwischen Individuen eher fließend
Psychologische Relationalität	*Handlungsautonomie*
• soziale Verpflichtungen verhandelbar • individuelle Kontrolle über soziale Beziehungen und deren Dauer und Form	• Autonomie an konkreten Handlungsvollzug gebunden • Kinder sollen früh lernen, einfache Handlungsanweisungen selbstständig auszuführen

1.6 Mischformen, Varianten und Risiken

Wie oben bereits erwähnt, lassen sich unterschiedliche Mischformen beschreiben, die jeweils verschiedene Kombinationen von Autonomie- und Verbundenheitsorientierungen darstellen. So finden sich beispielsweise bei städtischen Mittelschichtfamilien nicht-industrialisierter Länder Mischformen, in denen sowohl die Autonomieorientierung (z. B. bei der beruflichen Karriereplanung) als auch die Verbundenheitsorientierung (z. B. beim Zusammenhalt und bei der Hierarchie innerhalb der Familie) eine wichtige Rolle spielen (Kağıtçıbaşı, 1996, 2017). Diese Kombinationen – die sogenannten *hybriden* Modelle – können aber auch das Ergebnis eines Integrationsprozesses sein, bei dem eine Familie von einem eher verbundenheitsorientierten Kontext in einen eher autonomieorientierten Kontext migriert ist[4] und sich bei den Mitgliedern mit der Zeit eine Mischform oder Koexistenz aus Herkunfts- und Aufenthaltskultur entwickelt hat.

Kulturelle Unterschiede entwickeln sich auch durch gesellschaftliche Wandlungsprozesse über die Zeit. Eine zunehmende Individualisierung (vor allem in der postindustrialisierten Welt) führt zu einer weiter zunehmenden Autonomieorientierung (Keller, 2015; Keller, Borke, Yovsi, Lohaus & Jensen, 2005; Keller & Lamm, 2005). Das führt dazu, dass sich zwischen den Generationen zunehmend Unterschiede finden, die ebenfalls als kulturelle Unterschiede beschrieben werden können. Eine Fülle von Einflussfaktoren kann also zu einer eher autonomieorientierten oder einer eher verbundenheitsorientierten Ausrichtung bzw. zu unterschiedlichen Mischmodellen führen. Demnach kann kulturelle Vielfalt auch in jeder frühpädagogischen Einrichtung vorgefunden werden, unabhängig von der Anzahl von Kindern mit Migrationshintergrund.

Frühpädagogische Fachkräfte erleben in jedem Fall Familien mit unterschiedlichen kulturellen Modellen und damit Normen, Werten und Vorstellungen über angemessenes und unangemessenes Verhalten. Zu beachten ist dabei aber unbedingt, dass sich die jeweiligen Modelle nicht im Hinblick auf Kategorien wie »besser« und »schlechter« oder »richtig« und »falsch« miteinander vergleichen lassen. Ein Modell ist nicht besser als das andere, sondern ein Modell stellt jeweils Anpassungsstrategien dar, die mehr oder minder zweckmäßig für die aktuelle Familiensituation in dem jeweils gegebenen Kontext sind. Bewertungen können nur innerhalb eines Modells sowie hinsichtlich der jeweiligen Adaptivität für die aktuelle Familiensituation vorgenommen werden. Modellabhängig lassen sich jeweils spezifische Qualitäten und auch Risiken beschreiben. Auf die Risiken soll im Folgenden – bezogen auf die beiden oben dargestellten Prototypen – näher eingegangen werden.

In *autonomieorientierten* Kontexten kann es geschehen, dass Kinder schon früh mit einem zu hohen Maß an Autonomie und Entscheidungsfreiheit konfrontiert sind. Dadurch können dem Kind Sicherheit und Orientierung sowie soziale und

---

4 Eine Situation, wie sie z. B. auf viele türkische Familien zutrifft, die aus z. T. eher ländlichen und traditionellen Gebieten in deutsche Großstädte immigriert sind.

körperliche Nähe fehlen. Beispielsweise wird der Befund, dass exzessives Säuglingsschreien vor allem in postindustrialisierten Kontexten auftritt, damit in Verbindung gebracht, dass die Säuglinge dort vergleichsweise weniger Körperkontakt haben und häufiger Zeit alleine verbringen (Bensel, 2003). Auch das exzessive Trotzverhalten wird vornehmlich in postindustrialisierten Kontexten beobachtet und ist möglicherweise eine Folge der frühen Unterstützung der eigenen Wünsche und des eigenen Willens der Kinder (Borke & Hawellek, 2011; Keller et al., 2004). Ein Risiko besteht also darin, mit zu großer Freiheit überfordert zu sein und dann entweder durch ausagierendes oder auch ängstlich zurückgezogenes Verhalten zu reagieren. Ein solches Verhalten ist ab einem gewissen Grad nicht mehr adaptiv und beschränkt die Möglichkeiten, an Bildungsprozessen teilhaben zu können, da sowohl durch ein stark ausagierendes als auch ein ausgeprägt ängstliches Verhalten die Offenheit und der Zugang zu einer Auseinandersetzung mit frühkindlichen Bildungsthemen blockiert werden können. In autonomieorientierten Kontexten bestehen für Kinder auf der einen Seite also schon früh Freiheiten und Möglichkeiten, selbst zu entscheiden und eigene Vorlieben auszuleben, auf der anderen Seite besteht aber auch eine gewisse Pflicht und eine Erwartung, dass sie viele Entscheidungen selbstständig treffen können sowie ihre eigenen Vorlieben auch kennen und äußern.

In *verbundenheitsorientierten* Kontexten lassen sich andere Risiken ableiten. Zu starre Einschränkungen, ein zu großes Ausmaß an Strukturvorgabe und Training und zu hohe Leistungserwartungen können problematische Folgen haben. Schwierigkeiten für Kinder können vor allem dann entstehen, wenn sie von den Traditionen oder Vorstellungen der Eltern abweichende Ideen oder Verhaltensweisen entwickeln und ein zu großes Ausmaß an Individualität einfordern, statt den erwarteten Gehorsam bzw. die erwartete Orientierung an der Familie zu zeigen.

Irritationen können auch entstehen, wenn Familien aus einem verbundenheitsorientierten Kontext beispielsweise durch Migrationsprozesse in einen Kontext kommen, der durch eine für sie ungewohnte Betonung der psychologischen Autonomie gekennzeichnet ist. Dies trifft auf viele Familien mit Migrationshintergrund in Deutschland zu. Die damit zunehmende Freiheit kann traditionelle Strukturen, Hierarchien und Rollenbilder in Frage stellen. So können auch systemimmanente Grenz- und Problembereiche entstehen, z. B. wenn ein eher autoritätsorientiertes Erziehungskonzept von Familien auf sehr egalitäre gesellschaftliche Erziehungsvorstellungen trifft.

Bezogen auf die frühpädagogische Arbeit lässt sich festhalten, dass ein Wissen über die jeweiligen kontextuellen Hintergründe der Familien sowie über mögliche elterliche oder kindliche Schwierigkeiten, die durch das Aufeinandertreffen unterschiedlicher kultureller Hintergründe entstehen können, helfen kann, die beteiligten Personen besser zu verstehen, um dann darauf aufbauend Lösungsmöglichkeiten suchen zu können, die für die Beteiligten tragbar sind sowie den Kindern gute Entwicklungs- und Bildungsmöglichkeiten eröffnen (▶ Kap. 3.2.2 und ▶ Kap. 3.3.1).

1.7 Unterschiedliche kulturelle Modelle in frühpädagogischen Einrichtungen

Um das kulturelle Modell einer Familie einordnen zu können, bietet sich für die frühpädagogischen Fachkräfte zum einen die Möglichkeit, bei den verschiedenen Gesprächsanlässen (z. B. Aufnahmegespräch, Entwicklungsgespräch oder auch bei Kontakten während der Eingewöhnungsphase) Informationen über die Hintergründe der Eltern (z. B. ob sie eher ländlich oder eher städtisch, ob sie eher in einer Groß- oder in einer Kleinfamilie aufgewachsen sind) zu erfragen, um den kulturellen Kontext, in dem die Familie verwurzelt ist, besser kennen und verstehen zu lernen. Damit einhergehend lassen sich auch bestimmte Wünsche der Familie an die frühpädagogische Einrichtung explorieren und Vorstellungen der Eltern bezüglich der Sozialisation von Kindern erfragen: Ist den Eltern eher wichtig, dass die Kinder ihren eigenen Wünschen folgen und sich selbst verwirklichen können (was auf eine Autonomieorientierung hinweisen würde), oder dass sie in einem strukturierten Umfeld unter Anleitung lernen (was auf einen eher verbundenheitsorientierten Hintergrund hinweisen würde)? Oder ist den Eltern beides wichtig, so dass sie Mischmodellen zuzuordnen sind? So kann bereits eine gewisse Einordnung bezüglich der Vorstellungen von Autonomie und Verbundenheit der Familien vorgenommen werden. Auch die Erfahrungen mit dem Kind sowie mit den Eltern, die sich im pädagogischen Alltag ergeben, stellen einen bedeutsamen und unersetzlichen Zugang zu den Hintergründen, Erwartungen und Wünschen der Familie dar (▶ Kap. 3.3.1). Durch eine sensible und kenntnisreiche Wahrnehmung kann das Verständnis für die Familie und ihre Kultur vertieft werden. Die Berücksichtigung der Familienkultur und deren Integration in den Alltag von Kindertageseinrichtungen erleichtert den Kindern die Teilhabe an Bildungsprozessen und fördert somit die politisch gewünschte gesellschaftliche Teilhabe aller Kinder am Bildungsgeschehen.

Vor dem Hintergrund des dargestellten konzeptionellen Rahmens sollen im Folgenden verschiedene pädagogische Konzepte, Bildungsbegriffe und Orientierungspläne der Bundesländer dahingehend überprüft werden, inwiefern sie sowohl Autonomieorientierung als auch Verbundenheitsorientierung ermöglichen bzw. berücksichtigen und somit aus unserer Perspektive zu einer kultursensitiven Frühpädagogik beitragen können. Weiterhin werden bestehende pädagogische Ansätze zum Umgang mit kultureller Vielfalt betrachtet und auch auf das Konzept der Inklusion wird eingegangen.

1.8 Empfohlene Literatur zur Vertiefung

Gonzalez-Mena, J. (2008). *Diversity in early care and education. Honoring differences* (5th Ed.). New York: McGraw-Hill.
   Dieses Buch beschreibt und erläutert kulturelle Unterschiede bezüglich Erwartungen, Einstellungen und Verhaltensweisen von Familien hinsichtlich frühpädagogischer Betreuung.

Keller, H. (2011a). *Kinderalltag*. Heidelberg/Berlin: Springer.
Dieses Buch gibt in gut lesbarer Weise sowie ergänzt durch viele Beispiele und Fotos zentrale Grundlagen der kulturvergleichenden Säuglings- und Kleinkindforschung wieder.

Keller, H. (2019a). *Mythos Bindungstheorie: Konzepte – Methode – Bilanz*. Kiliansroda: verlag das netz.
Das Buch beschäftigt sich kritisch mit der Bindungstheorie, stellt vor dem Hintergrund der kulturvergleichenden Forschung Limitationen der Theorie und deren Anwendung dar und beschreibt zudem Grundlagen einer kultursensitiven Eingewöhnung.

Tobin, J., Arzubiaga, A. E. & Adair, J. K. (2013). *Children Crossing Borders: Immigrant Parents and Teacher Perspectives on Preschool for Children of Immigrants*. New York, NY: Russell Sage Foundation.
In diesem Buch werden die Perspektiven von zugewanderten Eltern sowie von Kita-Fachkräften in den USA dargestellt. Die Befunde sind weitgehend deckungsgleich mit hiesigen Untersuchungen und zeigen die diskrepanten Einstellungen plastisch auf – häufig anhand von Originalzitaten.

2 Einordnung zentraler Konzepte, Begriffe und Curricula der Frühpädagogik

2.1 Pädagogische Konzepte

In den folgenden Abschnitten werden verschiedene pädagogische Konzepte, welche die früh- und elementarpädagogische Arbeit in Deutschland maßgeblich beeinflusst haben, dargestellt und hinsichtlich ihrer Möglichkeiten und Potenziale für einen systematischen Einbezug kultureller Vielfalt beleuchtet. Aufgrund von Platzgründen kann diese Darstellung nur ausschnitthaft erfolgen. Wir legen den Schwerpunkt auf die Aspekte, die für den Umgang mit kultureller Vielfalt bedeutsam sind. Die einzelnen Konzepte werden im Folgenden kurz mit ihrer jeweiligen Geschichte und einigen zentralen Inhalten beschrieben. Auch dies kann hier nur in sehr gestraffter Form geschehen, so dass nicht alle theoretischen Bezüge, Debatten und Anwendungsaspekte Berücksichtigung finden können. Insofern sind die folgenden Ausführungen vor allem als Denkanstöße zu verstehen, welche Potenziale und Stolpersteine bezüglich einer kultursensiblen Pädagogik mit den jeweiligen Konzepten verbunden sind.

2.1.1 Friedrich Fröbel – die Anfänge des Kindergartens und einer kindzentrierten Sichtweise

Die erste Einrichtung für Vorschulkinder in Deutschland wurde 1780 in Straubing gegründet. Anfangs ging es bei diesen Vorläufern der heutigen Kindertageseinrichtungen vor allem um die Versorgung von Kindern, die ansonsten größter Armut und Vernachlässigung ausgesetzt gewesen wären. Der Tagesablauf war von Erziehung zu Gehorsam, Reinlichkeit, Gottesfürchtigkeit und Frömmigkeit gekennzeichnet (Berger, 2001).[5] Vorläufer der heutigen pädagogischen Einrichtungen ist der vom deutschen Pädagogen Friedrich Wilhelm August Fröbel (1782*–1852†) begründete und auch so benannte Kindergarten. Fröbel eröffnete 1837 in Bad Blankenburg, Kreis Saalfeld-Rudolstadt in Thüringen, die *Anstalt zur Pflege des schaffenden Tätigkeitstriebes und des Selbsttuns der Kindheit* sowie 1840 den ersten *Allgemeinen deutschen*

---

5 Diese pädagogischen Ziele sind auch heute noch in vielen Einrichtungen in stark verbundenheitsorientierten Kontexten von hoher Bedeutsamkeit.

*Kindergarten.*⁶ Eine gute fachliche Ausbildung für frühpädagogische Tätigkeiten war ihm ein besonderes Anliegen, so dass er 1848 in Liebenstein die erste Ausbildungsstätte für Kindergärtnerinnen gründete. Inspiriert durch die Ideen des Schweizer Pädagogen Johann Heinrich Pestalozzi (1746*–1827†) formulierte er ein neues Bild vom Kind, das er seiner Arbeit zugrunde legte (Ebert, 2007). Er sah das Kind als ein *Schöpfer-Kind* und betonte die eigenen Bildungsleistungen des Kindes. Damit kam er der heutigen Vorstellung vom Kind als Akteur seiner Entwicklung und einem Gleichberechtigungsmodell in den Beziehungen zwischen Kindern und Erwachsenen (Keller, 2003; ▶ Kap. 1.4) bereits recht nahe (Ebert, 2007).⁷ Dies wird in folgendem Zitat Fröbels deutlich, bei dem er das Kind mit einem Samenkorn vergleicht, das sich bei guten Bedingungen selbst entfalten kann:

> Wir pflegen es [das Samenkorn], daß es sein Leben, sein Wesen in Gestalten ungehindert, selbst- und freithätig so wahr als bar, so schön als kräftig vor uns entfalte. (Fröbel, 1862, S. 47)

Neben diesem – neuen – Bild vom Kind war für Fröbel, in Anlehnung an Pestalozzi, die konkrete Tätigkeit, der Prozess, in dem sich die elementare Bildung vollzieht, bedeutsam (Ebert, 2007). Er beschrieb vor allem das Spiel als die wesentliche Bildungstätigkeit der frühen Kindheit (Ebert, 2007; siehe auch Hauser, 2013). Fröbel benutzte dabei den Begriff der *Spielpflege*.

> Spielpflege ist für Fröbel zunächst die intensive Auseinandersetzung des einzelnen kleinen Kindes mit Fröbels ›Spielmaterialien‹. ›Spielmaterialien‹ – das sind einfache Gegenstände wie Ball, Kugel, Würfel, Täfelchen und Stäbchen. (Heiland, 2009, o. S.)

Diese Materialien wurden von Fröbel speziell entwickelt und als *Spielgaben* bezeichnet (Ebert, 2007). Dem Spiel kommt also bei Fröbel eine besondere Bedeutung zu und zwar in zweierlei Hinsicht: Zum einen ging es ihm darum, dass die Kinder durch die Begleitung der pädagogischen Fachkräfte förderliches Spielen erlernen. Dabei wurden die Kinder beim Umgang mit den *Spielgaben* auch angeleitet. Zum anderen ging es aber auch darum, dass sich die Kinder durch das Spiel eben auch selber »pflegen«, also entwickeln und bilden können. Der Umgang mit den *Spielgaben* hat durchaus einen angebotspädagogischen Charakter, wie er auch häufig in erzieherischen Konzepten in verbundenheitsorientierten Kontexten von Bedeutung ist (Borke, Döge & Kärtner, 2011; Keller, 2011a). In ihm kann aber zudem auch ein Grundstein für eine pädagogische Hinwendung zu einer autonomieorientierten Pädagogik gesehen werden. Durch die Hervorhebung des Spieles an sich als bildungsfördernd sowie der Idee, dass Kinder den Umgang mit den vorgegebenen *Spielgaben* in gewissem Rahmen selber gestalten können, deuten sich hier Vorläufer einer kindzentrierten Pädagogik an. Die frühpädagogischen Fachkräfte sollen das

---

6 Die Idee des Kindergartens wurde jedoch nicht uneingeschränkt begrüßt. 1851 verbot beispielsweise das Königreich Preußen den Kindergarten, vor allem da Anstoß an der Idee eines dem Erwachsenen gleichberechtigten Kindes sowie an den demokratischen Erziehungsabläufen genommen wurde (1860 wurde das Verbot wieder aufgehoben) (Ebert, 2007).
7 Wobei sich diese Betonung der Selbsttätigkeit des Kindes vor allem in den Schriften Fröbels zeigte und nicht unbedingt in der pädagogischen Praxis der Kindergärten, die durchaus durch eher direktivere Anleitungen der Kinder durch die pädagogischen Fachkräfte gekennzeichnet war.

Kind begleiten oder eventuell auch korrigieren, aber nicht unbedingt, um es zu einem Ziel hinzuführen, das die pädagogische Fachkraft im Kopf hat, sondern um den Spielfluss für das Kind bei Bedarf wiederherzustellen (Ebert, 2007). Die Auseinandersetzung mit den *Spielgaben* an sich wird als bedeutsamer Bildungsprozess angesehen, nicht unbedingt die vermeintlich korrekte Bearbeitung einer Aufgabe. Diese Grundideen Fröbels sind, zusammen mit der Betonung der Bedeutung von Dokumentationen der kindlichen Verhaltensweisen sowie einer partnerschaftlichen Zusammenarbeit mit den Eltern, für alle anderen (folgenden) pädagogischen Konzeptionen in Deutschland maßgeblich gewesen. Insofern können die Konzepte Fröbels durchaus als Beginn einer zunehmenden Autonomieorientierung in der frühpädagogischen Arbeit gesehen werden, die jeweils auch stets Ausdruck gesellschaftlicher Debatten und Veränderungsprozesse war. Es kann aber diskutiert werden (siehe die folgenden Abschnitte), wo hier mögliche Grenzen bzw. Spannungsfelder hinsichtlich einer pädagogischen Arbeit mit Kindern bzw. Familien aus einem eher verbundenheitsorientierten Kontext bestehen können.

Die Idee des Kindergartens (und vielfach auch der deutsche Name) hat sich dennoch um die Welt verbreitet. Allerdings ging dies nur teilweise mit der Übernahme der pädagogischen Ideen Fröbels einher, und die jeweiligen Einrichtungen für die Betreuung von Kindern im Vorschulalter wurden bzw. werden je nach den kulturellen Gegebenheiten angepasst und ausgestaltet. So lässt sich beispielsweise für den Kindergarten in China, der dort 幼儿园 (gesprochen »you er yuan«; Tobin, Hsueh & Karasawa, 2009) heißt, zeigen, dass dort traditionell die Leistungsschulung im Sinne einer gezielten Vorbereitung auf die Schulfächer im Mittelpunkt steht und die frühpädagogischen Fachkräfte eine klar leitende und vorgebende Arbeit praktizieren. Dies entspricht eher einer stärker verbundenheitsorientierten Sichtweise und einem Lehrlingsmodell (Keller, 2003, 2011a; Tobin, Hsueh & Karasawa, 2009; ▶ Kap. 1.5).[8]

---

8 In der chinesischen Frühpädagogik findet sich aber auch eine zunehmende Orientierung an autonomieorientierten Einflüssen. Diese lassen sich mit der seit den 1980er Jahren stattfindenden marktwirtschaftlichen Öffnung des Landes in Verbindung bringen. 2001 wurden vom chinesischen Bildungsministerium mit den *Guidelines for Kindergarten Education* neue Richtlinien veröffentlicht, in denen das Freispiel und die Kindzentrierung der Frühpädagogik in den Mittelpunkt gestellt werden. Diese Richtlinien werden allerdings nur teilweise und vor allem in städtischen Kontexten angewendet. Zudem sind sie bezüglich ihrer Autonomieorientierung auch umstritten, wie das folgende Zitat von Prof. Li Hong, einer Frühpädagogin der Yunnan Normal University in Kunming, verdeutlicht: »*I don't think the new guidelines represent our future. The Guidelines are too Westernized. Westernized education prioritizes individuality, democracy, and equality. This educational ideal is in direct conflict with our Confucian culture. A tree transplanted from the West into Confucian soil will have difficulty taking root*« (Tobin, Hsueh & Karasawa, 2009, S. 89). Der Prozess in China verdeutlicht die Herausforderungen und Schwierigkeiten, die mit einer Übernahme von konzeptuellen Ideen aus anderen kulturellen Kontexten einhergehen können. Derzeit wird in China daran gearbeitet, hybride Konzepte zu entwickeln, die sich aus unterschiedlichen Hintergründen speisen, aber dennoch die chinesischen Traditionen berücksichtigen bzw. an diese angepasst werden (Tobin, Hsueh & Karasawa, 2009) (siehe dazu auch die Vorstellungen chinesischer Eltern zur deutschen Kindertagesbetreuung in Keller, 2019a).

2.1.2 Montessoripädagogik

Die italienische Ärztin Maria Montessori (1870*–1952†), die sich im Laufe ihres Lebens von der Medizin zunehmend der Pädagogik zuwandte,[9] wurde 1907 mit der fachlichen Unterstützung beim Aufbau eines sog. *Casa dei Bambini* (Kinderhaus) im römischen Elendsviertel San Lorenzo beauftragt. Die anfängliche Idee war die einer Bewahranstalt für die Kinder der Mieter aus unteren Schichten. Das Kinderhaus wurde initiiert und finanziert von Bankiers und Hauseigentümern, die sich um den Zustand ihrer Wohnungen bei fortschreitender Vernachlässigung der Kinder sorgten (Schmutzler, 2007). Für Montessori war dies eine Möglichkeit, ihrem Wunsch hinsichtlich einer stärker pädagogisch ausgerichteten Arbeit nachzukommen und damit ihre Erfahrungen und Erkenntnisse aus einer langjährigen Tätigkeit mit geistig behinderten Kindern auf die allgemeine frühpädagogische Arbeit übertragen zu können (Becker-Textor, 2000). Im weiteren Verlauf entwickelte Montessori ihre pädagogischen Theorien und Handlungsweisen, die bis heute Einfluss in der frühpädagogischen Arbeit haben. Montessori betont, dass sich die kindliche Entwicklung durch den Einfluss des Umfeldes organisiert (Schmutzler, 2007), und legt damit prinzipiell eine durchaus kultursensitive Sichtweise zugrunde. Ähnlich wie bei Fröbel steht bei ihr aber auch eine kindzentrierte Sichtweise im Mittelpunkt, und sie unterstreicht die kindliche Eigenaktivität sowie die Entwicklung hin zur Unabhängigkeit und Selbstständigkeit und lässt sich damit einer autonomieorientierten Sichtweise und einem Gleichberechtigungsmodell zuordnen (Keller, 2003, 2011a, 2019a; ▶ Kap. 1.4).

> Es ist wahr, daß das Kind in seiner frühen Lebensepoche gleich weichem Wachs ist, aber dieses Wachs kann nur von der sich entfaltenden Persönlichkeit selber geformt werden. Die einzige Pflicht des Erwachsenen ist es, diese Formung des Wachses vor Störungen zu bewahren, damit die feinen Zeichnungen, die das erwachende psychische Leben des Kindes dem Wachs einritzt, nicht ausgelöscht werden. (Montessori, 1965, S. 10)

Wenn man allerdings die den Kindern angebotenen Aktivitäten betrachtet, dann stehen neben solchen, die die Entwicklung *psychologischer Autonomie* unterstützen (Selbstbild entwickeln, eigene Entscheidungen treffen, Vorlieben entwickeln und ausleben) gerade auch Angebote, die die *Handlungsautonomie* stärken (Fertigkeiten erlangen, um gesellschaftlich relevante Tätigkeiten ausführen zu können). Auch spielen hier gezielte Demonstrationen von Handlungsabläufen durch die frühpädagogische Fachkraft sowie die kindliche Beobachtung und Imitation eine Rolle – Aspekte, die mit verbundenheitsorientiertem Lernen in Verbindung gebracht werden können (▶ Kap. 3.3.2).

> Es ist so einfach, einem kleinen Kind die Handlungen des täglichen Lebens in langsamen, ruhigen Bewegungen vorzumachen, und der Erfolg wird sein, daß das Kind im frühesten Alter allein ißt, sich allein wäscht, sich allein anzieht und ein glücklicher und zufriedener Mensch wird. (Montessori, 1965, S. 13)

---

9 Sie hat also eher einen naturwissenschaftlichen Hintergrund, der auch ihre Herangehensweise an die Frühpädagogik beeinflusst, während beispielsweise Fröbel in einer geisteswissenschaftlichen Tradition steht.

Die Betonung der *Handlungsautonomie* korrespondiert mit einem eher verbundenheitsorientierten Entwicklungspfad (Keller, 2011a). Montessori zufolge ist die *vorbereitete Umgebung* ein zentrales Moment für die pädagogische Arbeit (Schmutzler, 2007). Darunter ist ein auf das jeweilige Alter und die Interessen des Kindes abgestimmtes übersichtliches und geordnetes Umfeld zu verstehen, welches zum Tätigwerden und Explorieren einlädt, in das aber auch gestaltete Angebote der frühpädagogischen Fachkräfte eingebettet sind. Die *vorbereitete Umgebung* kann weiterhin durch verschiedene Strukturaspekte gekennzeichnet werden (die sich noch heute in ähnlicher Form in vielen Bildungs- und Orientierungsplänen finden lassen) (Schmutzler, 2007):

1. *Personal-soziale Aspekte.* Durch gemischte Gruppen (sowohl bzgl. des Alters, des Geschlechts als auch der Leistungsfähigkeit) sollen sowohl soziale als auch kognitive Anreize und Lernmomente entstehen sowie ein realistisches Weltbild vermittelt werden (Schmutzler, 2007).
2. *»Materiale« Aspekte.* Hierunter werden die verschiedenen pädagogischen Angebote gefasst wie z. B. sensomotorische Förderung, Bewegungsförderung, in andere Abläufe und Angebote integrierte sowie separate Sprachförderung, in andere Abläufe und Angebote integrierte Förderung der mathematischen Bildung, naturwissenschaftliche, technische und ökologische Bildung, in Abläufe und durch Erfahrungen in der gemischten Gruppe integrierte Sozialerziehung, rhythmisch-musikalische Erziehung, Kunsterziehung, religiöse Erziehung. Zu diesen Aspekten gehören aber auch das Gebäude sowie das Außengelände (Schmutzler, 2007).
3. *Strukturell-dynamische Aspekte.* Grundlagen, nach denen die pädagogische Arbeit und deren Abläufe gestaltet werden, sollten wie das Prinzip der Ordnung (Trennung nach bestimmten Lernbereichen und Schwierigkeitsgraden), Prinzip der Begrenzung (des Lernstoffes, aber auch von unerwünschtem Verhalten), Prinzip der freien Wahl der Tätigkeiten (bei Begrenzung der Sache, der Zeit und der Lernpartner), Prinzip der individuellen didaktischen Passung (gemäß der Entwicklungsaufgaben), Prinzip der individuellen Entwicklungsgemäßheit, Prinzip des Wechsels von direkter und indirekter Erziehung (mit indirekter Erziehung ist hier eine Inhaltsvermittlung ohne direkte Ansprache eines einzelnen Kindes gemeint), Prinzip der unteren Grenze des Eingreifens (nur so viel, wie nötig ist, damit das Kind die Aufgabe bzw. Tätigkeit selbstständig bewältigen kann; gemäß dem zentralen Leitsatz Montessoris *»Hilf mir, es selbst zu tun«*) (Schmutzler, 2007).

Der Ansatz von Montessori beinhaltet also sowohl die Betonung der kindlichen Freiheit und Gleichberechtigung und hat als bedeutsames Ziel die Autonomieunterstützung und -entwicklung des Kindes. In diesem Ansatz wird aber auch betont, dass eine strukturlose Freiheit und Selbstbestimmung der Kinder für diese eine Überforderung und damit auch Entwicklungseinschränkung darstellen kann. Montessori betont daher auch die Bedeutung von Leitungs- und Strukturierungsaufgaben durch die frühpädagogischen Fachkräfte, da durch diese Sicherheit und Orientierung vermittelt werden können. Deren Aufgabe ist es, immer wieder für jedes Kind das Gleichgewicht zwischen Freiheit und selbstbildungsorientierten Aspekten auf der einen Seite und Leitung und angebotsorientierten Aspekten auf der anderen Seite zu finden bzw. auszutarieren (Schmutzler, 2007). Es finden sich daher auch Abgrenzungen zu Positionen, die die Selbstbildung von Kindern in den Mittelpunkt stellen (▶ Kap. 2.2.3).[10]

> Wenn wir dennoch die These aufgreifen, dass Kinder sich aus eigenem Antrieb, aus eigenen Fragen, mit Hilfe eigener Denkstrategien bilden, unterscheiden wir uns von Maria Montessori: … Es hat etwa hundert Jahre gedauert, bis begriffen und formuliert werden konnte, dass die Aktivität der Kinder bei ihren Bildungsprozessen nicht nur darin bestehen kann, dass sie das aktiv tun, was wir von ihnen erwarten, sondern dass wir ihre eigenen Theorien von der Welt zur Kenntnis nehmen, ihre Denkstrategien ernst nehmen, ihre scheinbaren Umwege als mögliche produktive Lösungen erkennen müssen … (Schäfer, 2007, S. 35 f.)

In diesen Zusammenhang kann auch die Kritik, die von Dewey und Dewey (1915) an den Ansätzen Montessoris geübt wurde, eingeordnet werden. Aus deren Sicht werden hier die kreativen und sozialen Seiten des Kindes nicht ausreichend berücksichtigt, da die Kinder zwar die Materialien frei wählen können, aber die Umgangsweisen mit ihnen eher feststehen und diese auch so gestaltet sind, dass keine gegenseitige Kooperation der Kinder untereinander notwendig ist bzw. angeregt wird. Diese Kritik beklagt zum einen ein zu wenig an Autonomie bezüglich des Umganges mit dem Material und zum anderen ein zu viel an Autonomie bezogen auf die Anlässe, die zu gemeinschaftlichem Verhalten sowie Kooperation und Austausch mit anderen anregen. Diese Kontroverse ist also relevant für Überlegungen zu kultursensitiven Konzepten. Eine universelle Forderung nach einer bestimmten Richtung dieser Orientierung würde der vorhandenen Vielfalt an kulturellen Hintergründen der Kinder nicht gerecht werden. Die Montessoripädagogik bietet also, bei bewusster Variation der zugrunde liegenden Grundsätze, durchaus das Potenzial einer kultursensitiven Herangehensweise.

Interessant ist in diesem Zusammenhang auch, dass in der Frühpädagogik eine Debatte darüber existiert, welche Bedeutung dem kindlichen Spiel bei Fröbel und bei Montessori beigemessen wird (Klein-Landeck, 2009; Schmutzler, 1976). Während bei Fröbel das Spiel einen bedeutsamen Selbstzweck erfüllt, so steht es bei Montessori stärker in Verbindung mit einer Schulung der Sinne sowie mit der Auseinandersetzung von bzw. Heranführung an lebenspraktische Abläufe und Handlungsweisen. Somit kann der Ansatz von Montessori stärker als der Fröbels mit erzieherischen Angeboten in Verbindung gebracht werden (ähnlich der Kritik von Schäfer [2007] und Dewey & Dewey [1915]).

Die pädagogischen Ideen Montessoris haben sich international verbreitet. So wurden beispielsweise in vielen europäischen Ländern, aber auch in den USA sowie in Argentinien pädagogische Einrichtungen, die sich auf Montessoris Ansätze beziehen, gegründet. Es zeigen sich auch Verbreitungen in Kontexten, in denen ein

---

10 In der Rezeption wird die Montessoripädagogik oftmals als reiner Selbstbildungsansatz (▶ Kap. 2.2.3) beschrieben. Hingegen betonte Montessori durchaus auch die Notwendigkeit einer konkreten, auf das Kind abgestimmten Unterstützung durch den Erwachsenen. Dies wird besonders bei Montessoris frühpädagogischer Arbeit im Bereich Musik deutlich. Montessori arbeitete hier mit Stilleübungen und klarer Anleitung, sie war der Auffassung, dass sich ein höheres Niveau im Bereich Musik *nur* mit Anleitung, keinesfalls ohne erreichen ließe (persönliche Mitteilung, Gutknecht, 2012).

klarer Bezug zur Verbundenheitsorientierung angenommen werden kann. Maria Montessori verbrachte die Jahre zwischen 1939 und 1946 in Indien und konnte auch dort Anerkennung für ihre Ideen und deren Verbreitung finden. Aufgegriffen wurde ihr Ansatz auch von den dort im Exil lebenden Tibetern. So auch von Jetsun Pema, der Schwester des gegenwärtigen 14. Dalai Lama, die in den 1970er Jahren anfing, die Montessori-Pädagogik in indischen Einrichtungen für Waisen- und Flüchtlingskinder aus Tibet anzuwenden.

> Unsere Kinder wachsen ohne Eltern auf, sie brauchen viel individuelle Aufmerksamkeit. Die Montessori-Pädagogik ist darauf ausgerichtet, Kindern genau diese individuelle Aufmerksamkeit zu geben. Es ist auch ein System, das den Kindern sehr viel Freiheit gibt, ihre eigenen Fähigkeiten und Interessen zu entdecken. Das ist sehr gut für sie, es macht sie seelisch stabil. (Schlagenwerth, 2008, o. S.)

Es ist durchaus überraschend, dass gerade die Freiheit und Individualität in einem Umfeld, das traditionellerweise durch eine starke Verbundenheitsorientierung gekennzeichnet ist, eine besondere Betonung erfährt. Vermutet werden kann, dass dies der besonderen politischen Geschichte geschuldet ist. Im Rahmen der chinesischen Kulturrevolution Mao Zedongs und der damit einhergehenden Sinisierungspolitik (z. B. durch Einwanderung von *Han-Chinesen* nach Tibet) sowie einer zunehmenden Diskriminierung der traditionellen tibetischen Lebensweise floh der Dalai Lama (das geistliche und weltliche Oberhaupt der Tibeter) 1959 ins indische Exil nach Dharamsala (Bacia, 2008). Durch die damit einhergehenden Erfahrungen der Unterdrückung eigener Traditionen und Lebensweisen könnte ein besonderes Freiheits- und damit zusammenhängend ein ausgeprägtes Autonomiebewusstsein ausgebildet bzw. verstärkt worden sein (bei gleichzeitigem starkem Bewusstsein für die tibetischen Werte und Traditionen). Diese besondere gesellschaftliche Situation kann ein Grund dafür sein, dass vor allem in den formal gebildeten und eher städtisch organisierten tibetischen Kontexten ein eher autonom-relationaler Entwicklungsfokus zum Tragen kommt, der durch eine gleichzeitige Bedeutsamkeit von Autonomie und Verbundenheit gekennzeichnet ist (Kağıtçıbaşı, 2017).

Die Ansätze der Montessori-Pädagogik bieten aber auch prinzipiell Grundlagen für ein kultursensitives Abwägen zwischen angebotsorientiertem und selbstbildungsbezogenem Verhalten der frühpädagogischen Fachkräfte, wodurch die Möglichkeit besteht, je nach den Bedürfnissen des Kindes und des Kontextes, in dem es aufwächst, in den pädagogischen Abläufen zu variieren.

2.1.3 Waldorfpädagogik

Im September 1919 gründete der deutsche Fabrikant Emil Molt (1876*–1936†) in Zusammenarbeit mit dem österreichischen Philosophen Rudolf Steiner (1861*–1925†) in Stuttgart die erste *Waldorfschule*. Diese war gedacht als betriebseigene Schule für die Kinder der Arbeiter und Angestellten der Waldorf-Astoria-Zigarettenfabrik (ein deutscher Tabakwarenhersteller). Steiner war mit der Leitung der Schule und in diesem Rahmen auch mit der Ausbildung und Beratung des Lehrerkollegiums betraut. Dies kann als Startpunkt der von ihm begründeten anthroposophischen Pädagogik angesehen werden (Föppl & Lohrenz, 1999). Der erste *Wal-*

dorfkindergarten begann seine Arbeit im Jahr 1926 (nach dem Tod Rudolf Steiners) durch die Pädagogin Elisabeth von Grunelius (1895*–1989†) und den Pädagogen Herbert Hahn (1890*–1970†) an eben dieser Stuttgarter Waldorfschule (Saßmannshausen, 2007).

> Der Begriff der *Anthroposophie* (abgeleitet aus dem Griechischen von ανθρωπος [ánthropos] »Mensch« und σοφία [sophía] »Weisheit«) wurde erstmals im 16. Jahrhundert verwendet und seitdem von verschiedenen Denkern definiert und erweitert und dabei mit durchaus unterschiedlichen Bedeutungen und Auslegungen in Verbindung gebracht. Im Sinne Rudolf Steiners kann darunter eine spirituelle und esoterische Weltanschauung verstanden werden. Zentral ist die allgegenwärtige Präsenz eines göttlichen Geistes.

> Steiner glaubte an den allmächtigen göttlichen Geist, der im Rhythmus des großen Weltenatems weht in der Materie, im Menschen, in der Natur und in der Geschichte. Er glaubte an die großen Korrespondenzen zwischen allem Lebendigen, an einen klingenden Kosmos aufeinander antwortender Analogien. Er glaubte an die stufenweise Vergeistigung und Selbstverbesserung des Menschen und der Welt. (Radisch, 2011, S. 71)

Als Ziel wird eine das gesamte Leben umfassende Suche nach höheren Bewusstseinsebenen angesehen, welche von jedem Menschen erreicht werden könnten, aber durchaus auf individuell unterschiedlichen Wegen. Steiner glaubte zudem an die Wiedergeburt sowie daran, dass es in jedem Leben eines Menschen alle sieben Jahre zur »Geburt« eines neuen sog. *Wesensgliedes* kommt, wodurch neue Entwicklungsphasen erreicht werden können (*Jahrsieht*) (Wyneken, 2007).

Für die theoretischen Ideen und Konzepte Rudolf Steiners lassen sich allerdings keine überzeugenden empirischen Bestätigungen finden. Sie stehen auch nicht im Einklang mit den theoretischen Annahmen und Befunden der wissenschaftlichen entwicklungspsychologischen Forschung (z. B. Keller, 2011b). Nach wie vor gibt es sehr wenig Forschung zu den Hintergründen und Wirkungen der anthroposophischen Pädagogik. Dies ist teilweise gewollt, da manche Vertreter/-innen davon ausgehen, dass es sich um einen geisteswissenschaftlichen Ansatz handelt, der sich einer empirischen Überprüfung entzieht. Andererseits gibt es seit einigen Jahren aber auch Bestrebungen, diese Ansätze mit Methoden der empirischen Sozialforschung auf ihre Wirksamkeit hin zu prüfen (Randoll, 2010). Eine systematische und überzeugende Überprüfung der Ideen Steiners und der daraus hervorgegangenen waldorfpädagogischen Ansätze konnte aber auch bei der Recherche für die zweite Auflage dieses Buches nicht gefunden werden. Es ist daher durchaus überraschend, dass dieser spirituelle Ansatz, für den es keine wissenschaftliche Bestätigung gibt, sich doch einer relativ großen Beliebtheit und Verbreitung erfreut.

Wie sehen die Grundzüge der Waldorfpädagogik und ihre praktischen Umsetzungen in Waldorfkindergärten aus?

Wie bei den Ansätzen von Fröbel und Montessori steht auch bei der Waldorfpädagogik das Kind als einmaliges Individuum im Mittelpunkt und soll in seiner freien Entfaltung und Selbstständigkeitsentwicklung unterstützt werden. Auch hier kommt dem freien Spiel und den damit einhergehenden sinnlichen und motorischen Erfahrungen eine große Bedeutung zu (Saßmannshausen, 2007). Es wird davon ausgegangen, dass sich das vorschulische Kind am besten in einer von den frühpädagogischen Fachkräften angebotenen funktionsfreien Umgebung ohne Druck entfalten kann. Mit *funktionsfrei* ist hier vor allem die Beschaffenheit von Spielmaterialien gemeint. Alltägliche Gegenstände oder Spielsachen, die möglichst unbearbeitet sind (wie Puppen mit lediglich angedeuteten Gesichtern), werden bevorzugt. Ein Holzklotz bietet demnach beispielsweise deutlich mehr Raum für freies Gestalten als ein Spielzeugauto, welches sich schnell in seinen Funktionen erschlossen hat (Saßmannshausen, 2007). Dabei laufen die altersentsprechenden Lern- und Bildungsprozesse quasi nebenbei ab. In diesem Zusammenhang wird betont, dass vor allem die alltäglichen Verrichtungen (Putzen, Tisch decken, Reparaturarbeiten) für die Kinder möglichst transparent und in ihren Sinnzusammenhängen verständlich dargestellt werden sollten, um so die Zusammenhänge des Lebens darstellen und vermitteln zu können (Saßmannshausen, 2007). In der vorschulischen Waldorfpädagogik kommt der Vorbildfunktion der frühpädagogischen Fachkräfte eine große Bedeutung zu. Sie wird aber eher nicht als eine Form von direkter Anleitung verstanden, sondern in dem Sinne, dass der Erwachsene dem Kind ein positives Modell ist, das es gerne und aus eigenem Wunsch heraus nachahmt. Weitere wesentliche Ausdrucksformen der Waldorfpädagogik sind ein sich wiederholender strukturierter Tagesablauf mit Vertrautheit gebenden zeitlichen Abläufen, Phasen der rhythmischen Bewegung und einer Wochen- und Jahresstruktur, die durch definierte Wochentagsaktivitäten und jahreszeitabgestimmte Angebote bestimmt ist.

Die Betonung der kindlichen Individualität in der Waldorfpädagogik spiegelt eher eine Autonomieorientierung (Keller, 2011a). Es kann aber auch Spielraum für eine kultursensitive Anwendung gesehen werden, bei der auch auf verbundenheitsorientierte Hintergründe Bezug genommen werden kann. Dies wird durch die Betonung von Prozessen der (kindlichen) Nachahmung von (erzieherischen) Vorbildern bei den vorschulischen Bildungsprozessen deutlich. Dabei wird darauf geachtet, dass die Kinder die Erwachsenen auch in handwerklichen und hauswirtschaftlichen Aktivitäten beobachten und so daran herangeführt werden, wiederholt Alltagstätigkeiten zu erleben und nachahmen zu können (persönliche Mitteilung, Gutknecht, 2012). Das erleichtert Kindern den Zugang, die aufgrund ihres kulturellen Kontextes eher Interaktions-, Erziehungs- und Bildungsformen gewohnt sind, die einem Lehrlingsmodell zuzuordnen sind (Keller, 2003, 2011a; ▶ Kap. 1.5). Eine Handlungsorientierung lässt sich auch darin erkennen, dass Kinder im Waldorfkindergarten in der Regel im direkten Kontakt mit den pädagogischen Fachkräften filzen, weben, an der Werkbank arbeiten und oft auch die pentatonische[11] Kinderharfe spielen lernen. Durch die Betonung der Tages-, Wochen- und Jahresstruktur werden diejenigen Kinder besonders unterstützt, die eher mit dem Modell der Verbundenheit vertraut sind. Durch diese Strukturierung und Rhythmisierung werden nämlich Freiheitsgrade reduziert und Vorgaben gemacht. Allerdings können

---

11 Unter Pentatonik (gr. πεντα [penta] für Fünf) oder auch Fünfton-Musik werden aus fünf Tönen bestehende Tonleitern verstanden. Die Pentatonik gilt als das älteste nachgewiesene Tonsystem.

hier auch Irritationen bei Kindern bzw. Familien entstehen, für die die Unterstützung der psychologischen Autonomie von sehr großer Bedeutung ist und die daher möglicherweise einen noch freieren und selbstbestimmteren Ablauf der Tages-, Wochen- und Jahresgestaltung gewohnt sind. Ähnliche Irritationen können auch durch die generell hohe Bedeutung von Wiederholung und Nachahmung in der Waldorfpädagogik entstehen.

Die Waldorfpädagogik hat Verbreitung in vielen Teilen der Welt gefunden, auch in Ländern, die (zumindest und vor allem in den ländlichen Kontexten) eine starke Verbundenheitsorientierung favorisieren (z. B. Vietnam, Tansania und Peru). Häufig sind diese aus Initiativen von engagierten reformorientierten Personen gegründet worden, die aus dem Ausland kamen, bzw. von Einheimischen, die zuvor in anderen Ländern eine waldorfpädagogische Aus- oder Weiterbildung durchlaufen hatten. Inwiefern diese vereinzelten Einrichtungen Fuß fassen und sich die anthroposophischen Hintergründe und pädagogischen Ansätze verbreiten und positiv angenommen werden, konnte nicht eruiert werden. Ebenso bleibt offen, wie die waldorfpädagogischen Ansätze praktisch umgesetzt werden, inwiefern sie an verbundenheitsorientierte Kontexte angepasst werden konnten und ob es Verbindungen zu den in der jeweiligen Kultur vorherrschenden pädagogischen Konzepten gibt. Da es sich in vielen Fällen um Kindergärten handelt, die von den Eltern selbst bezahlt werden müssen, kann vermutet werden, dass diese vor allem von Familien bevorzugt werden, die finanziell besser gestellt sind, häufiger eine höhere formale Bildung haben, in einem städtischen Umfeld leben und somit aus einem kulturellen Kontext kommen, in dem neben der Verbundenheit eben auch der psychologischen Autonomie eine herausgehobene Bedeutung zukommt (Kağıtçıbaşı, 2017; Keller, 2011a). Es bleibt abzuwarten, wie sich diese Waldorfkindergärten entwickeln und ob sie Konzepte ausarbeiten können, die sowohl die traditionellen als auch die reformerischen Vorstellungen des jeweiligen Kontextes berücksichtigen. Dies kommt auch in der Aussage einer Waldorfkindergärtnerin zum Ausdruck, die die Gründung von Einrichtungen in Thailand, Taiwan und Vietnam begleitet und beraten hat:

> Zur gleichen Zeit haben Thanh Cherry und weitere an Waldorfpädagogik Interessierte einen Verein mit dem Namen »Friends of Steiner« gegründet, um in Ho Chi Minh Stadt einen Waldorfkindergarten zu eröffnen. Zwei Kindergärtnerinnen studierten von 1999 bis 2001 am Waldorfkindergartenseminar in Melbourne, Australien. […] Die vietnamesische Regierung gibt für freie Schulen keinerlei staatliche Unterstützung, die überhaupt erst seit kurzer Zeit existieren. Bisher werden nur private Kindergärten oder halbstaatliche Colleges erlaubt, nicht aber Primar- und Sekundarschulen in freier Trägerschaft. Für die Mehrheit der in Vietnam Lebenden ist es völlig neu, sich über Veränderungen im Erziehungssystem Gedanken zu machen. In intellektuellen Kreisen könnte eine solche Initiative sogar als den Idealen des Konfuzius (551–479 v. Chr.) widersprechend betrachtet werden, die über zweitausend Jahre die vietnamesische Gesellschaft prägten. Vietnam ist im Wandel begriffen. Obwohl sich die politische Situation vermutlich nicht radikal ändern wird, ist die Atmosphäre in der Gesellschaft doch entspannter. Ein neues Interesse ist an Erziehung und an Spiritualität entstanden und Waldorfpädagogik liegt ganz auf der Linie dieses neuen Interesses. (Cherry, 2011, o. S.)

Betrachtet man Familien, die sich in Deutschland für die Waldorfpädagogik interessieren, dann fällt auf, dass es eher Familien aus der gebildeten Mittelschicht sind. »Demzufolge werden Waldorfschulen vor allem von Kindern aus bildungsnahen Schichten (darunter auffallend viele Eltern, die Lehrer an einer staatlichen Regelschule sind) sowie aus sozial gut situierten Familien besucht« (Randoll, 2010, S. 129; siehe auch Barz & Randoll, 2007; Hofmann, Prümmer & Weidner, 1981).

Damit scheint die Waldorfpädagogik stärker Familien mit einem autonomieorientierten Hintergrund anzusprechen. Ein möglicher Grund dafür kann in einer Gegenbewegung zu einer Welt mit einer vermeintlich immer größer werdenden Leistungs- und Sachorientierung gesehen werden. Zudem wird den pädagogischen Fachkräften in Waldorfkindergärten viel Freiheit bezüglich der Umsetzung gelassen, so dass sich sehr unterschiedliche praktische Realisierungen der anthroposophischen Ideen und Prinzipien vor Ort ergeben, in denen sie teilweise kaum mehr erkennbar sind. Viele Eltern, die sich für einen Waldorfkindergarten entscheiden, wissen sehr wenig über die Ideen Steiners bzw. diese sind ihnen auch nicht wichtig. Sie sind möglicherweise in vielen Fällen von der jeweiligen Gestaltung der Einrichtung, der dortigen Atmosphäre sowie den rhythmisierten Zeitabläufen überzeugt, ohne sich in größerem Maße mit den konzeptuellen Hintergründen der Waldorfpädagogik auseinanderzusetzen oder gar zu identifizieren. Bezogen auf Waldorfschulen kommt dies in folgendem Zitat eines Vaters zum Ausdruck:

> ›Ich sag es einmal pathetisch: An unserer Schule steht der Mensch im Mittelpunkt‹, sagt Rechlin. Spricht er von der ›Staatsschule‹, dann fallen Wörter wie ›Drill‹ und ›Selektion‹. (Spiewak, 2011, S. 69)

Fasst man zusammen, was von Eltern an Waldorfeinrichtungen geschätzt wird, dann bezieht sich das im Wesentlichen auf Aspekte, die sich nicht zwangsläufig (nur) aus den anthroposophischen Hintergründen ableiten lassen, sondern sich auch in anderen pädagogischen Ansätzen oder empirischen Befunden finden. Demnach kann vieles von dem, was sich in Waldorfeinrichtungen als erfolgreich und positiv bewährt hat, auch in Modelle überführt werden bzw. ist in solchen bereits vorhanden, die sich nicht auf die anthroposophischen Hintergründe und die Ideen Steiners berufen, wie z. B. weniger Verschulung und mehr Freiraum für das Spiel mit möglichst einfachen und alltäglichen Objekten. Viele der explizit aus der anthroposophischen Theorie hervorgegangenen Elemente finden wiederum häufig nicht so großen Anklang bei Eltern und Kindern. Auch sind ihre angenommenen Wirkungen bislang nicht empirisch überprüft oder nachgewiesen. Dazu zählt z. B. die Eurythmie (altgr. für »guter Rhythmus«), die eine spezielle Bewegungs- und Tanzform darstellt, die schon in Kindergärten praktiziert wird und in Waldorfschulen Unterrichtsfach ist.

Abschließend sei noch erwähnt, dass die Ideen Steiners keinesfalls unumstritten sind und teilweise heftig kritisiert wurden. So gibt es beispielsweise eine Kontroverse darüber, inwiefern sich in seinen anthroposophischen Schriften auch rassistische Gedanken finden lassen (Zander, 2001). Allerdings geht es dabei vor allem um die Frage, inwiefern sich im philosophischen Gedankengebäude Steiners auch rassistische Anteile finden lassen, und weniger darum, ob die pädagogische Umsetzung der Waldorfpädagogik rassistische Züge trägt.

2.1.4 Emmi Pikler

Die ungarische Kinderärztin Emmi Pikler (1902*–1984†) hat mit ihrem Ansatz die frühpädagogische Landschaft in Deutschland im Bereich der Krippenpädagogik nachhaltig beeinflusst. Sie gründete im Jahr 1946 im Auftrag der Stadt Budapest das Säuglings- und Kinderheim *Lóczy*, das international bekannt wurde, weil die Kinder dort keinen Hospitalismus aufwiesen. Aus dem *Lóczy* entstand später das *Pikler-Institut*, welches von ihr bis 1979 geleitet wurde. Das pädagogische Credo der Pikler-Kleinkindpädagogik lautet, dass sich Kinder besonders gut entwickeln, wenn sie möglichst wenig Einschränkungen von außen erfahren und sich in einem wertschätzenden Umfeld in ihrem eigenen zeitlichen Rhythmus entfalten können (Födinger, 2012; Gründler, 2002).

> Von diesen [Emmi Piklers, Anmerkung der Autorin/des Autors] Beobachtungen ausgehend müsste es jedem reflektierenden Menschen absurd erscheinen, Kinder von außen anzutreiben, sie mit unzähligen Mitteln und Möglichkeiten zu motivieren, tätig zu werden. Emmi Pikler hat dies auf sehr karikierende Weise versucht zu vermitteln, indem sie genau die Szenen auf Film aufgenommen hat, die wir tagtäglich beobachten können: Kleine Kinder im Kinderwagen, die mit Rasseln unterhalten werden, Kinder, die man in die Höhe wirft, damit sie ›vor Freude‹ lachen, denen man entgegen grinst, damit sie auch grinsen, die in vielfältiger Form zum Lachen angeregt werden mit Aktionen, die von den Erwachsenen ausgehen und der Stimulierung des Kindes dienen sollen. Würde man auch in diesen Fällen genauer hinschauen und die Kinder beobachten, dann würde man registrieren, mit welcher Irritation und Verwunderung sie im besten Falle reagieren. Im schlimmsten Falle, mit welcher Verwirrung bis zu Verstörung, die sich in Weinen, Verzweiflung und Unsicherheit äußert. (Pichler-Bogner, 2006, o. S.)

Pikler konzeptualisierte ihre Pädagogik mit einem genauen Gespür für die Bedingungen eines Aufwachsens in einer Institution, in der eine Fachkraft für mehrere Kleinkinder zuständig ist (Gutknecht, 2010), und stellte deshalb folgende vier Bereiche in den Fokus (vgl. Gutknecht, 2011):

- die beziehungsvolle Pflege
- die freie Bewegungsentwicklung
- die Ermöglichung der Eigentätigkeit im Spiel
- die sichere, aber Herausforderungen bietende Umgebungsgestaltung.

Basis der Pädagogik ist eine beziehungsvolle Pflege der Kinder. Die Fachkräfte bauen in den sich viele Male am Tag wiederholenden Pflegeinteraktionen beim An- und Ausziehen, Füttern und Wickeln eine tiefe und nahe Beziehung zu ihren Bezugskindern auf. Die Pflegehandlungen folgen dabei einer klaren Choreographie, die für alle Mitarbeiterinnen einer Pikler-Einrichtung verbindlich ist. Die Fachkräfte werden dafür sowohl in ihrem Bewegungs- als auch in ihrem sprachlichen Habitus intensiv geschult. Das Kind soll in diesen Begegnungen seinen emotionalen Bedarf nach engem Austausch mit dem Erwachsenen stillen können. Die Bereiche Bewegung und Spiel sind dabei komplementär zur Pflege organisiert und fokussieren auf die Selbstständigkeit des Kindes:

> Der Erwachsene gibt dem Kind nicht nur keine direkte Hilfe, sondern er spornt es auch nicht an, gewisse Bewegungen zu üben oder bestimmte Positionen aufzusuchen. Der Erwachsene

hält z. B. dem Säugling nicht seinen Finger hin, damit er sich daran anklammernd zum Sitzen hochzieht, er hält kein Spielzeug über das Kind, damit es aufsteht. Und er ruft es weder, noch lockt er es mit einem Spielzeug, damit es die ersten Schritte macht. [...] Wir vermeiden [...], dass das Kind Lagen und Positionen einnimmt oder seinen Platz auf eine Weise wechselt, wobei es Hilfe oder Anleitung des Erwachsenen benötigt. Das heißt also, wir schließen damit den direkten, modifizierenden Eingriff des Erwachsenen in die Bewegungsentwicklung aus. (Pikler, 2001; zitiert nach Gutknecht, 2012, S. 57)

Das Kind, dessen emotionale Bedürfnisse durch die uneingeschränkte Aufmerksamkeit in der Pflege gestillt sind, kann selbst explorieren und sich den anderen Kindern zuwenden. Durch diese Schwerpunktsetzungen zwischen Pflege und Bewegung soll vermieden werden, dass die Betreuerinnen immer wieder in krisenhafte, schwierig zu handhabende Situationen geraten, weil mehrere Kinder schreien und weinen:

Bei der konventionellen Bewegungsentwicklung müssen die Kinder einzeln in verschiedene Lagen gelegt, aufgesetzt und aufgestellt werden. Wenn die Kinder müde werden, muss man sie in eine andere Position bringen, ihnen ihr Spielzeug immer wieder in die Hand geben, weil sie hilflos sind. Die Pflegerin hat fast pausenlos allein schon mit der Bewegung und dem ständigen Hinreichen des Spielzeugs zu tun. Dies nimmt einen bedeutenden Teil ihrer Arbeitszeit in Anspruch. So verbringen die Kinder mehr oder weniger Zeit des Tages mit Warten. Es passiert z. B. nicht selten, dass die hingesetzten Kinder nach vorne kippend einschlafen, bevor man ihnen zu Hilfe kommt. (Pikler, 2001, zitiert nach Gutknecht, 2012, S. 58)

Bedeutsam ist also ein von den Erwachsenen geschaffenes Umfeld der Wärme, Liebe und Anerkennung sowie die Bereitstellung von Raum für die eigenaktive Entwicklung des Kindes. Weiterhin sollten den Kindern von Anfang an Möglichkeiten geboten werden, mit anderen Kindern im freien Spiel Kontakt aufzunehmen, um auch ihren sozialen Austausch zu entfalten.

Mit Piklers Ansatz wird vor allem eine kindzentrierte Unterstützung der Entwicklung betont. Er folgt also vom Grundsatz her einer eher autonomieorientierten Sichtweise. Bei bzw. mit Familien, die einen eher verbundenheitsorientierten Hintergrund haben, kann es zu Irritationen kommen: Große kulturelle Unterschiede finden sich gerade bezogen auf die motorische Entwicklung. So ist es z. B. in vielen traditionellen Dorfgemeinschaften üblich, den Kindern früh das Sitzen und etwas später das Gehen beizubringen.[12] Dies ist in bestimmten Kontexten notwendig, damit Kinder sich früh vor Gefahren schützen können, und vor allem auch, um früh in der Lage zu sein, die Familie zu unterstützen. In diesen geförderten Bereichen sind die Kinder z. B. in kamerunischen Dörfern auch deutlich früher entwickelt, als es deutsche Kinder[13] sind, während sie in den Bereichen deutlich später entwickelt sind, die in ihrem Alltag kaum vorkommen und für diesen keine Relevanz haben (Keller, 2011a, 2019a). So erlernen beispielsweise die städtischen deutschen Kinder das Drehen vom Rücken auf den Bauch viel früher, da sie viel mehr Gelegenheiten

---

12 Beispielsweise ist es in Teilen der Türkei üblich, die Kinder mithilfe von unterstützenden Materialien beim Erlernen des Gehens zu unterstützen.
13 Beispielsweise konnten 98,6 % einer Stichprobe ländlicher kamerunischer Kinder mit sechs Monaten ohne Unterstützung für mindestens 30 Sekunden sitzen, in einer Stichprobe städtischer deutscher Kinder konnten dies lediglich 11,7 % (Lohaus et al., 2011).

dazu haben, dieses zu üben (auch ohne Anleitung)[14] (Keller, 2011a; Lohaus et al., 2011; ▶ Kap. 1.5).

Kinder entwickeln sich also nicht nur deshalb sehr unterschiedlich, weil jedes Kind anders ist, sondern weil es auch sehr unterschiedliche kulturelle Konzepte davon gibt, wie die kindliche Entwicklung ablaufen und wie man diese begleiten sollte. In einer frühpädagogischen Einrichtung ist es daher wichtig, diese unterschiedlichen Konzepte von Eltern wahrzunehmen und verstehen zu lernen. Eine unreflektierte Anwendung von Piklers pädagogischem Prinzip[15], die Kinder ihre Bewegungsmöglichkeiten selbstständig entdecken und erlernen zu lassen, kann dazu führen, Familien mit einem verbundenheitsorientierten Bild von Entwicklung und Erziehung (bewusst oder unbewusst) zu problematisieren und dadurch Unsicherheit oder Ablehnung bei Kindern und Eltern auszulösen. Auf der anderen Seite ist die Unterstützung von Interaktionen der Kinder untereinander ein Aspekt, der mit einem verbundenheitsorientierten Bild gut vereinbar ist. Hier lässt sich an Wünsche und Erfahrungen von Kindern und Familien mit entsprechendem Hintergrund anknüpfen (Keller et al., 2009; Lamm & Keller, 2010; ▶ Kap. 1.5).

2.1.5 Reggio-Pädagogik

Die Reggio-Pädagogik lässt sich als ein Konstrukt fortlaufend weiterentwickelter pädagogischer Konzepte beschreiben, die im gemeinsamen Austausch von Pädagog/-innen, Politiker/-innen und Bürger/-innen über die Krippen- und Kindergartenpädagogik in der norditalienischen Stadt Reggio nell'Emilia seit den 1960er Jahren erarbeitet und erprobt wurden. Seit den Anfängen des 19. Jahrhunderts gab es in der Region Bestrebungen, kommunale Kindergärten zu etablieren, die bürgerlich und demokratisch ausgerichtet sein und nicht in kirchlicher Trägerschaft stehen sollten. Diese Reformen wurden durch die Zeit des Faschismus zeitweise verhindert. Recht bald nach dem Zweiten Weltkrieg kam es aber im Dorf Villa Cella nahe Reggio nell'Emilia zur Gründung eines von Elterngruppen mit Beteiligung des gesamten Dorfes sowie ohne Trägerschaft und finanzielle Förderung initiierten sog. Volkskindergartens (*asilo del populo*) (Dreier, 1999). Ermöglicht wurde diese Einrichtung durch die Erlöse eines von den Dorfbewohnern gefundenen und dann in Einzelteilen verkauften Panzers sowie anderer dort gefundener Kriegshinterlassenschaften. Diese Gründung kann als Beginn der Reggio-Pädagogik betrachtet werden. Vor allem zwischen 1962 und 1973 begann die eigentliche Konzeptionierung der Reggio-Pädagogik, nachdem die Stadt Reggio nell'Emilia die kommunale Trägerschaft übernommen hatte (Knauf, 2005). Eine wichtige Rolle spielte hierbei auch der italienische Pädagoge Loris Malaguzzi (1920*–1994†), der 1945 auf die Neugründung in Villa Cella aufmerksam wurde und der dortigen Bewegung beratend und be-

---

14 53,6 % der Stichprobe deutscher städtischer Kinder konnten sich mit sechs Monaten vom Rücken auf den Bauch drehen, während dies in der Stichprobe ländlicher kamerunischer Kinder lediglich 11,0 % konnten (Lohaus et al., 2011).
15 Dies gilt im Grunde für alle hier vorgestellten Ansätze, da alle in wesentlichen Kernannahmen auf autonomieorientierten Ideen beruhen.

gleitend zur Seite stand. Malaguzzi wurde zu einer zentralen Figur der Reggio-Pädagogik und trug maßgeblich zur Weiterentwicklung ihrer Ideen bei. Von 1970 bis 1985 bekleidete er beispielsweise das Amt des offiziellen Koordinators aller kommunalen Krippen und Kindergärten in Reggio nell'Emilia (Brockschnieder, 2007; Dreier, 1999). Die Ideen und Umsetzungen der Reggio-Pädagogik fanden immer mehr Zuspruch in anderen europäischen, aber auch in außereuropäischen Ländern, und 1991 wurde die städtische Kindertageseinrichtung *Diana* (*Scuola Comunale dell'Infanzia/Diana*) in Reggio nell'Emilia von der Zeitschrift *Newsweek* als beste vorschulische Einrichtung der Welt ausgezeichnet (Knauf, 2005). Ende der 1970er bzw. Anfang der 1980er Jahre begannen sich auch deutsche frühpädagogische Fachkräfte, Trägervertreter/-innen und Erziehungswissenschafter/-innen für die Ansätze aus der Region Reggio nell'Emilia zu interessieren. Seit dieser Zeit entstehen auch in Deutschland zunehmend Einrichtungen, die sich auf die dort entstandenen Ideen berufen.

Umstritten ist allerdings, inwiefern der Ansatz als Ganzes in andere Regionen übertragen werden kann. Eher wird angenommen, dass er sich auf der Basis einiger Leitideen in jedem neuen Umfeld wieder neu entwickeln und entfalten sollte. Demzufolge gibt es viele Unterschiede zwischen den Einrichtungen, die sich auf die Reggio-Pädagogik berufen. Teilweise werden auch gezielt nur Teile der Ideen übernommen, die in den pädagogischen Alltag einbezogen werden, ohne viele der strukturellen Grundlagen umzusetzen (Knauf, 2005). Dadurch besteht zum einen eine Möglichkeit der jeweiligen Anpassung an regionale Besonderheiten, zum anderen ist das Konzept als solches nur schwierig zu beschreiben und einzuordnen. Die Reggio-Pädagogik basiert auf keinem in sich geschlossenen theoretischen Modell, sondern kann eher verstanden werden als eine Art Erziehungsphilosophie, aus der sich flexibel zu handhabende Handlungen und Ausrichtungen für die Arbeit in Kindertageseinrichtungen ableiten lassen (Knauf, 2005).[16]

Ein grundlegender Aspekt der Reggio-Pädagogik umfasst den Austausch aller für die Erziehung bedeutsamen Personen. Neben den Kindern, den Eltern und den frühpädagogischen Fachkräften kommt auch den Personen und Umgebungen außerhalb der Kindertageseinrichtung und der Familie, also dem gesamten gesellschaftlichen, infrastrukturellen und ökologischen Umfeld, eine besondere Bedeutung zu (Brockschnieder, 2007). Die Kindertageseinrichtung soll also zur Außenwelt hin geöffnet werden, damit die Kinder die dortigen Möglichkeiten, Abläufe und Strukturen kennenlernen. Aber auch umgekehrt soll durch eine Öffnung für die Außenwelt zu einer breiten Verankerung der Kindertageseinrichtung in der Gemeinde sowie zur höheren Identifikation des Umfeldes mit der Einrichtung beigetragen werden. Dies zeigt sich beispielsweise darin, dass die Kindertageseinrichtungen offen für Besuche interessierter Bürger sind und diese sogar in den sog. *Leitungsrat* einer Einrichtung (s. u.) gewählt werden können (Brockschnieder, 2007).

---

16 Von vielen Pädagog/-innen der Region um Reggio nell'Emilia wird die Bezeichnung Reggio-Pädagogik eher kritisch gesehen oder abgelehnt. Sie sprechen in diesem Zusammenhang beispielsweise lieber von pädagogischen Erfahrungen oder Philosophien, um die Offenheit und Plastizität der Arbeit zu betonen (Schaub, 2011).

2.1 Pädagogische Konzepte

Die Einrichtungen in und um Reggio nell'Emilia sind so aufgebaut, dass in einem *Pädagogischen Zentrum* (PZ) alle Professionen verankert sind, die die pädagogische Arbeit in den Kindertageseinrichtungen unterstützen. Hierzu gehören Personen, die koordinierende Aufgaben haben, sowie Personen, die den Einrichtungen beratend zur Seite stehen (ähnlich der in Deutschland üblichen Fachberatung), aber beispielsweise auch ein hauptamtlicher Puppenspieler, der dort seine Räume hat, um neue Puppen oder Spiele zu entwerfen.[17] Des Weiteren wird in den *Pädagogischen Zentren* konzeptionell gearbeitet, und es werden regelmäßige Weiterbildungsveranstaltungen für die frühpädagogischen Fachkräfte der Einrichtungen angeboten (Brockschnieder, 2007). Die Teams der jeweiligen Kindertageseinrichtungen sind durch Vielfalt der Professionen gekennzeichnet. Neben den frühpädagogischen Fachkräften sind die jeweiligen Werkstattleiter/-innen der Ateliers (s. u.), die Köchin und der Puppenspieler zu nennen, die gleichberechtigt nebeneinanderstehen. Eine Leitungsperson gibt es nicht, die Leitung wird für eine bestimmte Zeit durch einen gewählten *Leitungsrat* übernommen, der mindestens zur Hälfte aus Elternvertretern und aus Mitarbeiter/-innen der Kindertageseinrichtung sowie unter Umständen auch aus Bürgern der Gemeinde besteht (Brockschnieder, 2007).

Eine besondere Bedeutung kommt der Raumgestaltung zu. In der Reggio-Pädagogik wird der Raum als *3. Erzieher* bezeichnet.[18] Mit »Raum« sind neben den Gruppenräumen[19] auch die vielfältigen räumlichen Angebote gemeint: Beispielsweise in Atelierräumen können die Kinder in Begleitung unterschiedliche Erfahrungen mit vielfältigen Materialien und technischen Geräten sammeln. Ein anderer Raum ist eine Art *Piazza*, die im Zentrum der Kindertageseinrichtung als Sammel- und Kommunikationsort genutzt wird, auch um aktuelle Prozesse oder Produkte der Einrichtung oder des Umfeldes präsentieren zu können. Zu den Räumen gehört auch ein gemeinsamer Speiseraum, der ähnlich einem Restaurant dekoriert ist (Brockschnieder, 2007). Besondere Bedeutung kommt auch dem Außengelände zu, und auch das städtische, dörfliche und/oder ländliche Umfeld der Einrichtung wird unter dem Begriff des Raumes gefasst. Architektonisch sind die Einrichtungen durch große und für die Kinder gut einsehbare Fenster charakterisiert, um eine ständig gegenwärtige Transparenz zwischen drinnen und draußen entstehen zu lassen.

Bezogen auf das Bild vom Kind liegt auch hier (durchaus vergleichbar mit den oben beschriebenen Ansätzen) ein Schwerpunkt auf der Überzeugung, dass das Kind

---

17 1970 wurde mit Mariano Dolci der erste Puppenspieler eingestellt. Bald darauf wurde diese Tätigkeit zu einem hauptamtlichen Element der Reggio-Pädagogik. Zu dieser Zeit wurden auch die ersten Werkstattleiter/-innen eingestellt, die die Kinder in verschiedenen Ateliers hinsichtlich der unterschiedlichsten Tätigkeiten begleiten.

18 Wer als *1.* und *2. Erzieher* anzusehen ist, wird unterschiedlich beschrieben: Teilweise gilt die pädagogische Fachkraft als *1. Erzieher*, und als *2. Erzieher* werden die anderen Kinder betrachtet. Teilweise sind aber auch die Eltern *1. Erzieher* und das KiTa-Personal *2. Erzieher*, *teilweise* ist das Kind selbst der *1. Erzieher* und die anderen Kinder und Erwachsenen der *2. Erzieher*.

19 Jede Kindergartengruppe (die Gruppen sind jeweils altershomogen zusammengesetzt) ist einem festen Gruppenraum als Bezugsraum für gemeinsame Aktivitäten zugeordnet. Nach einem Jahr zieht die Gruppe in einen neuen Raum um. Die frühpädagogischen Fachkräfte bleiben konstant bei der Gruppe (Brockschnieder, 2007).

Akteur seiner Entwicklung ist, also selbst am besten einschätzen kann, was es benötigt, und es mit einem angeborenen Entdeckungs- und Forschungsgeist auf die Welt zugeht (Gopnik, Meltzoff & Kuhl, 2003; Knauf, 2005). Es wird als Subjekt und nicht als Erziehungsobjekt betrachtet. Im Mittelpunkt stehen dabei das Lernen nach eigenem Rhythmus und die Bedeutung von Projekten, die teilweise von Künstlern, Handwerkern oder anderen Berufsgruppen in den jeweiligen Atelierräumen betreut werden können. Für das Personal der Kindertageseinrichtung wird daher eher der Begriff der *Begleiterin* benutzt, um sich vom Bild der Anleitung gebenden pädagogischen Fachkraft abzuheben (Knauf, 2005). Gerade die Atelierarbeit der Reggio-Pädagogik ist allerdings in weiten Teilen durchaus durch eine strukturierte Vorgehensweise gekennzeichnet, bei der die Kinder beim Umgang mit den Materialien durchaus auch recht direktiv angeleitet und begleitet werden (Jansa, 2011, 2012). Eine Vielfalt von didaktischen Handlungsmöglichkeiten kann also bei einer entsprechend systematischen Anwendung zu einer kultursensitiven Arbeitsweise beitragen.

Der Reggio-Ansatz betont die Bedeutung von Bildung in der frühen Kindheit, also einer Gestaltung der Abläufe, die über eine rein betreuende Aufgabe hinausgeht. Auf der anderen Seite wird aber auch der Unterschied zum schulischen Lernen herausgestellt. Lernprozesse sollen mit viel Freiheit und Offenheit sowie durch die kindlichen Interessen und Forschungsbedürfnisse erlebt werden (Brockschnieder, 2007). Diese Bildungs- und Lernprozesse werden vor allem in unterschiedliche themenspezifische Tätigkeiten oder Projektarbeiten eingebettet. In weiten Teilen ist der Tagesablauf durch Tätigkeiten gekennzeichnet, die von den frühpädagogischen Fachkräften bzw. *Begleiter/-innen* ermöglicht und mehr oder weniger vorgegeben werden. Allerdings wird den Kindern bei den jeweiligen Handlungsschritten und Herangehensweisen viel Freiraum zur Verfügung gestellt, der durch kein korrigierendes Eingreifen von Erwachsenen unterbrochen werden soll (Brockschnieder, 2007). Die Fachkräfte geben vielmehr sog. *Wissensleihgaben*, mit denen sie die Kinder in ihren eigenen Ideen unterstützen und dabei Wissen ergänzen, um damit neue Impulse einzubringen und weitere Wege aufzuzeigen (▶ Kap. 2.1.6). Dem freien Spiel kommt ein eher geringerer Zeitanteil zu.

Ein weiteres charakteristisches Element der Reggio-Pädagogik sind sog. *Kinderparlamente (gioco del che fare)*, in denen die Kinder untereinander besprechen können, mit welchem neuen Thema oder Projekt sie sich beschäftigen möchten. Dabei wird so lange diskutiert, bis sich eine Idee durchsetzen kann, von der letztendlich alle überzeugt sind. Ein hoher Stellenwert wird der Dokumentation der kindlichen Aktivitäten und Entwicklungsgeschichten eingeräumt. Diese findet in Form einer Dokumentationsmappe statt, aber auch in regelmäßigen Präsentationen, z. B. der Projektarbeiten in Ausstellungen, Videos und Büchern.

Zur Bewertung kultursensitiver Aspekte ist festzustellen, dass die Reggio-Pädagogik zum einen aus einer stark gesellschaftlich und gemeinschaftlich orientierten Sichtweise kommt und daher auch verbundenheitsorientierte Aspekte beinhaltet.

> Der Mensch wird gesehen als Mitglied von kooperativen Gemeinschaften, wie Familie, Betrieb, Kita, Nachbarschaft, Stadtteil und Stadt. Die Qualität des Gemeinwesens resultiert aus der Vielfalt der Kompetenzen, die seine Mitglieder in die Gemeinschaft einbringen, sowie aus Gemeinsinn und Solidarität, die alle verbinden. Die Unverwechselbarkeit des

einzelnen wird nicht verstanden als Ausdruck von Individualismus, sondern als Reichtum und als die Gemeinschaft förderndes Potential einer Gesellschaft. (Knauf, 2005, o. S.)

Zum anderen wird aber ein eher autonomieorientiertes Bild vom Kind zugrunde gelegt, das je nach kulturellem Hintergrund des Kindes bzw. der Familie Potenzial und Spielraum für unterschiedliche Herangehensweisen enthält. Sowohl angebotsorientierte Strukturen (durch das geringe Ausmaß an Freispielphasen und in der durch Instruktionen der Fachkräfte gekennzeichneten thematischen Atelierarbeit [Jansa, 2011, 2012]) als auch Raum für kindliche Selbstbildungsprozesse (durch die Zurückhaltung der Fachkräfte bezüglich vieler Tätigkeitsphasen der Kinder sowie durch die *Kinderparlamente*) sind vorhanden. Durch eine entsprechend sensitive und flexible Anpassung dieser Elemente auf die kulturellen Hintergründe und Erfahrungen der jeweiligen Kinder ließe sich ein jeweils passendes Angebot ableiten. Hierzu kann das Wissen um unterschiedliche kulturelle Entwicklungspfade helfen sowie das genaue Erfragen und Wahrnehmen der familiären Hintergründe und der kindlichen Bedürfnisse.

> Notwendig ist das Ausbalancieren von Nähe und Distanz im Erzieherinnenverhalten. Für dieses Ausbalancieren gibt es nur die Grundlage des genauen Beobachtens und Hinhörens sowie des kontinuierlichen Dokumentierens und (gemeinsamen) Interpretierens von Handlungsprozessen, Bedürfnissen und individuellen Entwicklungspotenzialen der Kinder. Das Team der Erzieherinnen hat die Freiheit, aber auch die Verantwortung, aus den Interpretationen der Kinderbedürfnisse pädagogische Entscheidungen abzuleiten. Sie können beinhalten, den Kindern ein Mehr an Impulsen und Ressourcen zukommen zu lassen oder aber die Offenheit der Handlungsprozesse und Interaktionssituationen zu betonen. (Knauf, 2005, o. S.)

Die Ideen und Elemente der Reggio-Pädagogik haben mittlerweile weite Verbreitung und Anerkennung gefunden. In vielen Ländern sind sie in die frühpädagogische Arbeit eingeflossen bzw. wurden Reggio-Pädagogik-Einrichtungen gegründet:

> Die Reggio-Pädagogik stellt derzeit den wichtigsten Bezugspunkt und das einflussreichste Vorbild für die Curriculumentwicklung in Tageseinrichtungen für Kinder dar, und zwar weltweit, d. h. in vielen Ländern Europas, in den USA und in Australien. Man kann daher derzeit in ähnlicher Weise, wie dies für die Fröbel-Bewegung, die Montessori-Bewegung und die Waldorfpädagogik gegolten hat und partiell immer noch gilt, von einer internationalen Reggio-Bewegung sprechen. (Liegle, 2005, o. S.)

Generell wird bei diesem Ansatz von einer hohen Übertragbarkeit und vor allem von einer ausgeprägten Anpassungsfähigkeit (z. B. durch Teilübernahmen und Adaptation von Strukturen und Abläufen) an andere Umgebungen ausgegangen.

> Die Einpassung der Impulse aus Reggio in unterschiedliche nationale Denk-, Kultur- und pädagogische Praxistraditionen stellt allerdings einen Transmissionsprozess dar, bei dem es stets auch zu Um- und Neuinterpretationen der reggianischen Pädagogik-Philosophie kommt. Die Vorstellung, dass die Reggio-Pädagogik international nicht als Ganzes transferierbar ist, sondern selektiv rezipiert und dabei neu interpretiert wird, entspricht ihrerseits dem in der Reggio-Pädagogik verankerten konstruktivistischen Modell von der Prozesshaftigkeit und der fortdauernden Interpretierbarkeit von Wissen und Wahrheit. (Knauf, 2005, o. S.)

Die Reggio-Pädagogik ist nicht als statisch anzusehen und kann flexibel angepasst werden. Diese Merkmale ermöglichen prinzipiell auch eine entsprechende Anpassung an Familien, die aus eher verbundenheitsorientierten Kontexten kommen, sowie an Kontexte, die durch eine hohe Verbundenheitsorientierung gekennzeichnet sind. So finden sich pädagogische Einrichtungen, die sich auf das Konzept der Reggio-Pädagogik beziehen, auch in vielen Ländern, die nicht vorrangig durch autonomieorientierte Kontexte gekennzeichnet sind, wie Argentinien, Paraguay, Brasilien, Kolumbien, Mexiko, Peru, Costa Rica, Ecuador, Guatemala, der Dominikanischen Republik, Uruguay und Venezuela (Foerch & Iuspa, 2016). Nicht selten sind diese Einrichtungen aber vorrangig in städtischen Mittelschichtkontexten zu finden, so dass hier eher von Mischmodellen auszugehen ist. Informationen zu Einrichtungen in dezidiert verbundenheitsorientierten Kontexten konnten bei der Recherche nicht gefunden werden.

2.1.6 Situationsansatz

Im Oktober 1957 wurde durch den Start des ersten künstlichen Erdsatelliten Sputnik 1 durch die Sowjetunion in den westlichen Ländern der sog. Sputnikschock ausgelöst. Hierbei stand die Sorge im Mittelpunkt, bezüglich des Wissens und des Fortschrittes hinter die kommunistische Welt zurückzufallen. Daraufhin wurden unter anderem die Bildungssysteme der westlichen Welt auf ihre Güte hin überprüft sowie Mittel und Strukturen für Bildungsreformen geschaffen. In Deutschland führte der Philosoph und Pädagoge Georg Picht (1913*–1982†) im Jahre 1964 den Begriff der *Bildungskatastrophe* ein, der eine breite gesellschaftliche Debatte auslöste. In deren Verlauf wurde zunehmend deutlich, dass Handlungsbedarf in Bezug auf das deutsche Bildungssystem bestand. Im weiteren Verlauf dieser bildungsreformatorischen Bestrebungen in den 1970er Jahren wurde, ausgehend von einer Initiative des Sozialministeriums in Rheinland-Pfalz, der Situationsansatz formuliert. Federführend war dabei vor allem die *Arbeitsgruppe Vorschulerziehung* der Frankfurter Zweigstelle des *Deutschen Jugendinstituts* (DJI) in München unter der Leitung des Psychologen Jürgen Zimmer (Lorber, 2008). Zwischen 1971 und 1976 wurden mit dem *Curriculum Soziales Lernen* die zentralen Ideen des Situationsansatzes in Kooperation mit elf Modellkindergärten in Hessen und Rheinland-Pfalz entwickelt, bei denen die frühpädagogischen Fachkräfte, Eltern- und Kindergruppen mitwirkten. Praxiswissen sollte gleichberechtigt neben akademischem Wissen berücksichtigt werden. Der Situationsansatz ist einer der wenigen reformpädagogischen Ansätze, die in den 1970er und 1980er Jahren in Deutschland sowie in weiten Teilen der westlichen Welt in recht großer Anzahl und Vielfalt entwickelt wurden, die sich in der deutschen Bildungslandschaft etablieren konnten. Der Ansatz wird ständig weiterentwickelt, aktualisiert und überarbeitet. Zentraler Ort hierfür ist seit Jahren das *Institut für den Situationsansatz* (ISTA) an der *Internationalen Akademie gGmbH* (INA) der Freien Universität Berlin.[20] Der Name dieses pädagogischen Ansatzes leitet sich von der besonderen Bedeutung ab, welche dem Arbeiten mit und an sog. *Schlüsselsituationen* zukommt. Damit sind Begebenheiten, Themen, Interessen und Wünsche von Kindern gemeint, die sowohl von größerer Bedeutung für die aktuellen Erlebenswelten

---

20 Unter Federführung des *Instituts für den Situationsansatz* (ISTA) wurden unter anderem auch drei Bildungs- und Erziehungspläne erarbeitet (für die Bundesländer Berlin, Hamburg und das Saarland; ▸ Kap. 2.3).

und Befindlichkeiten des Kindes sind (Lebensweltorientierung) als auch Möglichkeiten der Entwicklung und Bildung bieten. Aufgabe der frühpädagogischen Fachkraft ist es, herauszufinden und zu entscheiden, welche Situationen passend sind, um auf diesen aufzubauen und sie beispielsweise zu einer Projektarbeit auszuweiten (Zimmer, 1998). Die Idee ist also nicht, dass die frühpädagogische Fachkraft auf jedes Ereignis der Kinder in ähnlicher Weise reagiert und sich mit eigenen Ideen zurückhält, sondern ihr kommt durchaus die Aufgabe zu, die jeweiligen Themen der Kinder genau wahrzunehmen, diese zu ordnen und den jeweiligen Umgang mit diesen Themen zu moderieren (▶ Kap. 2.1.5). Kennzeichen bzw. wichtige Leitfragen zur Identifizierung einer *Schlüsselsituation* sind dabei unter anderem:

- »Brauchen Kinder weitere Anregungen, um mit der beobachteten Situation kompetent umgehen zu können?
- Wie ist der Bezug der Situation zur Lebenswirklichkeit?
- Welche Bedeutung hat die Situation für die Entwicklung der Kinder?
- Für wie viele Kinder ist die Situation von Bedeutung?
- Welche Bedürfnisse, Interessen und Probleme sind (vermutlich) in der Situation enthalten?
- Welche Bildungsinhalte können daraus abgeleitet werden?« (Böhm & Böhm, 2007, S. 55)

So kann beispielsweise die Situation, dass ein Kind im Morgenkreis darüber berichtet, dass es mit seiner Familie nach Spanien in den Urlaub fährt, bei den Kindern Neugier und Diskussionen auslösen. »*Wo liegt Spanien?*«, »*Wie sieht es da aus?*«, »*Warum gibt es eigentlich unterschiedliche Länder?*«, »*Wie viele gibt es?*« können mögliche Fragen sein, die sich für die Kinder ergeben. Dies kann von der frühpädagogischen Fachkraft aufgegriffen werden, und so können, jeweils in Absprache mit den Kindern und den Eltern, praktische Projekte entstehen (z. B. das gemeinsame Basteln einer Weltkugel oder eine imaginative Reise in verschiedene Länder), die an der Lebenswirklichkeit der Kinder ansetzen und ihnen ermöglichen, geographisches, kulturelles und politisches Wissen zu erwerben.[21] Zur Arbeit mit den jeweiligen *Schlüsselsituationen* zählt neben der Identifikation von geeigneten Themen eine Analyse der damit zu erreichenden Ziele sowie der bestmöglichen methodischen Umsetzung. Der Auswertung der Projektarbeit im Rahmen von Selbstreflexionen der frühpädagogischen Fachkraft, aber auch in schriftlich festgehaltenen Auswertungsgesprächen und -analysen des gesamten Teams kommt eine zentrale Bedeutung zu (Böhm & Böhm, 2007). Weitere wichtige Merkmale des Situationsansatzes sind:

- Die Einrichtung ist offen und zwar nach innen (offene Türen, offene Gruppen [den Kindern werden Möglichkeiten zum Gruppenwechsel eingeräumt], offene

---

21 Als Ausgangspunkt für eine vertiefende Arbeit eignen sich auch soziale Situationen und Irritationen oder Konflikte, die zwischen Kindern oder in der Einrichtung auftreten. Dabei können die Kinder erleben, dass sich Situationen im Leben verändern können und die beteiligten Menschen Einfluss darauf haben (Böhm, Böhm & Deiss-Niethammer, 1999).

Atmosphäre)[22] wie nach außen (ähnlich wie bei der Reggio-Pädagogik [▶Kap. 2.1.5] soll ein Austausch mit dem Umfeld sowie eine aktive Einbettung in die Gemeinde stattfinden – das Leben soll in die Einrichtung kommen und die Kinder auch aus der Einrichtung ins Leben hinaustreten).
- Die jeweiligen Bildungsinhalte sollen einen klaren Bezug zur Lebenssituation der Kinder haben, damit die jeweiligen Themen für sie nachvollziehbar und brauchbar sind.
- Die Gruppen sind altersgemischt, damit den Kindern unterschiedliche Erfahrungen mit anderen Altersgruppen ermöglicht werden können.
- Die Kinder werden an Entscheidungen, welche die Einrichtungen und ihren Alltag betreffen, beteiligt (z. B. durch Kinderkonferenzen; ▶ Kap. 2.1.5).
- Die Integration von behinderten Kindern ist möglich, ebenso wie die Begegnung mit einer Vielfalt unterschiedlicher kultureller Hintergründe.[23]
- Das ganze Team ist einbezogen, kann sich mit dem Ansatz identifizieren und begleitet in einem ständigen Reflexionsprozess die jeweiligen Abläufe, nimmt bei Bedarf Veränderungen vor oder sucht sich Unterstützung (z. B. durch eine Fachberatung) (Böhm & Böhm, 2007).

Grundlegende pädagogische Ziele sind beim Situationsansatz Autonomie, Solidarität und Kompetenz. Jede Projektarbeit soll dahingehend geprüft werden, ob diese drei Bereiche dabei berücksichtigt bzw. angewendet werden. Im Situationsansatz sollen die Kinder möglichst relevante und lebenspraktische Kompetenzen erwerben, der alleinige Erwerb von Kompetenzen in isolierten Wissensgebieten wird abgelehnt, das Lernen soll übergreifend und »ganzheitlich« erfolgen und findet nicht in Einzelsituationen, sondern in der Gemeinschaft statt. Kompetenzen werden miteinander entwickelt, sie sollen aber letztlich zu einer größeren Eigenständigkeit und Selbstbestimmung des Kindes führen (Böhm & Böhm, 2007). In diesen drei Grundprinzipien lassen sich sowohl Merkmale der Verbundenheitsorientierung (gegenseitige Solidarität mit anderen sowie Lernen und Leben in der Gruppe) als auch der Autonomieorientierung (Ausrichtung an der Eigenständigkeitsentwicklung des Kindes) beschreiben. Dabei kommt der Autonomie als Ziel der Erziehung eine größere und übergreifende Bedeutung zu. Dies zeigt sich beispielsweise am Bild vom Kind und auch im Verständnis von Bildungsprozessen. Ähnlich wie in den anderen Konzepten sind beide auch im Situationsansatz autonomieorientiert. Be-

---

22 Bezüglich der Öffnung nach innen bestehen Parallelen zum reformpädagogischen Konzept der *Offenen Arbeit*, das seit den 1970er Jahren in unterschiedlichem Ausmaß (*offen* oder *teiloffen*) Anwendung findet (Lill, 2006; Regel & Kühne, 2007). Ein zentraler Grundgedanke der *Offenen Arbeit* ist, dass die Kinder sich je nach ihren Bedürfnissen und Aktivitäten Gruppen zuordnen, Stammgruppen gibt es nicht. Die Einrichtung ist in Funktionsräume mit jeweils unterschiedlichen Möglichkeiten der Beschäftigung eingeteilt und nicht in klassische Gruppenräume.
23 Seit den 1980er Jahren wurden vom *Institut für den Situationsansatz* (ISTA) Weiterentwicklungen hinsichtlich Ganztagskindergärten, der Integration von Kindern mit Behinderung in Regeleinrichtungen sowie bezüglich einer interkulturellen pädagogischen Arbeit vorgenommen (▶ Kap. 2.4). Hier besteht eine enge Anlehnung an das Konzept der Inklusion (▶ Kap. 2.5).

tont wird, dass die Kinder über Fähigkeiten verfügen, ihre Entwicklung selbst zu steuern sowie sich selbstbestimmt und eigenaktiv zu bilden. Der frühpädagogischen Fachkraft kommt dabei die Funktion zu, einen Rahmen und eine Umgebung bereitzustellen, die es den Kindern ermöglicht, sich selbst zu bilden (Böhm & Böhm, 2007).

Vor der Prüfung, inwieweit der Situationsansatz eine kultursensitive Frühpädagogik ermöglicht bzw. begünstigt, sollen zunächst noch einmal einige der grundlegenden Positionen vorgestellt werden. Als maßgebliche Ideengeber gelten folgende Personen (Lorber, 2008):

1. Die deutschen Philosophen Theodor W. Adorno (1903*–1969†) und Max Horkheimer (1895*–1973†), die im Rahmen ihrer *kritischen Theorie* u. a. betonen, wie wichtig es für den Menschen ist, sich durch Bildung zu kritischen, selbstständig denkenden Individuen zu entwickeln, um nicht anfällig für Mitläufertum und autoritäre Verführungen zu werden sowie fähig, soziale Kontrollmechanismen zu erkennen (Dubiel, 1988).
2. Der brasilianische Pädagoge und Theologe Paulo Freire (1921*–1997†), der sich für ein dialogisches und demokratisches Verhältnis zwischen Lernenden und Lehrenden sowie für die Bildung eher bildungsferner Schichten einsetzte (z. B. entwickelte er Alphabetisierungsprogramme für die Landbevölkerung Brasiliens). Damit legte er wichtige pädagogische Grundlagen für die Befreiung von unterdrückten Bevölkerungsgruppen und für die Entwicklung eines kritischen Bewusstseins (Böhm & Böhm, 2007; McLaren & de Lissovoy, 2011).
3. Der Brite Henry Morris (1889*–1962†), der in England (im von ihm bildungspolitisch koordinierten Gebiet Cambridgeshire) nach dem ersten Weltkrieg das Bildungssystem nach der Idee von *Village Colleges* reformierte. Durch eine verbesserte ländliche Bildungslandschaft sollten zum einen das soziale Bildungsgefälle verringert, zum anderen eine Öffnung und ein aktiver Austausch zwischen Bildungseinrichtungen und Gemeinwesen ermöglicht werden (Grunder, 2001).
4. Der US-amerikanische Philosoph und Pädagoge John Dewey (1859*–1952†), für den ebenfalls die Öffnung zur Umwelt außerhalb der Bildungseinrichtung von hoher Bedeutung war, vor allem auch die Demokratisierung und damit einhergehend eine Individualisierung des Bildungswesens (Demokratiepädagogik), u. a. um den Kindern Reflexionsvermögen und Handlungsfähigkeit zu vermitteln (Bohnsack, 2011).
5. Der deutsche Soziologe, Philosoph und Pädagoge Saul Benjamin Robinsohn (1916*–1972†), der sich als Direktor des Max-Planck-Instituts für Bildungsforschung in Berlin im Rahmen der Curriculum-Forschung für die Orientierung von Lehrinhalten an gesellschaftlichen und lebenspraktischen Themen einsetzte (Böhm & Böhm, 2007; Roeder, 2011).

Die Teilhabe aller Menschen an Bildung und eine gerechte Chancenverteilung stehen bei all diesen Überlegungen und Ideen im Mittelpunkt. Aus diesen Überlegungen leitet sich auch der Anti-Bias-Ansatz in der Pädagogik ab, ebenso die explizite Erwähnung von interkulturellem Lernen als einem bedeutenden Aspekt des Situationsansatzes. Diese politisch begrüßenswerten Ideen[24] bergen aber auch Risiken bei der konkreten pädagogischen Umsetzung. So können universelle pädagogische Leitlinien, die den Konzepten einer postindustrialisierten städtischen Mittelschicht entsprechen und eigentlich zur Überwindung von Benachteiligung und Ungerechtigkeit führen sollen, diese sogar verstärken, nämlich bei Kindern bzw. Familien mit einer stärkeren Verbundenheitsorientierung (Keller, 2011a). Eltern mit einer stärkeren Verbundenheitsorientierung, bei der Bildungssituationen eher hierarchisiert und strukturierter sind, könnten sich einen stärker von den frühpädagogischen Fachkräften geleiteten Tagesablauf und bei Bedarf auch ein bestimmenderes Durchgreifen wünschen, als dies mit den Grundsätzen des Situationsansatzes vereinbar wäre. Die Ziele eines Verständnisses für den jeweiligen kulturellen Hintergrund der Familie und die Demokratisierung von Bildungsprozessen könnten dann in einem Widerspruch zueinander stehen. Dieser Widerspruch ließe sich allerdings im Rahmen eines Austausches und Kompromisses lösen, wie z. B. von Böhm et al. (1999) für die Situation mit einem Kind mit russischem Migrationshintergrund beschrieben:

> Ganz deutlich wurde den Erzieherinnen so, dass Reinhard zwei verschiedene Rollen lebt: Im Kindergarten den aufgeschlossenen Jungen, der auch die Autorität der Erzieherin hinterfragt, und zuhause das brave Kind, das nicht wagt, den Erwachsenen zu widersprechen. Offensichtlich kommt Reinhard aber mit den unterschiedlichen Rollen, die er in Familie und Kindergarten hat, ganz gut zurecht. Wahrscheinlich auch deshalb, weil Kindergarten und Elternhaus sich gegenseitig respektieren. (Böhm et al., 1999, S. 128)

Dieses Beispiel aus einer Einrichtung, die nach dem Situationsansatz arbeitet, illustriert, dass die Arbeit in der Einrichtung nicht verändert wurde, es aber zu einem gegenseitigen Anerkennen der unterschiedlichen kulturellen Modelle kam. Durch die beidseitige Akzeptanz entstand eine Situation, mit der alle gut zurechtkommen konnten. Das Verhalten des Jungen bei sich zuhause wird aus autonomieorientierter Perspektive als Unterordnung apostrophiert (*er wagt nicht zu widersprechen*). In einem hierarchisch verbundenheitsorientierten kulturellen Modell gilt jedoch die Akzeptanz von Rollen und Normen als wichtige Verpflichtung und wird damit als ein Zeichen von Reife betrachtet. Ein echtes gegenseitiges Anerkennen würde diese Sichtweise integrieren müssen.

Es sind aber auch Konstellationen denkbar, in denen es wichtig sein könnte, die Abläufe in der Kindertageseinrichtung an die Erfahrungen des Kindes und die Bedürfnisse der Eltern in bestimmter Weise anzupassen. Da große Teile des Situationsansatzes auf autonomieorientierten Ideen basieren, könnten Kinder mit einem stärker verbundenheitsorientierten Hintergrund mit der Freiheit und den damit verbundenen Entscheidungsmöglichkeiten überfordert sein.[25] So kann beispielsweise die Möglichkeit, sich die Räume und die Tätigkeiten je nach Lust und Neigung selbst zu wählen, für ein Kind der postindustrialisierten städtischen Mittelschicht

---

24 Begrüßenswert vor allem für Ansätze zur Befreiung unterdrückter Bevölkerungsgruppen und im Sinne der Formulierung universeller Menschenrechte.
25 Solche Überforderungen können Verhalten provozieren, das oftmals als unerwünscht erlebt wird, beispielsweise ein zielloses Herumlaufen oder das Herumwerfen von Spielzeugen.

passend sein: Es hat schon recht früh gelernt, Vorlieben zu erkennen und diese auch zu äußern und ist schon von Anfang an mit vielen Fragen bezüglich der Auswahlmöglichkeiten konfrontiert (»*Was möchtest du jetzt machen?*«, »*Möchtest du lieber hier mit dem Ball spielen oder sollen wir nach draußen auf den Spielplatz gehen?*«). Kinder mit einem verbundenheitsorientierten Hintergrund sind aber oft eher gewohnt, Vorgaben oder Anweisungen zu bekommen, denen sie in der Regel auch nachkommen (Demuth, 2008; Keller, 2011a; Keller et al., 2004). Für diese Kinder können klare Angebote in der Einrichtung (zumindest anfangs) angemessener sein, an denen sie sich orientieren können. Auf diese Weise können sie an Vertrautes anknüpfen und sich eher in der neuen Umgebung zurechtfinden. Das Erlebnis einer Praktikantin in einem Kindergarten mit dem pädagogischen Konzept, die Kinder selbst in ihr Spiel finden zu lassen und sie auf keinen Fall zu ›bespielen‹, erläutert dies:

> Ein Mädchen aus einem afrikanischen Kulturkreis lief den ganzen Vormittag anscheinend ziellos im Raum umher, ohne irgendein Spiel zu beginnen. Die Erzieherinnen verlangten von der Praktikantin, dass sie das aushalten müsse. Das Mädchen sei nicht zu schüchtern, sie werde schon noch den Dreh zum Spielen finden. Zwei Tage hat die Praktikantin sich das angesehen. Am dritten Tag hat sie dem Mädchen ein Spiel vorgeschlagen und sofort ist die Kleine gerne auf das Spielangebot eingegangen. (persönliche Mitteilung, Beisel-Becker, 2012)

Nach wie vor wird kontrovers diskutiert, ob die Orientierung an den jeweiligen Situationen zu einer größeren Demokratisierung der Bildungsprozesse führen kann oder ob dadurch nicht eher Gegenteiliges bewirkt wird, nämlich eine Verfestigung der bestehenden Hintergründe. Damit bestünde dann gerade nicht die Möglichkeit, bedeutende Bildungsaspekte für alle verfügbar zu machen, wie dies Ilg (2003) zum Ausdruck bringt:

> Es gibt keinen pädagogischen Bezugsrahmen, der über die Situation hinausgeht und die Auswahl der Bildungsinhalte bestimmt (vgl. Tolksdorf 1998, S. 144). Welche Inhalte Kinder bilden ist deshalb völlig willkürlich und zudem abhängig vom Lebensumfeld der Kinder. Themen und Inhalte, die Kinder in ihrem Umfeld nicht erfahren, werden im Kindergarten nicht berücksichtigt. Eine solche Vorgehensweise legt Kinder auf ihre Lebenswirklichkeit fest und benachteiligt Kinder aus bildungsfernen Schichten, die in ihrem Umfeld weniger erfahren und erleben als Kinder, die in Verhältnissen aufwachsen, in denen sehr viel Angebote für eine umfassende Bildung gemacht werden (vgl. Elschenbroich 2001, S. 26; Huppertz 1998, S. 159). Kinder, die von ihren familiären Lebensverhältnissen her benachteiligt sind, werden folglich im Kindergarten weiter benachteiligt. (Ilg, 2003, S. 28)

Allerdings muss auch diese Einschätzung kritisch hinterfragt werden. Abweichungen vom Mittelschichtstandard oder gar Armut sind keineswegs gleichbedeutend mit Benachteiligung. Kinder haben möglicherweise andere Erfahrungen gemacht als die, die in der Kita als selbstverständlich vorausgesetzt werden, nicht aus einer Defizitperspektive heraus, sondern aus anderen Schwerpunktsetzungen.

Kinder haben möglicherweise sehr gute soziale Kompetenzen, die in der Kita eine wichtige Ressource für die Gemeinschaft darstellen können. Im Sinne einer kultursensitiven Perspektive kann das Fokussieren auf die jeweiligen Situationen und Lebenszusammenhänge und die darin vorhandenen Ressourcen der Kinder im Situationsansatz durchaus die Möglichkeit bieten, den unterschiedlichen kulturellen Modellen gerecht zu werden und sie zum Ausgangspunkt der Aktivitäten in der Kindertageseinrichtung zu nehmen. Problematischer aus einer kultursensitiven

Sicht ist allerdings die einseitig autonomieorientierte Ausrichtung wesentlicher Grundsätze des Situationsansatzes.

Im Folgenden wird das Projekt »Kinderwelten« näher vorgestellt, dessen Schwerpunkt die *Vorurteilsbewusste Bildung und Erziehung*© in Kindertageseinrichtungen ist (Wagner, 2017). Dabei wird ein besonderer Schwerpunkt auf die Begegnung unterschiedlicher Kulturen gelegt.

Das Projekt »Kinderwelten«

> **Kinderwelten**
>
> Die Fachstelle Kinderwelten für Vorurteilsbewusste Bildung und Erziehung wird seit 2000 am *Institut für den Situationsansatz* (ISTA) (mit Unterstützung der Bernard van Leer Foundation sowie seit 2008 auch des Bundesministeriums für Familie, Senioren, Frauen und Jugend im Rahmen des Programms »Vielfalt tut gut.«; Wagner, 2008a) durchgeführt. Seit 2013 wird die Fachstelle durch Projekteinwerbungen und Aufträge finanziert. Ursprung des Projektes war eine Initiative von Pädagoginnen in Berlin-Kreuzberg Ende der 1990er Jahre. Die anfängliche Umsetzung fand in vier Berliner Kindertageseinrichtungen statt. Zwischen 2004 und 2008 wurden auch die Bundesländer Baden-Württemberg, Thüringen und Niedersachsen einbezogen. Gemeinsam mit Kindertageseinrichtungen, Trägern, Eltern, Fachhochschulen, Fachschulen und Grundschulen wird derzeit ein weiteres Curriculum entwickelt und implementiert (siehe https://situationsansatz.de/fachstelle-kinderwelten.html [24.06.2020]; Wagner, 2008a). Das Projekt basiert in wesentlichen Teilen auf dem Konzept der *Vorurteilsbewussten Bildung und Erziehung*©, die eine Übertragung und Weiterentwicklung des aus den USA stammenden Anti-Bias-Ansatzes darstellt (Derman-Sparks & Anti Bias Task Force, 1989; Derman-Sparks, 2008; Preissing, 2003; Wagner, 2017).[26]

Ein wichtiges Ziel des Projektes ist das bewusste Erleben der Vielfalt von Kindern und Familien in den Einrichtungen. Mögliche Diskriminierungen und damit zusammenhängende Ausgrenzungen oder Benachteiligungen hinsichtlich der Teilhabe an Bildungs- und Entwicklungsprozessen sollen transparent gemacht werden. Diese Transparenz soll dabei helfen, dass Diskriminierungen und Ausgrenzungen abgebaut oder verhindert werden können (Wagner, 2008b; 2017). Ähnlich wie bei der Inklusion (▶ Kap. 2.5) wird jegliche Dominanz abgelehnt, die von einer bestimmten Gruppe gegenüber anderen Personen oder Gruppen ausgeübt wird. Bei diesem machtkritischen Ansatz spielen folglich besonders das Wahrnehmen und Reduzieren von Einseitigkeiten und Ausgrenzungen eine zentrale Rolle (Wagner, 2017). Fragen der Gendergerechtigkeit und der institutionelle Umgang mit sprachlichen, religiö-

---

26 In diesen Kontext kann auch die *Pädagogik der Vielfalt* eingeordnet werden (Prengel, 1993).

sen und sozialen Unterschieden stehen im Fokus. Neben diesen Heterogenitätsdimensionen sind hier auch kulturelle Unterschiede im Fokus (Wagner, 2008a; 2017).

Mit dem Ansatz der vorurteilsbewussten Pädagogik werden im Wesentlichen vier Ziele verfolgt (Derman-Sparks, 2008, S. 241):

1. Jedes Kind drückt Selbstbewusstsein und Zutrauen in sich selbst aus, es zeigt Stolz auf seine Familie und positive Identifikation mit seinen Bezugspersonen.
2. Jedes Kind zeigt Freude und Behagen gegenüber Unterschieden zwischen Menschen, spricht darüber in einer sachlich korrekten Sprache und pflegt innige und fürsorgliche Beziehungen zu anderen Menschen.
3. Jedes Kind erkennt unfaire Äußerungen und Handlungen immer besser, verfügt zunehmend über Worte, um sie zu beschreiben, und versteht, dass sie verletzen.
4. Jedes Kind zeigt Handlungsfähigkeit, sich alleine oder mit anderen gegen Vorurteile und/oder diskriminierende Handlungen zur Wehr zu setzen.

Ein Schwerpunkt im Projekt »Kinderwelten« ist die Qualifizierung und Weiterbildung pädagogischer Fachkräfte. Träger, Einrichtungen und frühpädagogische Fachkräfte sollen durch das Projekt für die Grundsätze der *Vorurteilsbewussten Bildung und Erziehung*© sensibilisiert werden (z. B. durch Fortbildungen). Diese Ideen sollen damit in immer mehr Einrichtungen in den pädagogischen Alltag einfließen. Ein bewusstes Erkennen und die Vermeidung von Diskriminierungsprozessen sollen so möglich werden. Hierfür wurden und werden auch viele Praxismaterialien entwickelt, in denen anhand von Beispielen eine konkrete Umsetzung des Ansatzes im frühpädagogischen Alltag beschrieben und theoretisch eingebettet wird (z. B. Institut für den Situationsansatz & Fachstelle Kinderwelten, 2016). Neben dem Erarbeiten eines vorurteilsbewussten Umgangs in der Kindertageseinrichtung werden zusätzlich auch spezielle Materialien zu dessen Förderung und Unterstützung empfohlen. Zwei dieser Materialien sollen im Folgenden kurz vorgestellt werden.

Skin Tones

Für eine bewusste Auseinandersetzung mit den unterschiedlichen Hautfarben bei Menschen wurden von der Firma Lyra mit den *Skin Tones* spezielle Hautfarbenstifte entwickelt. Sie bestehen aus einer Palette von 12 verschiedenen Buntstiften, die jeweils unterschiedliche Ausprägungen von menschlichen Hautfarben darstellen (Wagner, 2003). Durch das Malen von Menschen soll für die Vielfalt der Hautfarben sensibilisiert werden und darüber ein Austausch stattfinden können.

Persona Dolls

Sog. *Persona Dolls* sind speziell angefertigte Puppen, die ebenfalls unterschiedliche Hautfarbe haben können. Mit diesen Puppen kann die frühpädagogische Fachkraft jeweils ein spezifisches lebensgeschichtliches Profil entwickeln. Nach pädagogischem Bedarf kann ein solches Profil entsprechend gestaltet sein, z. B. eine Puppe mit körperlichen Behinderungen. Das »Leben« der Puppe kann mit vielen

> Details ausgeschmückt sein, z. B. ob und wo die Eltern der Puppe arbeiten (Enßlin & Henkys, 2003).
> Die *Persona Dolls* können z. B. als Besucher der Kindergruppe eingeführt werden, und die Kinder können, unter Mithilfe der pädagogischen Fachkraft, mit der Puppe bzw. den Puppen ins Gespräch kommen. Die Kinder erfahren etwas vom Leben der Puppen und werden dazu angeregt, auch etwas über sich zu berichten und sich mit den anderen auszutauschen. Unterschiedliche Themen können so angesprochen werden, z. B. kulturelle Unterschiede und die alltäglichen Erfahrungen (z. B. auch Diskriminierungserfahrungen), die damit gemacht werden (Enßlin & Henkys, 2003).

Beim Einsatz dieser beiden Materialien sollte beachtet werden, dass der Gebrauch von Buntstiften und das Spielen mit Puppen nicht in allen kulturellen Kontexten üblich sein könnte und dann nicht für alle Kinder den gleichen Aufforderungscharakter haben kann.

Der Ansatz der *Vorurteilsbewussten Bildung und Erziehung*© wie auch der Anti-Bias-Ansatz können somit einen großen Beitrag dazu leisten, diskriminierende (Macht-)Strukturen, Handlungs- und Denkweisen bewusst und zugänglich zu machen und damit dabei helfen, diese im pädagogischen Alltag für alle Beteiligten abzubauen bzw. dabei unterstützen, dass diese erst gar nicht entstehen. Aus Sicht einer kultursensitiven Frühpädagogik ergeben sich aber auch Schwierigkeiten. In den Ansätzen wird recht eindringlich die Einzigartigkeit und Individualität jedes Kindes betont, d. h. es liegt bezüglich dieses Schwerpunktes eine eher autonomieorientierte Ausrichtung zugrunde. Diese Sichtweise muss für Familien mit einer stärkeren Verbundenheitsorientierung nicht gleichermaßen zutreffend sein. Ein Arbeiten nach dem Anti-Bias-Ansatz könnte ohne Vermittlungs- und Interpretationsangebote für Familien mit einem solchen Hintergrund möglicherweise irritierend sein (Keller, 2011a) und folglich wären ohne solche Vermittlungen Missverständnisse in der Zusammenarbeit zwischen eher verbundenheitsorientierten Familien und der Einrichtung denkbar. Für Eltern mit einer Verbundenheitsorientierung könnte es beispielsweise unverständlich sein, warum die Individualität des Kindes eine so große Rolle spielt und das Kind zu Selbstäußerungen ermutigt wird, die für Eltern ein unangemessenes Verhalten darstellen bzw. als unpassendes »Sich-in-den-Mittelpunkt-Drängen« wahrgenommen werden könnten. Aus Sicht einer kultursensitiven Frühpädagogik kann daher noch Bedarf an konkreteren Konzepten, in denen unterschiedliche kulturelle Entwicklungspfade systematisch berücksichtigt werden, gesehen werden.

2.1.7 Resümee

Zusammenfassend lässt sich sagen, dass sich in allen dargestellten Konzepten, welche die Diskussionen und Entwicklungen in der Frühpädagogik in Deutschland maßgeblich beeinflusst haben, ausgeprägte autonomieorientierte Sichtweisen finden lassen. Es finden sich aber auch Anteile und Auslegungen, die eine Anschlussfähigkeit an verbundenheitsorientierte Modelle ermöglichen, wie beispielsweise die direktivere Anleitung in der Montessori- und Waldorfpädagogik oder die Betonung der Gemeinschaft in der Reggio-Pädagogik und beim Situationsansatz. Durch eine bewusste Wahrnehmung und systematische Berücksichtigung der jeweiligen Potenziale innerhalb eines Ansatzes ergeben sich Möglichkeiten für eine differenziert angewandte Frühpädagogik, durch die sich frühkindliche Bildungsprozesse kultursensitiver begleiten und gestalten lassen. Dabei spielt der zugrunde liegende *Bildungsbegriff* eine wichtige Rolle, da durch ihn konzeptübergreifend die Alltagsprozesse in den frühpädagogischen Einrichtungen maßgeblich mitbestimmt werden. Im Folgenden wird daher zunächst der Bildungsbegriff in der Frühpädagogik näher erörtert.

2.2 Der Bildungsbegriff

2.2.1 Definition

In wenigen anderen Sprachen neben der deutschen wird zwischen den Begriffen *Erziehung* und *Bildung* unterschieden.[27] Darüber, wie die Unterschiede zwischen diesen beiden Begriffen zu verstehen sind, und vor allem auch darüber, wie sie in der frühpädagogischen Praxis verwendet werden, gibt es unterschiedliche Auslegungen und Anwendungen. Im Folgenden wird eine Definition von Hörner, Drinck und Jobst (2008) eingeführt und in den Mittelpunkt der weiteren Ausführungen gestellt:

> ›Erziehung‹ wird im deutschen Sprachgebrauch als von außen veranlasst gedacht, ›erziehen‹ ist ein transitives Verb (ich erziehe jemanden, bzw. ich werde von jemandem erzogen), das schließt ein klares Verhältnis zwischen Subjekt (dem/der Erziehenden – educans) und Objekt (dem/der zu Erziehenden – educandus/-a) ein. Dieses Erziehungsverhältnis hat starke normative Konnotationen, denn der Erziehungsprozess soll gezielt die Normen der Gesellschaft bzw. der älteren Generation weitergeben. (Hörner et al., 2008, S. 10)

Erziehung lässt sich nach dieser Definition eher mit einem Lehrlingsmodell in Verbindung bringen, mit dem in verbundenheitsorientierten Kontexten die Erwachsenen-Kind-Beziehungen gekennzeichnet werden können (Keller, 2003; ▶ Kap. 1.5).

> Bildung bezieht sich in erster Linie auf den kognitiven Bereich, hat keine ausdrücklich normativen Komponenten und taucht sprachlich primär in reflexiven Zusammenhängen auf (er bildet sich). Die Metapher des Bildes deutet darauf hin, dass ihr Ziel etwas mit der Formung der Persönlichkeit zu tun hat, in der Sprache des deutschen Idealismus ist Bildung (als Ereignis) innere Form, die durch die Auseinandersetzung mit den Bildungsinhalten erreicht wurde. (Hörner et al., 2008, S. 10)

---

27 Diese Unterscheidung zwischen Bildung und Erziehung wird in einigen slawischen Sprachen ebenfalls getroffen, findet sich aber nach Hörner et al. (2008) in kaum einer romanischen Sprache.

In der frühpädagogischen Debatte wird der Bildungsbegriff weiter gefasst. Meist bezieht er sich nicht in besonderer Weise auf die kognitive Entwicklung. So werden beispielsweise im *Orientierungsplan für Bildung und Erziehung im Elementarbereich niedersächsischer Tageseinrichtungen für Kinder* (Niedersächsisches Kultusministerium, 2018) neun Bildungsziele aufgeführt:

> **Bildungsziele im Orientierungsplan für Bildung und Erziehung im Elementarbereich niedersächsischer Tageseinrichtungen für Kinder**
>
> 1. Emotionale Entwicklung und soziales Lernen
> 2. Entwicklung kognitiver Fähigkeiten und der Freude am Lernen
> 3. Körper – Bewegung – Gesundheit
> 4. Sprache und Sprechen
> 5. Lebenspraktische Kompetenzen
> 6. Mathematisches Grundverständnis
> 7. Ästhetische Bildung
> 8. Natur und Lebenswelt
> 9. Ethische und religiöse Fragen, Grunderfahrungen menschlicher Existenz

Viele und unterschiedliche Fähigkeiten sollen also beim Bildungsanspruch in frühpädagogischen Einrichtungen berücksichtigt werden.

Im Vergleich zum Begriff *Erziehung* geht mit *Bildung* eher ein höheres Maß an Selbstbestimmung einher. Mit Bildung ist damit eher eine Autonomieorientierung verbunden und eine damit zusammenhängende Gleichberechtigung zwischen den an den Bildungsprozessen beteiligten Personen.

2.2.2 Die Wende zur Subjektivität

Ein möglicher historischer Anfang einer explizit autonomieorientierten Ausrichtung des Bildungsbegriffes, welcher das Individuum sowie seine Freiheit und Selbstständigkeit in den Mittelpunkt stellt, kann im subjektiven Idealismus gesehen werden, der von dem deutschen Philosophen Johann Gottlieb Fichte (1762*–1814†) vertreten wurde. Mit ihm kam eine subjektive Wende und damit eine stärkere Bedeutung des »Ich« in die Bildungsdiskussion:

> Das Ich setzt sich selbst, und es ist, vermöge dieses bloßen Setzens durch sich selbst; und umgekehrt: Das Ich ist, und es setzt sein Seyn, vermöge seines bloßen Seyns. – Es ist zugleich das Handelnde, und das Produkt der Handlung; das Thätige, und das, was durch die Thätigkeit hervorgebracht wird; Handlung, und That sind Eins und dasselbe; und daher ist das: Ich bin, Ausdruck einer Thathandlung. (Fichte, zitiert nach Lauth & Jacob, 1965, S. 259)

Die Grundsätze der Pädagogik und des Bildungsbegriffes zum Beginn des 19. Jahrhunderts wurden durch die Folgen der Aufklärung, die gesellschaftlichen Befreiungsbewegungen (z. B. die Französische Revolution), die Strömungen der Romantik, die Reformideen des deutschen Gelehrten Wilhelm von Humboldt (1767*–1835†) und die naturphilosophischen Überlegungen des französischen Philosophen

Jean-Jacques Rousseau (1712*–1778†)[28] verändert und in eine zunehmend subjektbezogene und damit auch autonomieorientierte Richtung reformiert. Es besteht also eine historisch weit zurückreichende, westlich geprägte Tradition, die die Eigenbeteiligung von Menschen und auch von Kindern an Bildungsprozessen betont und die aktuelle frühpädagogische Debatte maßgeblich beeinflusst.

In nicht-westlichen Kontexten sind solche pädagogisch-philosophischen Entwicklungen oftmals anders verlaufen und in anderen kulturellen Traditionen verwurzelt. Diese finden aber in der Bildungsdiskussion des multikulturellen modernen Deutschlands kaum Beachtung. Entsprechend finden sich z. B. bei der Auflistung von Textor (1999, 2003) zu den zentralen Aspekten des Bildungsbegriffes im Wesentlichen überwiegend autonomieorientierte Inhalte (»Selbstbildung«, »kritische Auseinandersetzung«, »Entfaltung der Individualität«). Aber es lassen sich auch Bezüge zu Verbundenheitsorientierungen herstellen (»Wissensvermittlung durch Dritte«):

Zentrale Aspekte des Bildungsbegriffs aus historischer Sicht sind nach Textor (1999):

1. Bildung umfasst sowohl die Entwicklung und Schulung ›innerer Kräfte‹ (formale Bildung) als auch die Aneignung von Kenntnissen und Erschließung der Welt (materiale Bildung).
2. Bildung beinhaltet sowohl Selbstbildung, einen Prozess der Selbstgestaltung und Eigenaktivität (der sich über das ganze Leben erstrecken kann), als auch einen Prozess der Bildung und Wissensvermittlung durch Dritte (insbesondere durch planmäßigen Unterricht; zumeist auf die ersten zwei oder drei Lebensjahrzehnte beschränkt).
3. Bildung ist sowohl die Übernahme und der Erwerb von Bildungsgütern wie Sprache, Kulturtechniken, (Natur- und Geistes-)Wissenschaft, Technik (einschließlich neuer Informationstechnologien) und Kunst als auch die kritische Auseinandersetzung mit diesen, deren Veränderung und Abwandlung aufgrund eigener Denkprozesse und Handlungen.
4. Bildung dient sowohl der Entfaltung des inneren Menschseins und der eigenen Individualität (Bildung als Selbstzweck) als auch zur gesellschaftlichen Nützlichkeit (was durchaus eine kritische Haltung zur Gesellschaft und die Handlungsbereitschaft zu deren Weiterentwicklung beinhaltet). (Textor, 2003, o. S.)

2.2.3 Aktuelle Bildungsbegriffe in der Frühpädagogik

In der Bildungsdiskussion bezogen auf die deutsche Frühpädagogik stehen vor allem zwei Begriffe im Mittelpunkt: die *Ko-Konstruktion* und die *Selbstbildung*. Beide haben sozialkonstruktivistische Hintergründe, enthalten also die Vorstellung, dass es keine objektive Wahrheit gibt, sondern dass sich diese für jeden Menschen (für jedes Kind) in der sozialen Interaktion und individuellen Wahrnehmung eigenständig konstruiert. Die Popularität der beiden Konzepte lässt sich unter anderem daran zeigen, dass beide Begriffe in nahezu allen Bildungs- und Orientierungsplänen der Bundesländer eine Rolle spielen, wie Hebenstreit im Jahr 2008 anhand der zu dieser Zeit

---

28 Rousseau postulierte als einer der ersten, dass Menschen von Geburt an lernen, sich also von Beginn an bilden (und gebildet werden können) (Grell, 2010).

vorliegenden Bildungs- und Orientierungspläne in ihrer Zusammenstellung zeigen konnte (2008; ▸ Tab. 2 und ▸ Kap. 2.3).[29]

Tab. 2: Auftreten und Art der Nennung der Begriffe *Ko-Konstruktion* und *Selbstbildung* in den Bildungsplänen der Bundesländer (nach Hebenstreit, 2008, S. 66 ff.)

Art der Nennung	Ko-Konstruktion	Selbstbildung
nicht genannt	• Brandenburg • Bremen • Mecklenburg-Vorpommern • Nordrhein-Westfalen • Sachsen • Schleswig-Holstein	• Baden-Württemberg • Brandenburg • Mecklenburg-Vorpommern • Thüringen
in negativer Beschreibung		• Bayern • Hessen
in untergeordneter Weise	• Baden-Württemberg • Berlin • Hamburg • Niedersachsen • Rheinland-Pfalz • Saarland • Sachsen-Anhalt • Thüringen	• Berlin • Hamburg • Niedersachsen • Nordrhein-Westfalen • Saarland
als zentraler/ häufiger Begriff	• Bayern • Hessen	• Bremen • Rheinland-Pfalz • Sachsen • Sachsen-Anhalt • Schleswig-Holstein

Aktuellere Betrachtungen sehen hier eine Entwicklung, die sich etwas von der weiten Verbreitung des Selbstbildungsansatzes entfernt, sowie eine stärkere Differenzierung der theoretischen Konzepte bezogen auf Bildungsprozesse:

> Ein Teil der Bildungspläne richtet sich an einem modifizierten Situationsansatz aus (z. B. Berlin, Hamburg, Saarland) und betont das Lernen in sozialen Kontexten und Bezügen. Ein konkurrierendes Konzept [...] ist [unter anderem] im Bayrischen Bildungs- und Erziehungsplan [...] verwirklicht, der erstmals ein ko-konstruktives Verständnis frühkindlicher

---

29 Nach Hebenstreit (2008) sind nur in den Curricula der Bundesländer Mecklenburg-Vorpommern und Brandenburg diese beiden Begriffe nicht enthalten. Dies hat sich zwischenzeitlich geändert: In der *Bildungskonzeption für 0- bis 10-jährige Kinder in Mecklenburg-Vorpommern* von 2010 finden sich nun Ausführungen zu beiden Begriffen. Brandenburg bleibt das einzige Bundesland, in dessen Bildungsplan *Grundsätze elementarer Bildung in Einrichtungen der Kindertagesbetreuung im Land Brandenburg* keiner der beiden Begriffe erwähnt wird. Allerdings wird in den 2005 vertiefend zum Bildungsplan erschienenen Handreichungen *Elementare Bildung Grundsätze und Praxis – Band 1* und *Elementare Bildung Handlungskonzept und Instrumente – Band 2* Bezug sowohl zur Ko-Konstruktion als auch zur Selbstbildung genommen.

2.2 Der Bildungsbegriff

Bildung [...] entwickelte. In Abgrenzung zum Selbstbildungsansatz [...], der über Jahrzehnte als normatives Konzept in der Frühpädagogik etabliert war [...]. Neben dem modifizierten Situationsansatz und dem neuen ko-konstruktivistischen Ansatz frühkindlicher Bildung ist der Selbstbildungsansatz weiterhin in der curricularen Konzeption einzelner Bildungs- und Erziehungspläne repräsentiert [z. B. in Rheinland-Pfalz, Sachsen, Nordrhein-Westfalen]. Je nach Autorengruppe, die mit der Erstellung der Bildungs- und Erziehungspläne beauftragt war, sind unterschiedliche frühpädagogische Konzeptionen erkennbar, die der jeweiligen theoretischen Ausrichtung und Expertise der Verfasser(innen) entsprechen, sodass vielfach auch Mischformen zwischen eher situations- und kompetenzorientierten Curricula zu identifizieren sind. (Röhner, 2014, S. 603)

Da sich vor allem zwischen den Vertretern der Bildungsbegriffe *Ko-Konstruktion* und *Selbstbildung* eine Kontroverse entwickelt hat, die sich teilweise in den jeweiligen Ausführungen der Bildungs- und Orientierungspläne niederschlug, sollen im Folgenden die Hintergründe beider Begriffe sowie die daraus entstandenen Definitionen und Handlungskonzepte für die frühpädagogische Arbeit näher erörtert werden. Weiterhin soll die Kontroverse bezüglich der beiden Begriffe dargestellt sowie eine Einordnung im Sinne einer kultursensitiven Frühpädagogik vorgenommen werden.

Bildung als Ko-Konstruktion

Der Begriff *Ko-Konstruktion* hat seine Wurzeln in der Psychologie. Mit ihm wird unter anderem Bezug genommen auf die Arbeiten von Vygotsky und Bruner. Der russische Psychologe Lev Semyonovich Vygotsky (1896*–1934†) beschrieb mit der *Zone der aktuellen Entwicklung* einen Erlebensraum, den das Kind ohne Hilfe anderer meistern kann, und mit der *Zone der proximalen Entwicklung* (Vygotsky, 1930/1978) einen Lern- und Erlebensraum, in dem sich das Kind in einem möglichen zukünftigen Entwicklungsstand befindet, zu dessen Erreichung es aber noch auf die Hilfe eines kompetenten Anderen angewiesen ist. Damit sind Situationen gemeint, die für Kinder (bzw. auch für Menschen generell) nicht so leicht und bekannt sind, dass sie langweilig und uninteressant werden, und auch nicht so schwierig, dass sie ängstigen oder entmutigen würden. Durch ein gutes Verhältnis zwischen Bekanntem bzw. bereits erlangten Fähigkeiten und der Möglichkeit, darauf aufbauend Neues lernen zu können, sollen die Lernmotivation erhalten und gefördert sowie neue Kompetenzstufen erreicht werden. Um die jeweils höhere Stufe erreichen zu können, ist eine (anfängliche) Unterstützung durch erfahrenere Personen, z. B. durch frühpädagogische Fachkräfte in Kindertagesstätten, aber auch durch kompetentere (ältere) Kinder, notwendig.

Dieser Interaktionsprozess wurde von Wood, Bruner und Ross (1976) als *Scaffolding* (ein Gerüst bereitstellend) bezeichnet. Durch das unterstützende Verhalten z. B. der frühpädagogischen Fachkraft wird den Kindern eine Art Gerüst angeboten, durch welches ihnen erleichtert wird, neue Fähigkeiten zu erwerben. Dabei sollen möglichst wenig direkte Anleitungen gegeben werden. Das Kind soll sich eigenständig beschäftigen, und nur dort, wo es von alleine noch nicht weiterkommt, wird es durch eine behutsame Unterstützung begleitet. Der US-amerikanische Psychologe Jérôme Bruner (1915*–2016†) erkannte als erster die Ähnlichkeit der beiden Begriffe *Zone der proximalen Entwicklung* und *Scaffolding* (Bruner, 1985).

Der Begriff *Ko-Konstruktion* wurde maßgeblich von dem US-amerikanischen Psychologen James Youniss geprägt und eingeführt. Er hebt dabei die gleichartige

Wechselseitigkeit von Personen, welche bei der Gestaltung von Bildungsprozessen miteinander interagieren, hervor (Youniss, 1994) und damit den Aspekt, dass es für ko-konstruktive Bildungsprozesse wichtig ist, die jeweiligen Vorerfahrungen und Hintergründe aller Beteiligten bei der Interaktionsgestaltung zu berücksichtigen. In der deutschen Frühpädagogik wird der Begriff *Ko-Konstruktion* vor allem von dem Psychologen Wassilios E. Fthenakis (z. B. 2003) vertreten. Er geht davon aus, dass Bildungsprozesse vor allem in einer Begegnung von Kindern und Erwachsenen (oder auch älteren Kindern) konstruiert werden. Er hebt hervor, dass Bildung immer in einem sozialen Kontext in der gemeinsamen Interaktion stattfindet. Dabei betont er die kindliche Eigenständigkeit und Individualität, aber auch die Bedeutung der frühpädagogischen Fachkraft (bzw. anderer sozialer Partner), die nicht nur den kindlichen Initiativen folgen, sondern auch gestalterisch in den Ablauf von Bildungsprozessen eingreifen (Grochla, 2008). Solche Prozesse wurden auch von der US-amerikanischen Psychologin Barbara Rogoff als *Assembly-Line Instructions* beschrieben. Sie beschreibt Aus- und Verhandlungsprozesse zwischen Erzieherinnen und Kindern als maßgeblich für die kognitive Entwicklung von Kindern. Zentral dabei ist, dass es bei diesen Prozessen zu einem *shared thinking* zwischen den Beteiligten kommt. Durch ihre Wort- und Diskussionsbeiträge bieten die Erzieherinnen so den Kindern eine Unterstützung (*scaffolding*) bei ihren kognitiven Lernprozessen (*guided participation*) (König, 2008; Rogoff, 1990). Sie beschreibt diese Strategie als typisch für Lernen, das aus dem größeren sozialen Zusammenhang herausgelöst ist, und kontrastiert es mit der *Community Participation* Strategie, wo das Lernen im Alltagszusammenhang des Lerners bevorzugt durch Beobachtung und Imitation stattfindet. Assembly-Line Instruction ist typisch für die postindustrialisierte städtische Mittelschicht, während das kommunale Lernen typisch für traditionell subsistenzwirtschaftlich lebende Familien ist (Rogoff, 2014). Es lassen sich also unterschiedliche Bezüge zum Begriff *Ko-Konstruktion* herstellen. Hinsichtlich seiner aktuellen Verwendung in frühpädagogischen Kontexten betont Schmitt (2017) folglich auch, dass er zwar vielfach verwendet wird, es sich aber auch unterschiedliche Definitionen und Auslegungen finden, was genau unter *Ko-Konstruktion* verstanden wird.

Bildung als Selbstbildung

Der Begriff *Selbstbildung* hat in der Pädagogik bereits eine längere Tradition. Mit ihm wird ein pädagogisches Konstrukt bezeichnet, das den Fokus auf die persönliche Beteiligung und Selbstbestimmung des Lernenden legt. Als einer der ersten hat der deutsche Pädagoge Hieronymus Andreas Mertens (1743*–1799†) diesen Begriff auch auf die Bildung von Kindern bezogen (Mertens, 1788). In der aktuellen frühpädagogischen Debatte ist der Begriff sehr präsent. Im Zeitraum von 1997 bis 2000 wurden im Rahmen des Projektes *Zum Bildungsauftrag von Kindertageseinrichtungen*, das vom Bund und mehreren Bundesländern gefördert wurde – mit Erhebungen in den Bundesländern Brandenburg, Sachsen und Schleswig-Holstein –, Ideen zu einer Neuorientierung der Frühpädagogik zusammengestellt. In den Veröffentlichungen zum Projekt wurde von einer kindlichen Eigenaktivität ausgegangen, die mit dem Begriff *Selbstbildung* umschrieben wurde (Laewen, 2002; Laewen & Andres, 2002).

2.2 Der Bildungsbegriff

Darüber hinaus findet dieser Begriff vor allem bei dem deutschen Pädagogen Gerd E. Schäfer Anwendung (Schäfer, 2008a). Schäfer spezifiziert den Begriff der *Bildung* und grenzt ihn vom Begriff des *Lernens* ab bzw. beschreibt ihn als eine »*bestimmte Qualität von Lernprozessen*« (Schäfer, 2005a, S. 30):

Was Bildung nicht ist:

- Sie hängt nicht von bestimmten Inhalten ab, durch die man angeblich gebildet wird;
- sie ist kein anderes Wort für Kompetenzvermittlung;
- sie bezeichnet keinen spezifischen Förderbedarf;
- genauso wenig kann Bildung vermittelt werden.

Stattdessen weist der Bildungsbegriff darauf hin,

- dass man sich letztlich nur selbst bilden kann;
- dass Bildungsprozesse mit sozialen Verständigungsprozessen verquickt sind;
- dass Lernen einen persönlichen Sinn ergeben muss – das gilt auch für Säuglinge;
- dass in Bildungsprozessen Handeln, Empfinden, Fühlen, Denken, Werte, sozialer Austausch, subjektiver und objektiver Sinn miteinander in Einklang gebracht werden müssen;
- dass Bildungsprozesse Selbst- und Weltbilder zu einem mehr oder weniger spannungsvollen Gesamtbild verknüpfen. (Schäfer, 2005a, S. 30)

Diese Definition[30] verdeutlicht zentrale Bestandteile des Konzeptes der *Selbstbildung*, wie es von Schäfer vertreten wird. So wird die autonomieorientierte Ausrichtung betont, indem die Eigenaktivität des Kindes sowie eine für das Kind bestehende Relevanz und Sinnhaftigkeit als notwendige Voraussetzungen für Bildungsprozesse beschrieben werden. Schäfer unterstreicht in seinen Ausführungen zur *Selbstbildung* die Fähigkeit von Kindern, sich selbst Bildungsinhalte erarbeiten zu können. Er grenzt sie vom zielführenden Lernen ab, da das Ergebnis von Bildungsprozessen nicht im Erreichen von vorgegebenen Bildungsinhalten bestehe, sondern vor allem in zunehmenden Selbstwirksamkeitserlebnissen des Kindes. Die zentrale Aufgabe der frühpädagogischen Fachkraft (bzw. anderer die frühkindlichen Bildungsprozesse begleitender Personen) sieht Schäfer darin, die Kinder zu beobachten und von ihnen zu lernen, was sie gerade beschäftigt und bewegt und was sie zur Unterstützung der selbst gestalteten Bildungssituation brauchen, um diese weiterführen und ausweiten zu können (Grochla, 2008; Schäfer, 2005a). Wenn Bildungsinhalte und -ziele von außen vorgegeben werden, resultiere dies in *Bildung aus zweiter Hand*, bei der die Bildungsprozesse ohne eigene Erfahrungen und Denkanstrengungen stattfinden und dadurch weniger Wirksamkeit und Nachhaltigkeit entfalten können (Grochla, 2008). Bei einer solchen Interpretation von Selbstbildung besteht allerdings die Gefahr, dass sich frühpädagogische Fachkräfte komplett aus der Interaktion herausziehen und die Kinder sich selbst überlassen. Ein solches Verhalten könnte dann auch kulturunabhängig Kinder in Überforderungssituationen bringen. Daher wird Selbstbildung auch kritisch betrachtet.

---

30 Hier zeigen sich gewisse Parallelen zu der oben beschriebenen Unterscheidung der Begriffe *Bildung* und *Erziehung*, da *Lernen* nach Schäfer (2005a) ebenso in Verbindung mit direkter und gesteuerter Wissensvermittlung und -aneignung steht wie *Erziehung* in der Definition von Hörner et al. (2008).

Zur Kontroverse um Ko-Konstruktion oder Selbstbildung

Bevor die Konzepte der *Selbstbildung* und der *Ko-Konstruktion* hinsichtlich ihrer Kultursensitivität eingeordnet werden, sollen kurz die Pro- und Contra-Argumente in der Kontroverse für oder gegen Ko-Konstruktion bzw. Selbstbildung dargestellt werden. Das Konzept der *Ko-Konstruktion* gilt für seine Kritiker als zu abstrakt und theoriefixiert. Dadurch könne die tatsächliche Komplexität des Alltages nicht erfasst werden, so dass diese Situationen dann letztendlich doch zu sehr strukturiert würden mit der Folge, dass kindliche Selbstbildung nicht in ausreichendem Maße stattfinden könne:

> Fthenakis und Gisbert gehen aber genau so vor, wie es von Dahlberg, Moss und Pence kritisiert wird: Sie beziehen sich in den pädagogischen Umsetzungen nur auf die empirisch gesicherten, isolierten, in wissenschaftliche Modelle gegossenen Teilaspekte, die sie jeweils vereinzeln und so verallgemeinern, als würde jedes dieser Modelle eine letzte Wahrheit über das Kind enthalten. Indem sie sich auf die soziale Konstruktion und Ko-Konstruktion beziehen, übersehen sie die individuellen Selbstkonstruktions- oder Selbstbildungsprozesse; indem sie sich auf die Metareflexion des Lernen-lernens beziehen, übersehen sie all die anderen Prozesse, die zu einem erfolgreichen und vertieften Lernen beitragen; solange sie sich nur auf die plan- und kontrollierbaren Lernprozesse einlassen, übergehen sie die nichtplanbaren, subjektiven Lernwege; indem sie ausschließlich von Konstruktionen sprechen, vernachlässigen sie die Emotionen und das Ästhetische; wenn sie von der Förderung von Resilienz durch bestimmte Programme sprechen, blenden sie aus, dass ›Selbstwirksamkeit‹ etwas ist, was nicht einfach von anderen im Kind erzeugt werden kann. (Schäfer, 2005a, S. 50 f.)

Vertreter des Konzeptes der *Ko-Konstruktion* kritisieren an den Ansätzen der *Selbstbildung*, dass diese theoretisch und empirisch zu wenig fundiert seien (Grochla, 2008):

> Die pädagogische Interaktion entfällt in diesem Konzept, da das Kind sich ja selbst bildet. Obwohl also in den Ausführungen über den Bildungsbegriff suggeriert wird, es gäbe eine theoretische Grundlage für alles Weitere, gibt es sie tatsächlich nicht; denn es fehlt jede pädagogisch relevante Theorie, von empirischen Grundlagen ganz zu schweigen. (Fthenakis, 2002, S. 27)

Weiterhin wird kritisiert, dass bei den Selbstbildungsansätzen die Umwelt als zu passiv angesehen werde. Demzufolge besteht auch deutliche Kritik an einer Verwendung des Begriffes der *Selbstbildung* in der Form, dass Erwachsene, soziale Beziehungen und Interaktionen keine oder eine sehr untergeordnete Rolle bei Bildungsprozessen spielen:

> Allerdings schütten auch kritische Stimmen gegenüber den ko-konstruktivistischen Konzepten oft das Kind mit dem Bade aus und verfremden den Anspruch an die Selbstbildung dahingehend, dass sich der Erwachsene hier gleichsam komplett zurücknähme und von der Wirksamkeit naturhaft bedingter Entwicklungstendenzen ausgehe. Vielmehr seien geeignete pädagogische Arrangements durch die strukturierende und ordnende Tätigkeit des Erwachsenen anzuregen. Die Rede geht von Bautätigkeit, Gegenständen und von dem dadurch affizierten sensorischen Apparat des Kindes – Bilder einer mechanischen Welt, in der Gefühle, Fantasien und Beziehung keinen Platz finden … (Gerspach & Naumann, 2010, o. S.)

Von außen betrachtet ist es jedoch zuweilen schwierig, die grundsätzlichen Unterschiede zwischen den beiden Ansätzen zu erkennen. Denn natürlich wird auch in den Ansätzen zur *Selbstbildung* nicht geleugnet, dass Kinder ein soziales Umfeld und interagierende Personen benötigen, die die Bildungsprozesse unterstützen:

Wenn sich soziale Umwelt und Kultur am kindlichen Bildungsprozess nicht beteiligen, dann bleiben Kinder entweder ungebildet, oder der Bildungsprozess entgleist – eine Erfahrung, die diejenigen machen mussten, die Erziehung in einem naiven, antiautoritären Sinn einseitig als Befreiung von einengenden Grenzen verstanden haben. Fthenakis hat allerdings Unrecht, wenn er unterstellt, dass der Begriff der Selbstbildung in wissenschaftlichen Zusammenhängen als Von-selbst-Bildung verstanden wird. Es sind lediglich er selbst und diejenigen, die sich argumentativ an ihn anlehnen, die diesem Missverständnis des Begriffes unterliegen. So kämpft er gegen ein Problem, das er durch sein eigenes Missverständnis von Selbstbildung erst erzeugt hat. Selbstbildung ist der Anteil des Kindes, mit welchem es sich an der Erschließung seiner Wirklichkeit beteiligt. (Schäfer, 2008b, o. S.)

Auf der anderen Seite betonen auch die Vertreter der *Ko-Konstruktion* die Bedeutung der kindlichen Initiative und Eigenständigkeit. Die Überschneidungen beider Konzepte sind also relativ groß, und die Unterschiede wirken teilweise etwas konstruiert und praxisfern. Der Disput weist möglicherweise auch Spannungen zwischen den Herkunftsdisziplinen ihrer Proponenten aus: Die Vertreter des Konzeptes der *Selbstbildung* kommen eher aus der Pädagogik und die Vertreter des Konzeptes der *Ko-Konstruktion* eher aus der Psychologie, so dass hier auch unterschiedliche disziplinäre Denktraditionen aufeinandertreffen.

Für die praktische Umsetzung im pädagogischen Alltag der Kindertagesstätte spielt diese Kontroverse oftmals nur eine untergeordnete Rolle. In der Praxis zeigen sich häufig keine deutlichen Unterschiede zwischen beiden Bildungskonzepten bzw. beide werden als unterschiedliche Ausschnitte eines identischen Prozesses wahrgenommen:

Um diese Abhängigkeit von den Arrangements der Erwachsenen zu unterstreichen wird der Begriff kindlicher ›Selbstbildung‹ teilweise abgelehnt und stattdessen von ›Ko-konstruktion‹ gesprochen, eine Bezeichnung, die zunächst für die wechselseitigen Lernprozesse zwischen den gleichaltrigen Kindern geprägt wurde. Ob man von Selbstbildung oder Ko-Konstruktion spricht, macht für die praktische Bildungsarbeit keinen wesentlichen Unterschied, sondern nimmt eher eine Verschiebung der Schwerpunkte vor. Während Selbstbildung die Eigenaktivität des Kindes herausstellt, betont Ko-konstruktion den Anteil der erwachsenen Fachkräfte. Für gelingende Bildungsprozesse der Kinder werden immer beide Seiten benötigt werden. (Merkel, 2005, o. S.)

Aus Sicht einer kultursensitiven Perspektive ist allerdings die Frage danach wichtiger, inwieweit diese beiden eher autonomieorientierten Bildungskonzepte eine kultursensitive Bildungskonzeption ermöglichen. In diesen Zusammenhang kann auch die Kritik Grells (2010) am Begriff der Selbstbildung eingeordnet werden:

Denn kinderfreundlich sind Selbstbildungsansätze nicht, zumindest sind sie das nicht für alle und zu allen Kindern aus allen sozialen Schichten. [...] Anders als es ihr Selbstverständnis nahelegt, stellen Selbstbildungsansätze – so die These – keine ›innovative‹, durch eine ›veränderte Bildungsphilosophie‹ grundlegend erneuerte Frühpädagogik (Fthenakis 2003; S. 29), sondern im Gegenteil eine entschiedene Verkürzung elementarpädagogischer Problemstellungen, ihrer theoretischen Aufgaben und praktischen Herausforderungen dar. [...] Die Logik frühpädagogischer Selbstbildungskonzepte folgt der Logik des freien Marktes und damit einem Angebot-Nutzen-Kalkül. Freie Märkte sind gekennzeichnet durch offene Angebotsstrukturen, die prinzipiell allen Marktteilnehmern in gleicher Weise offen stehen. Gleichwohl sind die faktischen Chancen, am Marktgeschehen tatsächlich teilzunehmen, ganz und gar ungleich verteilt. Dazu benötigen die Marktteilnehmer Kapital. Im Falle von Kindern sind das ›Kapital‹ die Potentiale, die sie in den Kindergarten von außen mitbringen und die es ihnen erlauben, die Angebote des Selbstbedienungs-, respektive Selbstbildungskindergartens mehr oder weniger selbst zu nutzen. (Grell, 2010, S. 155 ff.)

Es wird deutlich, dass durch die zunehmende Betonung der kindlichen Freiheit und Initiative Bildungsprozesse vor allem auf Kinder zugeschnitten sind, die ähnliches Verhalten aus dem kulturellen Kontext gewohnt sind, in dem sie aufwachsen, nämlich Kinder aus der postindustrialisierten städtischen Mittelschicht. Für Kinder mit einem eher verbundenheitsorientierten Hintergrund kann diese Freiheit ungewohnt und irritierend sein. Denn sie sind möglicherweise eher Angebote, Vorgaben und Anleitungen gewohnt und benötigen diese auch, um Bildungsprozesse in Gang zu setzen und zu strukturieren. In diesem Sinne sind also die aktuellen Bildungsbegriffe nicht in vollem Umfang als kultursensitiv anzusehen, denn sowohl beim Begriff der *Ko-Konstruktion* als auch beim Begriff der *Selbstbildung* wird eine Form der kindlichen Eigeninitiative in den Mittelpunkt gerückt, die für Kinder mit einem verbundenheitsorientierten Hintergrund nicht unbedingt passt. Diese Kinder können daher in ihren Bildungserfahrungen eher eingeschränkt als gefördert werden, da sie durch die Kindzentrierung überfordert und damit nicht mehr offen für Lernprozesse sein können. Wie oben bereits erwähnt, wird die frühpädagogische Arbeit nach Prinzipien der Selbstbildung teilweise auch so ausgelegt, dass sich die Fachkräfte aus der Interaktion mit den Kindern mehr und mehr zurückziehen, was nicht nur aus einer kultursensitiven Perspektive problematisch ist, sondern z. B. auch zu Überforderungen von Kindern mit besonderen Bedürfnissen, Entwicklungsverzögerungen oder anderen Beeinträchtigungen führen kann, die eine deutliche und spürbare Responsivität der frühpädagogischen Fachkräfte benötigen, um sich gut entwickeln und bilden zu können (Gutknecht, 2012). Hier kann beim Konzept der *Ko-Konstruktion* ein größerer Spielraum gesehen werden, da sich aus der Bedeutung der gleichartigen Wechselseitigkeit auch eine Berücksichtigung der jeweiligen unterschiedlichen Vorerfahrungen und Herangehensweisen der an der Interaktion beteiligten Personen abgeleitet werden kann. Hierbei ist es nämlich auch zentral, dass die pädagogische Fachkraft mit ihrer Interaktionsgestaltung an die Erfahrungen des Kindes anschließt. Problematisch bleibt allerdings auch bei dieser Auslegung des Begriffes der *Ko-Konstruktion*, dass die gleichartige Wechselseitigkeit nicht der in verbundenheitsorientierten Kontexten üblichen Hierarchisierung von Interaktionsprozessen entspricht und insofern auch hier keine volle Übertragbarkeit gesehen werden kann.

In verbundenheitsorientierten Kontexten gestalten sich kindliche Bildungsprozesse vielfach durch das Beobachten der Aktivitäten älterer Kinder oder von Erwachsenen. Kinder sehen beispielsweise ihre Eltern bei ihren beruflichen Tätigkeiten, nehmen diese wahr und werden in ihnen (nicht selten nonverbal) angeleitet und/oder probieren diese aus. Die US-amerikanische Psychologin Barbara Rogoff hat hierzu das Modell *Learning by Observing and Pitching In* (LOPI; Lernen durch Beobachtung und Ausprobieren; Übersetzung durch die Autorin/den Autor) (Rogoff, 2014) entwickelt, das diese Form des Lernens näher darstellt und analysiert. In eher autonomieorientierten Kontexten findet Lernen, neben anderen Formen, auch über Prozesse der Beobachtung und Nachahmung statt, die Kinder sind allerdings meist nicht bei den beruflichen Tätigkeiten der Erwachsenen anwesend, so dass hierbei in der Regel kein direkter Vermittlungsweg besteht.

Im Sinne einer kultursensitiven Frühpädagogik wäre es folglich notwendig, Bildungskonzepte bereitzustellen, die zwischen offenen und von den Kindern wesentlich (mit-)bestimmten Abläufen (*Bildung* im Sinne der oben angeführten Definition) und Formen der durch Angebote der pädagogischen Fachkräfte gestalteten Bildungsprozesse (*Erziehung* im Sinne der oben angeführten Definition) variieren. Zudem sollten Situationen geschaffen werden, in denen Kinder Andere (Kinder ebenso wie Erwachsene) bei deren Tätigkeiten beobachten können, um auch Lernprozesse im Sinne des LOPI-Modells zu ermöglichen. Auch Kinder aus Mittelschichtfamilien der postindustrialisierten Welt sind grundsätzlich an dem interessiert, was andere machen, und beobachten gerne, wie man im Kitaalltag immer wieder sehen kann. Darin liegt eine pädagogische Ressource für alle Kinder, die systematischer genutzt werden könnte.

Auf solche vielfältigen Weisen können Bildungsangebote entstehen, welche den unterschiedlichen kindlichen Hintergründen gerecht werden und dadurch eine kultursensitive Form der Bildungsprozesse und -abläufe ermöglichen (▶ Kap. 3.3.2; Gutknecht, 2012).

Im Folgenden sollen nun die Bildungs- und Orientierungspläne der Bundesländer näher in den Blick genommen werden. In ihnen werden die Leitlinien der frühpädagogischen Arbeit dargestellt, weshalb ihnen eine wichtige Rolle bei der Gestaltung von frühpädagogischen Abläufen im Allgemeinen und der Gestaltung von Bildungsprozessen im Besonderen zukommt. Daher ist es im Sinne einer kultursensitiven Frühpädagogik bedeutsam, welche Vorgaben, Anregungen und Auslegungen hinsichtlich eines Umgangs mit kultureller Vielfalt in den Bildungsplänen dargestellt werden.

2.3 Die Bedeutung von kultureller Vielfalt in den fachpolitischen Vorgaben und Rahmenrichtlinien der Frühpädagogik

2.3.1 Der politische Entstehungshintergrund

Bezüglich einer Analyse der Hintergrundbedingungen zur möglichen Umsetzung einer kultursensitiven Frühpädagogik in den Einrichtungen ist es hilfreich, die bestehenden Rahmenrichtlinien auf den jeweils zugewiesenen Stellenwert des Umgangs mit kultureller Vielfalt zu durchleuchten. In den letzten Jahren sind in Deutschland im Zusammenhang mit den Bildungsansprüchen an die Kindertageseinrichtungen in allen Bundesländern Bildungs- und Orientierungspläne aufgestellt worden. Sie sollen die Grundzüge und Leitlinien für die frühpädagogische Arbeit festlegen, wobei es in der Verantwortung der regionalen Träger liegt, diese Richtlinien in ihren Einrichtungen umzusetzen. Frühe Überlegungen in diese Richtung gab es beispielsweise in Brandenburg (Diskowski, 1993) und erste Ansätze, einen Bildungs- und Orientierungsplan zu verfassen, 2001 in Bayern sowie 2002 in Rheinland-Pfalz und Bremen.

Mittlerweile liegen 16 verschiedene Versionen landesbezogener Bildungspläne vor, die von den zuständigen Landesministerien herausgegeben wurden (siehe Kasten). Dabei werden jeweils unterschiedliche Formulierungen verwendet (z. B. auch *Bildungs- und Erziehungsplan, Bildungsprogramm, Bildungsvereinbarung, Bildungs- und Erziehungsempfehlung*). Auch bezüglich der Verbindlichkeit und des rechtlichen Status sowie hinsichtlich des Umfanges bestehen Unterschiede zwischen den Bundesländern (Hebenstreit, 2008; Viernickel, 2010).

Bei den Recherchen zur zweiten Auflage des Buches wurde deutlich, dass sich die Auseinandersetzung mit kultureller Vielfalt in einigen Bildungs- und Orientierungsplänen erweitert hat. Auch wurden teilweise ergänzende Handreichungen zum Thema sowie auch Informationsmaterialien in verschiedenen Sprachen veröffentlicht. Dennoch bleiben die Ausführungen vielfach noch recht abstrakt, so dass nach wie vor ein Bedarf an konkreten Umsetzungsmöglichkeiten für pädagogische Fachkräfte bezogen auf eine kultursensitive Gestaltung von pädagogischen Schlüsselsituationen gesehen werden kann.

Bildungs- und Orientierungspläne der 16 deutschen Bundesländer

- **Baden-Württemberg**
Im *Orientierungsplan für Bildung und Erziehung in baden-württembergischen Kindergärten und weiteren Kindertageseinrichtungen* (Baden-Württemberg – Ministerium für Kultus, Jugend und Sport, 2014) von 2011 findet sich unter dem Punkt »Grundlagen und Ziele« das Kapitel *Vielfalt, Unterschiedlichkeit und Gemeinsamkeit* und dort der Unterpunkt *Unterschiedliche kulturelle Erfahrungen*. Auch wenn die Ausführungen zur Interkulturalität keinen sehr großen Umfang haben und vielfach eher abstrakt bleiben, so fällt auf, dass in diesem Orientierungsplan auf die Bedeutung von unterschiedlichen Ausprägungen hinsichtlich psychologischer Autonomie und Orientierung an Verbundenheit eingegangen wird und somit wichtige Hintergründe für eine kultursensitive Arbeit im Sinne des in diesem Buch vertretenen Ansatzes dargelegt werden. Besonders hervorzuheben ist auch, dass 2015 begleitend zu dem Orientierungsplan eine Handreichung hinsichtlich des Umgangs mit kultureller Vielfalt zu diesem Orientierungsplan erschienen ist (Kölsch-Bunzen, Morys & Knoblauch, 2015). Darin werden sehr ausführlich und praxisnah unterschiedliche Aspekte eines Umgangs mit kultureller Vielfalt beschrieben. Dabei werden zehn Qualitätsmerkmale für eine vielfalts- und kultursensible Pädagogik näher dargestellt: 1. Eigene Normalitätsvorstellungen hinterfragen, 2. Das Thema Flucht gemeinsam mit Kindern besprechen, 3. Mehrsprachigkeit wertschätzen und unterstützen – die Erstsprache als Brücke in die Zweitsprache nutzen, 4. Kulturelle Vielfalt differenziert betrachten und unter Gerechtigkeitsaspekten bedenken, 5. Eltern erreichen, Eltern verstehen, mit Eltern konstruktiv verhandeln, 6. Innerkulturelle Vielfalt anerkennen und Individualität achten, 7. Kinder im Asylverfahren professionell begleiten, 8. Professionell handeln bei diskriminierenden Äußerungen von Kindern, 9. Allen Kindern vielfältige Bildungserfahrungen ermöglichen, 10. Sich im Team auf

eine diskriminierungsfreie Auswahl von Medien und Spielsachen verständigen. Weiterhin werden vom Ministerium für Kultus, Jugend und Sport in Baden-Württemberg Informationen zum Orientierungsplan, welche in deutscher, italienischer, russischer und türkischer Sprache abrufbar sind, angeboten. Zugriff am 22.07.2019: http://kindergaerten-bw.de/,Lde/Startseite/Fruehe +Bildung/Material_Orientierungsplan.

- **Bayern**
Der Bayerische Bildungs- und Erziehungsplan für Kinder in Tageseinrichtungen bis zur Einschulung in der 7. Auflage von 2016 vom Bayerischen Staatsministerium für Arbeit und Sozialordnung, Familie und Frauen und vom Staatsinstitut für Frühpädagogik München setzt sich in mehreren Unterpunkten mit dem Thema Kultur auseinander. Beim Thema »Menschenbild und Prinzipien, die dem Bildungs- und Erziehungsplan zugrunde liegen« gibt es den Unterpunkt *Umgang mit individuellen Unterschieden und soziokultureller Vielfalt*, wie auch beim Thema »Themenübergreifende Bildungs- und Erziehungsperspektiven«. Dort gibt es zudem den Unterpunkt *Kinder mit verschiedenem kulturellem Hintergrund – Interkulturelle Erziehung*. Allgemein lässt sich sagen, dass Interkulturalität sich als Thema durch weite Bereiche hindurchzieht, meist mit Ideen der Inklusion verbunden. Es gibt aber wenig konkrete Umsetzungsideen, von einigen ausformulierten Fallbeispielen abgesehen. Zugriff am 22.07.2019: https://www.ifp.bayern.de/imperia/md/content/stmas/ifp/bildungsplan_7._auflage.pdf.
Zudem ist 2010 mit der Veröffentlichung *Bildung, Erziehung und Betreuung von Kindern in den ersten drei Lebensjahren* eine Handreichung zum Bildungsplan erschienen. Zugriff am 22.07.2019: http://digital.bib-bvb.de/webclient/DeliveryManager?custom_att_2=simple_viewer&pid=9878198.

- **Berlin**
Das *Berliner Bildungsprogramm für Kitas und Kindertagespflege*, welches von der gleichen Autorengruppe verfasst wurde wie auch die Bildungspläne aus Hamburg und dem Saarland und von der Senatsverwaltung für Bildung, Jugend und Wissenschaft herausgegeben wurde, ist geprägt von den Ideen des Situationsansatzes, der Inklusion und des Ansatzes zur Vorurteilsbewussten Bildung und Erziehung©. In der aktualisierten Neuauflage von 2014 gibt es den *Bildungsbereich: Soziales und kulturelles Leben*. Das Thema Interkulturalität zieht sich durch das gesamte Programm und es wird immer wieder betont, dass kulturelle Unterschiede der Kinder und Familien wahrgenommen und berücksichtigt werden sollen; auch gibt es viele Anregungen, die sich vor allem auf das gegenseitige Kennenlernen sowie auf die Präsenz von kultureller Vielfalt bezogen auf Materialien, Sprachenreichtum, Familientraditionen und Kulturtechniken wie Musik und Kunst fokussieren. Zugriff am 22.07.2019: https://www.gew-berlin.de/public/media/berliner_bildungsprogramm_2014.pdf.
Weiterhin gibt es Informationen zu dem Bildungsprogramm in den Sprachen Deutsch, Französisch, Englisch, Spanisch, Polnisch, Russisch, Türkisch, Arabisch und Vietnamesisch. Zugriff am 22.07.2019: https://www.berlin.de/sen/bildung/schule/bildungswege/fruehkindliche-bildung/.

- **Brandenburg**
  Die *Grundsätze elementarer Bildung in Einrichtungen der Kindertagesbetreuung im Land Brandenburg*, herausgegeben vom Ministerium für Bildung, Jugend und Sport, aus dem Jahr 2006 (Zugriff am 22.07.2019: https://mbjs.brandenburg.de/media/lbm1.a.3973.de/Grundsaetze_elementarer_Bildung.pdf) beziehen sich kaum auf das Thema kulturelle Vielfalt. Es sind zudem mit den Publikationen *Elementare Bildung Grundsätze und Praxis – Band 1* (Zugriff am 22.07.2019: https://mbjs.brandenburg.de/sixcms/media.php/5527/Ordner_1.pdf) und *Elementare Bildung Handlungskonzept und Instrumente – Band 2* (Zugriff am 22.07.2019: https://mbjs.brandenburg.de/sixcms/media.php/5527/Ordner_2.pdf) 2005 auch zwei vertiefende Handreichungen erschienen. In beiden wird das Thema Kultur und kulturelle Vielfalt behandelt, ihm kommt auch ein ausgewiesener Schwerpunkt zu. Doch bleiben die Inhalte, bis auf wenige konkrete Beispiele wie z. B. den Einsatz von *Persona Dolls* (▶ Kap. 2.1.6), zumeist recht abstrakt.

- **Bremen**
  In Bremen gibt es in dem dortigen Rahmenplan von 2004 (*Frühkindliche Bildung in Bremen – Rahmenplan für Bildung und Erziehung im Elementarbereich*), herausgegeben von der Senatorin für Soziales, Kinder, Jugend und Frauen, den »Bildungsbereich« *Soziales Lernen, Kultur und Gesellschaft* und den Unterpunkt *Förderung der kindlichen Individualität, Stärkung der sozialen und kulturellen Identität* beim Aspekt »Die Arbeit der Fachkräfte«. Hier ist der Bezug zum Thema Interkulturalität allerdings recht kurz und allgemein gehalten (Zugriff am 22.07.2019: https://www.bildung.bremen.de/sixcms/media.php/13/Rahmenplan.1061397.pdf). Gleiches gilt auch für die ergänzend erschienenen *Konkretisierungen zu den Bildungsbereichen* (Zugriff am 22.07.2019: https://www.bildung.bremen.de/sixcms/media.php/13/Konkretisierungen%20Rahmenplan.pdf). In der 2012 in 2., ergänzter Auflage erschienenen Broschüre *Grundlagen und Qualitätsstandards in der Arbeit mit Kindern unter drei Jahren* wird auf das Thema kulturelle Vielfalt nahezu gar nicht eingegangen. Zugriff am 22.07.2019: https://www.bildung.bremen.de/sixcms/media.php/13/U3_Brosch%FCre_2012_Endf.pdf.

- **Hamburg**
  Die *Hamburger Bildungsempfehlungen für die Bildung und Erziehung von Kindern in Tageseinrichtungen* in der 2., überarbeiteten Auflage von 2012, welche von der gleichen Autorengruppe verfasst wurde wie auch die Bildungspläne aus Berlin und dem Saarland und von der Hamburger Behörde für Arbeit, Soziales, Familie und Integration herausgegeben wurde, ist geprägt von den Ideen des Situationsansatzes, der Inklusion und des Ansatzes zur Vorurteilsbewussten Bildung und Erziehung©. Dort findet sich der »Bildungsbereich« *Soziale und kulturelle Umwelt*. Das Thema Interkulturalität zieht sich durch das gesamte Programm und es wird immer wieder betont, dass kulturelle Unterschiede der Kinder und Familien wahrgenommen und berücksichtigt werden sollen; auch gibt es viele Anregungen, die sich vor allem auf das gegenseitige Kennenlernen sowie auf die Präsenz von kultureller Vielfalt bezogen auf

Materialien, Sprachenreichtum, Familientraditionen und Kulturtechniken wie Musik und Kunst fokussieren. Zugriff am 23.07.2019: https://www.hamburg.de/contentblob/118066/2a650d45167e815a43999555c6c470c7/data/bildungsempfehlungen.pdf.

Weiterhin ist ein Faltblatt mit Informationen für Eltern erschienen, welches in deutscher, englischer und türkischer Sprache vorliegt. Zugriff am 23.07.2019: https://www.hamburg.de/kita/116768/bildungsempfehlungen-faltblatt/.

- **Hessen**
  Im Hessischen Bildungsplan *Bildung von Anfang an – Bildungs- und Erziehungsplan für Kinder von 0 bis 10 Jahren in Hessen* von 2007, herausgegeben vom Hessischen Ministerium für Soziales und Integration sowie vom Hessischen Kultusministerium, gibt es den Unterpunkt *Kinder mit verschiedenem kulturellen Hintergrund* beim Thema »Umgang mit individuellen Unterschieden und soziokultureller Vielfalt« sowie den Unterpunkt *Gesellschaft, Wirtschaft und Kultur* beim Thema »Verantwortungsvoll und wertorientiert handelnde Kinder«. Dabei wird an vielen Stellen auf das Thema Interkulturalität eingegangen, allerdings auch hier in recht unkonkreter Form. Zugriff am 23.07.2019: https://kultusministerium.hessen.de/sites/default/files/media/hkm/bildung_von_anfang_an_2014.pdf.
  Weiterhin gibt es einen Elternratgeber zum Bildungsplan, der in deutscher, arabischer, englischer, griechischer, italienischer, kroatischer, polnischer, portugiesischer, russischer, serbischer, spanischer und türkischer Sprache vorliegt. Zugriff am 23.07.2019: https://bep.hessen.de/service/informationen-f%C3%BCr-eltern.
  In der 2010 zusätzlich erschienenen Handreichung zur Arbeit mit Kindern in den ersten drei Lebensjahren *Kinder in den ersten drei Lebensjahren: Was können sie, was brauchen sie? Eine Handreichung zum Hessischen Bildungs- und Erziehungsplan für Kinder von 0–10 Jahren* bleibt das Thema recht randständig. Zugriff am 23.07.2019: https://soziales.hessen.de/sites/default/files/media/hsm/handreichung_kinder_in_den_ersten_drei_lebensjahren_was_koennen_sie_was_brauchen_sie_zum_hessischen_bildungs-_und_erziehungsplan.pdf.
  Im Jahr 2018 wurde zudem vom Hessischen Ministerium für Soziales und Integration und der Karl Kübel Stiftung für Kind und Familie die umfangreiche Handreichung *Kinder mit Fluchthintergrund in der Kindertagesbetreuung* herausgegeben. Sie gliedert sich in elf Kapitel: 1. Gelebte Vielfalt in der Kindertagesbetreuung, 2. Kinder und Familien mit Fluchthintergrund in Kita und Kindertagespflege, 3. Ankommen gestalten, 4. Interkultureller Alltag in Kita und Kindertagespflege, 5. Zusammenarbeit mit geflüchteten Eltern in der Kindertagesbetreuung, 6. Gesundheit und Ernährung, 7. Belastete und traumatisierte Kinder mit Fluchthintergrund, 8. Mehrsprachigkeit und sprachliche Bildung, 9. Kinderrechte verwirklichen, 10. Übergänge gestalten und sich verabschieden, 11. Hilfreiche Adressen und Kontakte. Dort wird unter anderem an mehren Stellen direkt Bezug zum Ansatz der kultursensitiven Frühpädagogik und den entsprechenden Hintergründen und Umsetzungsmöglichkeiten genommen (z. B. S. 36 ff.). Zugriff am 23.07.2019: https://bep.hessen.de/sites/bep.hessen.de/files/Kinderbetr_Flucht_0.pdf.

- **Mecklenburg-Vorpommern**
  In der vom Ministerium für Bildung, Wissenschaft und Kultur Mecklenburg-Vorpommern herausgegebenen *Bildungskonzeption für 0- bis 10-jährige Kinder in Mecklenburg Vorpommern* (ergänzte Ausgabe von 2011) werden als ein »Bildungs- und Erziehungsbereich« *(Inter)kulturelle und soziale Grunderfahrungen; Welterkundung und naturwissenschaftliche Grunderfahrungen* beschrieben und bei den »Leitgedanken zu den Bildungs- und Erziehungsbereichen« gibt es den Unterpunkt *1.8 Umgang mit Diversität – Integration/Inklusion*. Die Ausführungen bleiben allerdings recht allgemein und unkonkret. Zugriff am 23.07.2019: https://www.bildung-mv.de/export/sites/bildungsserver/downloads/Bildungskonzeption-fuer-0-bis-10-jaehrige-Kinder-in-Mecklenburg-Vorpommern.pdf. Weiterhin gibt es einen Elternratgeber zur Bildungskonzeption, der in deutscher, polnischer, russischer, türkischer und vietnamesischer Sprache vorliegt. Zugriff am 23.07.2019: https://www.bildung-mv.de/fruehkindliche-bildung/bildungskonzeption-fuer-0-bis-10jaehrige/
  Es wird hervorgehoben und dafür sensibilisiert, dass in Kindertagesstätten unterschiedliche Wertvorstellungen von Familien aufeinandertreffen und dass hier ein Spannungsgefüge zwischen wissenschaftlichen Erkenntnissen, gesellschaftlichen Werten, dem Trägerleitbild, den Fachkräften, den Eltern und dem Profil der Kindertageseinrichtung und allgemeinen Bildungskonzepten entstehen kann. Wie dem konkret begegnet werden soll, wird aber wenig thematisiert. Es wird betont, dass der kulturelle Hintergrund des Kindes berücksichtigt werden soll und auch dass kulturelle Vielfalt anzuerkennen und zu respektieren ist. Aber auch dies bleibt bezogen auf die Umsetzung recht vage.
- **Niedersachsen**
  Im 2018 vom Niedersächsischen Kultusministerium herausgegebenen *Orientierungsplan für Bildung und Erziehung im Elementarbereich niedersächsischer Tageseinrichtungen für Kinder* (Zugriff am 23.07.2019: https://www.mk.niedersachsen.de/download/4491) wie auch in den 2012 erschienenen Handlungsempfehlungen zum Orientierungsplan *Die Arbeit mit Kindern unter drei Jahren* (Zugriff am 23.07.2019: https://www.mk.niedersachsen.de/download/70333) wird zwar darauf hingewiesen, dass die Wahrnehmung und Berücksichtigung von unterschiedlichen kulturellen Herkünften wichtig ist, auch wird das Thema Kindeswohlgefährdung als Grenze der Akzeptanz thematisiert, das alles bleibt aber recht unkonkret und wird lediglich kurz angesprochen. Weiterhin wird vom Niedersächsischen Kultusministerium ein Faltblatt mit Elterninformationen zum Orientierungsplan für Bildung und Erziehung bereitgestellt, welches in deutscher und türkischer Sprache vorliegt. Zugriff am 23.07.2019: https://www.mk.niedersachsen.de/download/4508/Elterninformation_Orientierungsplan_fuer_Bildung_und_Erziehung_tuerkisch.pdf.
- **Nordrhein-Westfalen**
  In den *Bildungsgrundsätzen für Kinder von 0 bis 10 Jahren in Kindertagesbetreuung und Schulen im Primarbereich in Nordrhein-Westfalen* (Bildungsgrundsätze – Mehr Chancen durch Bildung von Anfang an – Grundsätze zur Bildungsförderung

für Kinder von 0 bis 10 Jahren in Kindertageseinrichtungen und Schulen im Primarbereich in Nordrhein-Westfalen), die 2016 vom Ministerium für Familie, Kinder, Jugend, Kultur und Sport des Landes Nordrhein-Westfalen sowie vom Ministerium für Schule und Weiterbildung des Landes Nordrhein-Westfalen herausgegeben wurden, gibt es den »Bildungsbereich« *Soziale und (inter-)kulturelle Bildung*. Das Thema Interkulturalität ist dort bezogen auf unterschiedliche Teilaspekte dargestellt (wird als Querschnittsaufgabe beschrieben), die allerdings recht knapp behandelt werden. Es werden zudem aber auch Beispiele zu Umsetzungsideen für die Begegnung von unterschiedlichen kulturellen Hintergründen dargestellt. Zugriff am 23.07.2019: https://www.mkffi.nrw/sites/default/files/asset/document/bildungsgrundsaetze_januar_2016.pdf.

- **Rheinland-Pfalz**
In den vom Ministerium für Bildung, Wissenschaft, Jugend und Kultur des Landes Rheinland-Pfalz herausgegebenen *Bildungs- und Erziehungsempfehlungen für Kindertagesstätten in Rheinland-Pfalz*, die 2014 als erweiterte und zusammengestellte Version vom *Bildungs- und Erziehungsplan für Kindertagesstätten in Rheinland-Pfalz* von 2004, den *Empfehlungen zur Qualität der Erziehung, Bildung und Betreuung in Kindertagesstätten in Rheinland-Pfalz* von 2010 sowie den *Bildungs- und Erziehungsempfehlungen für Kindertagesstätten in Rheinland-Pfalz Kinder von 0 bis 3 Jahren* von 2011 erschienen ist, findet sich im eigens angeführten »Bildungs- und Erziehungsbereich« *Interkulturelles und interreligiöses Lernen* eine etwas umfangreichere Auseinandersetzung mit dem Thema, die sich aber vor allem auf das gegenseitige Kennenlernen und Wertschätzen von Vielfalt bezieht, dabei allerdings auch eher allgemein bleibt. Zugriff am 24.07.2019: https://kita.rlp.de/fileadmin/kita/04_Service/01_Gesetze__Verordnungen__Empfehlungen/3._Verordnungen_und_Empfehlungen/BEE_Gesamt_geschuetzt_2019.pdf.

- **Saarland**
Das 2018 publizierte *Bildungsprogramm mit Handreichungen für saarländische Krippen und Kindergärten* wurde 2006 von der gleichen Autorengruppe verfasst wie auch die Bildungspläne aus Berlin und Hamburg und 2018 von einer anderen Autorengruppe in zweiter Auflage aktualisiert und vom Saarländischen Ministerium für Bildung und Kultur herausgegeben. Es ist geprägt von den Ideen des Situationsansatzes, der Inklusion und des Ansatzes zur Vorurteilsbewussten Bildung und Erziehung©. Es gibt dort den »Bildungsbereich« *Soziale und kulturelle Umwelt, Werteerziehung und religiöse Bildung*. Das Thema Interkulturalität zieht sich durch das gesamte Programm und es wird immer wieder betont, dass kulturelle Unterschiede der Kinder und Familien wahrgenommen und berücksichtigt werden sollen; auch gibt es viele Anregungen, die sich vor allem auf das gegenseitige Kennenlernen sowie auf die Präsenz von kultureller Vielfalt bezogen auf Materialien, Sprachenreichtum, Familientraditionen und Kulturtechniken wie Musik und Kunst fokussieren. Auch wird die Bedeutung von soziokulturellen Kontexten für unterschiedliche Gestaltungen vom Bildungsprozessen dargestellt und somit auch Bezug zum Ansatz der kultursensitiven Frühpädagogik genommen (S. 92 f.). Zugriff am 24.07.2019: https://www.saarland.de/220461.htm.

- **Sachsen**
  Im *Sächsischen Bildungsplan – ein Leitfaden für pädagogische Fachkräfte in Krippen, Kindergärten und Horten sowie für Kindertagespflege* aus dem Jahr 2011, herausgegeben vom Sächsischen Staatsministerium für Kultus, wird die Bedeutung der soziokulturellen Kontexte, in denen Kinder aufgewachsen sind, betont, wie auch die Wichtigkeit, die jeweiligen individuellen Hintergründe von Kindern zu berücksichtigen. Die Inhalte bleiben aber bezüglich der Umsetzung recht unkonkret und allgemein und es wird somit eher wenig auf das Thema Interkulturalität eingegangen. Zugriff am 25.07.2019: https://www.kita.sachsen.de/download/17_11_13_bildungsplan_leitfaden.pdf.
  Zum Bildungsplan ist ein Elternbegleitheft verfügbar, das in folgenden Sprachen vorliegt: Arabisch, Deutsch, Englisch, Französisch, Polnisch, Russisch, Sorbisch, Tschechisch, Türkisch, Ukrainisch und Vietnamesisch. Zugriff am 25.07.2019: https://www.kita.sachsen.de/bildungsinhalte-1897.html.
- **Sachsen-Anhalt**
  Im 2013 vom Ministerium für Arbeit und Soziales des Landes Sachsen-Anhalt herausgegebenen *Bildungsprogramm für Kindertageseinrichtungen in Sachsen-Anhalt. Bildung: elementar – Bildung von Anfang an* gibt es unter den einführenden Leitgedanken einen kurzen Abschnitt zum Thema *Vielfalt und Inklusion* sowie unter den »Leitlinien für die Qualität von Bildungsprozessen in Kindertageseinrichtungen« den ebenfalls kurzen Abschnitt *Inklusion*. Es wird dabei die kulturelle Vielfalt (wie auch Vielfalt bezogen auf unterschiedliche Diversitätsaspekte) betont sowie, dass eine entsprechende Berücksichtigung derselben in den unterschiedlichen Bereichen des pädagogischen Alltages von großer Bedeutung ist. Die konkreten Anregungen einer Umsetzung bleiben allerdings recht allgemein. Zugriff am 25.07.2019: https://ms.sachsen-anhalt.de/fileadmin/Bibliothek/Politik_und_Verwaltung/MS/MS/Presse_Dialog_Kita/2014/bildungsprogramm_2014.pdf.
- **Schleswig-Holstein**
  Der Leitlinien zum Bildungsauftrag des Landes Schleswig-Holstein *Erfolgreich starten – Leitlinien zum Bildungsauftrag in Kindertageseinrichtungen*, herausgegeben 2009 vom Ministerium für Soziales, Gesundheit, Wissenschaft und Gleichstellung des Landes Schleswig-Holstein, führen als eine »Querschnittsdimension von Bildung in Kindertageseinrichtungen« die *Interkulturelle Orientierung – Berücksichtigung der Verhältnisse unterschiedlicher Kulturen* an. Hier finden sich recht gute Ausführungen zur Interkulturellen Orientierung mit guten Reflexionsanregungen, aber auch wenig konkrete Handlungsumsetzungen. Zugriff am 25.07.2019: https://www.schleswig-holstein.de/DE/Landesregierung/VIII/Service/Broschueren/Broschueren_VIII/Kita/Bildungsleitlinien Deutsch.pdf?__blob=publicationFile&v=12.
  Außerdem gibt es aus dem Jahr 2012 ergänzend zu den Leitlinien eine *Handreichung für Kultur, Gesellschaft und Politik in Kindertageseinrichtungen*. In dieser wird die Kontextabhängigkeit und -bezogenheit von kulturellen Unterschieden betont. Auch werden einige praktische Beispiele zum Umgang mit kultureller Vielfalt genannt, die sich vor allem auf Aspekte der Raumgestal-

tung, der in der Einrichtung präsenten Materialien sowie auf die Bedeutung von unterschiedlichen Speisen, Liedern und religiösen Feiertagen beziehen. Zugriff am 25.07.2019: https://www.schleswig-holstein.de/DE/Fachinhalte/K/kindertageseinrichtungen/downloads/kindertageseinrichtungen_Bildungsauftrag_Handreichungen_KulturGesellschaftPolitik.pdf?__blob=publicationFile&v=2.
Weiterhin sind Elterninformationen zu den Leitlinien erschienen, die in den Sprachen Englisch, Französisch, Polnisch, Russisch, Türkisch und Deutsch vorliegen. Zugriff am 25.07.2019: https://www.schleswig-holstein.de/DE/Fachinhalte/K/kindertageseinrichtungen/pdfLeitlinienBildungsauftrag.html;jsessionid=4AE9D50CCD8E66077EE7D9967D4EB217.

- **Thüringen**
Im *Thüringer Bildungsplan bis 18 Jahre*, 2015 herausgegeben vom Thüringer Ministerium für Bildung, Jugend und Sport, gibt es bei den »Bildungswissenschaftlichen Grundlagen den Punkt *1.2 Individuelle und soziale Vielfalt – Umgang mit Heterogenität* mit dem Unterpunkt *Soziokulturelle Vielfalt*. In diesem umfangreichen Bildungsplan wird die Bedeutung eines wertschätzenden und offenen Umgangs mit kultureller Vielfalt an vielen Stellen als wichtig betont. Dabei wird auch hervorgehoben, dass kulturelle Unterschiede stark von den Umgebungsbedingungen beeinflusst werden, unter denen eine Familie aufgewachsen ist bzw. lebt. Vielfach bleiben diese Stellen aber eher unkonkret. An den Stellen, an denen Beispiele für eine praktische Umsetzung dargestellt werden, beziehen sich diese zumeist auf Aspekte der künstlerisch-ästhetischen Bildung oder der Interreligiosität. Zugriff am 25.07.2019: https://www.thueringen.de/mam/th2/tmbwk/bildung/bildungsplan/thuringer_bildungsplan-18_web.pdf.

Die Pläne sollen nicht in Konkurrenz zu den jeweiligen pädagogischen Konzepten der Einrichtungen treten (▶ Kap. 2.1), sondern sie sind als Leitlinien für die frühpädagogische Arbeit zu verstehen, die jeweils im Rahmen der pädagogischen Konzepte und Ausrichtungen in den Einrichtungen Anwendung finden sollen. Dabei lassen sich Gemeinsamkeiten und Unterschiede zwischen den Bildungs- und Orientierungsplänen und den pädagogischen Konzepten beschreiben. Liegle (2007) sieht es z. B. als eine der bedeutenden Gemeinsamkeiten an, dass ein ähnliches Bild vom Kind vorliege. Ein bedeutender Unterschied zwischen den Bildungsplänen und den pädagogischen Konzepten ist, dass die meisten pädagogischen Konzepte stärker von ganzheitlichen Lern- und Bildungsumgebungen und -abläufen ausgehen, die an alltägliche Erfahrungen der Kinder anschließen, während die Unterteilung in unterschiedliche Bildungsbereiche, wie sie in den meisten Bildungsplänen vorgenommen wird, den Anschein einer themenspezifischen und damit auch schulähnlicheren und sogar alltagsferneren Bildung vermitteln können. Die Bildungspläne sind allerdings so verfasst, dass sie viel Spielraum lassen und daher auch nicht im direkten Widerspruch zu einer Pädagogik stehen, die bildungsbereichsübergreifend arbeitet. Auf der anderen Seite sind die Bildungspläne aber in weiten Teilen auch so allgemein gehalten, dass sie in vielen Fällen nur wenig konkrete Umsetzungswege aufzeigen.

2.3.2 Die Bedeutung des Aspektes *Umgang mit kultureller Vielfalt* im Rahmenpapier der Jugendministerkonferenz sowie der Kultusministerkonferenz

Als eine zentrale Grundlage der Bildungs- und Orientierungspläne der einzelnen Bundesländer kann das länderübergreifende Rahmenpapier der Jugend- und der Kultusministerkonferenz angesehen werden. Daher soll auf dieses im Folgenden zunächst näher eingegangen werden. In dem neun Seiten umfassenden Text wird die Eigenständigkeit des Kindes und damit ein autonomieorientierter Aspekt betont. Es lassen sich aber auch Aussagen finden, welche sich eher auf verbundenheitsorientierte Aspekte beziehen.

> Kindertageseinrichtungen und Schulen haben gemeinsame pädagogische Grundlagen, die in der Förderung der Gesamtpersönlichkeit des Kindes, seiner Selbsttätigkeit und Selbstständigkeit sowie im Aufbau tragfähiger sozialer Beziehungen liegen. (Kultusministerkonferenz KMK, 2004, S. 8)

Es wird also betont, dass sowohl Eigenständigkeit als auch soziale Beziehungen wichtig sind und beides einer besonderen Förderung unterliegen sollte. Daraus kann abgeleitet werden, dass sowohl Aspekte der Autonomieorientierung als auch Aspekte der Verbundenheitsorientierung als zentrale Dimensionen einer frühpädagogischen Arbeit eingeführt werden. Allerdings gehen wir davon aus, dass stärker Bezug auf den autonomieorientierten Entwicklungspfad genommen wird, bei dem von einem Primat der *psychologischen Autonomie* ausgegangen wird, die dann auch eine zentrale Rolle in der Gestaltung von sozialen Beziehungen spielt (▶ Kap. 1.4), da Prozesse der Beteiligung von Kindern (Partizipation) und deren Selbstbestimmung vor allem auch in den Ausführungen der einzelnen Bundesländer meist als eher übergeordnete Prinzipien angesehen werden können und somit Autonomieorientierung als eine Art Leitmotiv dargestellt wird.

An einigen Stellen des Rahmenpapiers wird aber auch explizit auf die Themen Kultur und kulturelle Unterschiede eingegangen. So wird die *interkulturelle Bildung* als eine von sechs Querschnittsaufgaben genannt, also als ein Aspekt, der alle Inhalte der frühpädagogischen Arbeit durchziehen soll. Die Auseinandersetzung mit verschiedenen kulturellen Kontexten wird also als bedeutende Aufgabe erkannt und benannt, wobei allerdings nicht weiter spezifiziert wird, was darunter zu verstehen ist. Folglich können hier auch keine konkreten Handlungs- und Umsetzungsmöglichkeiten für die Praxis abgeleitet werden.

Weiterhin wird in dem Rahmenpapier bei der Beschreibung des Bildungsbereiches *Musische Bildung/Umgang mit Medien* auf die Bedeutung einer Auseinandersetzung mit musikalischen und künstlerischen Aspekten für das Verständnis von anderen Kulturen hingewiesen.

> Die kulturelle Einbettung des Kindes kann dadurch gestärkt und die Aufgeschlossenheit für interkulturelle Begegnung und Verständigung unterstützt werden. (KMK, 2004, S. 5)

Dies bezieht sich eher auf eine Beschäftigung mit verschiedenen kulturell beeinflussten künstlerischen Ausdrucksformen, durch die Kinder eine Vielfalt von Darstellungsmöglichkeiten kennenlernen und darüber ihren Horizont erweitern können. Mit einem ähnlichen Bezug wird auch der Begriff »Kultur« bei den Ausführungen zum Bildungsbereich *Natur und kulturelle Umwelten* angeführt.

> Den Kindern ist die Begegnung mit der Natur und den verschiedenen kulturellen Umwelten zu ermöglichen und es sind ihnen darin vielfältige Gestaltungsmöglichkeiten zu eröffnen. (KMK, 2004, S. 5)

Auch hier wird *Kultur* eher im Sinne von unterschiedlich gestalteten Umwelten verstanden, d. h. es wird der Bezug zum Alltag als kulturellem Milieu hergestellt. Ein dritter Bezug zum Thema Kultur wird bei der sogenannten Aufgabendimension *Gruppe als (soziales) Lernfeld, Rolle der Peers* betont:

> Soziale und kulturelle Vielfalt wird als Chance betrachtet, das globale Zusammenleben der Zukunft zu sichern. (KMK, 2004, S. 5)

Die kulturelle Vielfalt soll also beachtet und positiv bewertet werden. Dies steht im Einklang mit den im Sozialgesetzbuch beschriebenen Grundlagen der Erziehung:

> Bei der Ausgestaltung der Leistungen und der Erfüllung der Aufgaben sind
> 1. die von den Personensorgeberechtigten bestimmte Grundrichtung der Erziehung sowie die Rechte der Personensorgeberechtigten und des Kindes oder des Jugendlichen bei der Bestimmung der religiösen Erziehung zu beachten,
> 2. die wachsende Fähigkeit und das wachsende Bedürfnis des Kindes oder des Jugendlichen zu selbständigem, verantwortungsbewusstem Handeln sowie die jeweiligen besonderen sozialen und kulturellen Bedürfnisse und Eigenarten junger Menschen und ihrer Familien zu berücksichtigen … (SGB VIII § 9, Abs. 1 und 2)

Was diese gesetzliche Vorschrift genau bedeutet und vor allem auch, wie sie umgesetzt werden kann, wird allerdings nicht weiter ausgeführt. Insbesondere der Kulturbegriff bleibt abstrakt und damit vage. Es wird zwar betont, dass es unterschiedliche Kulturen gibt, die in der frühpädagogischen Arbeit Berücksichtigung finden sollen, aber es fehlen Beschreibungen, wie sich diese Kulturen unterscheiden können und was dies für die praktische Arbeit im Einzelnen bedeutet.

2.3.3 Die Bedeutung des Aspektes *Umgang mit kultureller Vielfalt* in den Bildungs- und Orientierungsplänen

Die einzelnen Bildungs- und Orientierungspläne der Bundesländer können als Konkretisierungen der allgemeinen Rahmenrichtlinien angesehen werden. Diese sollen nun im Folgenden näher betrachtet werden (siehe dazu auch den Kasten zu den Bildungs- und Orientierungsplänen).

Die Thematisierung von Autonomie und Verbundenheit in den Bildungs- und Orientierungsplänen

Hebenstreit (2008) hat die bis zum Jahr 2008 vorliegenden Pläne der Bundesländer näher analysiert und kommt zu dem Schluss:

... eindeutig dominierend sind [...] die Übereinstimmungen im Bildungsverständnis, das sich in den Dokumenten der 16 Länder zeigt. Der gemeinsame Nenner lässt sich durch folgende Definition von Bildung ausdrücken:

1. Bildung ist ein mit der Geburt beginnender, lebenslanger Prozess, der von den Bildungssubjekten eigenaktiv gesteuert wird und insbesondere in der frühen Kindheit auf einer sinnlichen und handelnden Basis beruht.
2. Der Bildungsprozess verschränkt dabei die Aufnahme der Erfahrungen des Außen mit den eigensinnigen Selbstdeutungen des Kindes.
3. Ziel des Bildungsprozesses ist die Verbindung des Subjektes mit der Außenwelt, indem Individualität und gesellschaftliche Handlungsfähigkeit gleichermaßen ausgeprägt werden. (Hebenstreit, 2008, S. 47 f.)

In erster Linie wird also ein an der kindlichen Autonomie orientierter Bildungsbegriff dargestellt, der sich z. B. in Begriffen wie *Selbstbildung* und *Ko-Konstruktion* widerspiegelt (▶ Kap. 2.2). Die Beispiele aus unterschiedlichen Bildungs- und Orientierungsplänen verdeutlichen die Autonomieorientierung dieses Bildungsbegriffes:

Beispiele für die Autonomieorientierung

- Jedes Kind will lernen und bildet sich aus eigenem Antrieb. (Berlin, 2014, S. 14)
- Kinder werden als Subjekte aller Bildungsprozesse begriffen, nicht mehr als mit Wissensangeboten zu versorgende Objekte von Erziehung. (Bremen, 2004, S. 41)

Die folgenden Zitate aus Bildungs- und Orientierungsplänen zeigen die Betonung sowohl von Autonomie- also auch von Verbundenheitsaspekten:

- Neben der Stärkung individueller Autonomie wird auch die Mitgestaltung der sozialen und kulturellen Umgebung und die entwicklungsangemessene Übernahme von Mitverantwortung betont. (Hessen, 2007, S. 22)
- Sie suchen Aufmerksamkeit und gemeinsame Absichten, sie wollen Gefühle mit ihren Bezugspersonen teilen. Sie suchen Verbundenheit, grenzen sich ab und gestalten den Kontakt aktiv mit. (Rheinland-Pfalz, 2014, S. 80)

Ähnlich wie im Rahmenplan sind in den einzelnen Plänen der Länder aber auch eher autonomieorientierte Vorstellungen von Verbundenheit leitend (z. B. in der Betonung von [eigen]aktiven Gestaltungen sozialer Beziehungen) (▶ Kap. 1.4). Im *Orientierungsplan für Bildung und Erziehung in baden-württembergischen Kindergärten und weiteren Kindertageseinrichtungen* wird allerdings explizit darauf eingegangen, dass große kulturelle Unterschiede hinsichtlich der Ausrichtung bezüglich Autonomieorientierung und Verbundenheitsorientierung bestehen können und dass diese Unterschiede jeweils andere pädagogische Herangehensweisen sinnvoll machen können:

> Kulturen unterscheiden sich in ihren Bildungs- und Erziehungszielen. Elterliche Erziehungsideale und Sozialisationsziele werden durch Gesellschaftsstrukturen und durch die soziokulturelle Orientierung der Eltern beeinflusst. Viele Familien mit Migrationshintergrund in Deutschland können ihre Wurzeln stärker in soziozentrischen Gesellschaften ha-

ben, in denen die Verbundenheit mit der Gemeinschaft vor dem Individuum steht. (Baden-Württemberg, 2014, S. 50)

Direkt Bezug genommen auf die theoretischen Hintergründe der kultursensitiven Frühpädagogik wird zudem in der Handreichung *Kinder mit Fluchthintergrund in der Kindertagesbetreuung* vom Hessischen Ministerium für Soziales und Integration:

> Jede Kultur hat ihre eigene Sichtweise auf Familie, Bildung und Erziehung sowie auf das familiäre Miteinander (Keller 2011[a]). Die der pädagogischen Arbeit einer Kindertageseinrichtung in Deutschland zu Grunde liegenden Bildungs- und Erziehungspläne mit dem Bild vom Kind als von Geburt an autonomes Wesen stehen oftmals im Gegensatz zu der Vorstellung von Familien anderer Kulturen. In zahlreichen Herkunftsländern ist weniger das einzelne Individuum als vor allem die Gemeinschaft des Dorfes oder der Großfamilie bedeutsam. Vielfach werden solche Gemeinschaften durch Älteste zusammengehalten. Kinder wachsen nicht in einer Kernfamilie, sondern in der Verbundenheit dieser Gemeinschaft und inmitten vieler anderer Kinder auf. (Hessen, 2018, S. 37)

Die anderen Bildungs- und Erziehungspläne führen diesen Aspekt nicht in dem Maße aus und auch da, wo er erwähnt wird, wird nicht weiter erläutert, was diese Unterschiede für die praktische Arbeit bedeuten und wie dieses Wissen in den Alltag integriert werden kann (mit Ausnahme der erwähnten Handreichung, die hier einige Anregungen zur Eingewöhnung bietet).

Die Thematisierung kultureller Unterschiede in den Bildungs- und Orientierungsplänen

In den meisten Bildungs- und Orientierungsplänen wird die Bedeutung des kulturellen Hintergrundes für die pädagogische Arbeit ausdrücklich betont, wenn auch in unterschiedlicher Intensität und Tiefe (siehe dazu den Kasten zu den Bildungs- und Orientierungsplänen), wie z. B. in Thüringen (2010):

> Denn ein Bildungsplan, der für alle Kinder und Jugendlichen Geltung beansprucht, muss auch allen Verschiedenheiten gerecht werden können – seien es beispielsweise Kinder und Jugendliche aller Geschlechter, mit und ohne Behinderungen, Hochbegabungen oder sozialen Benachteiligungen sowie Kinder und Jugendliche mit verschiedenen sprachlichen und kulturellen Kontexten. (Thüringen, 2015, S. 6)

Bezüglich der daraus entstehenden Ableitungen für die pädagogische Praxis wird in einigen Bildungs- und Orientierungsplänen vor allem die Akzeptanz und Wertschätzung von kultureller Vielfalt betont (hier zeigen sich zum Teil Bezüge und Parallelen zu den Ideen der *Vorurteilsbewussten Bildung und Erziehung*© und zum Konzept der *Inklusion* (▶ Kap. 2.1 und ▶ Kap. 2.5):

> Neugier, Akzeptanz und Achtung für die kulturelle Herkunft einer Familie, ihre Sprache(n) und ihre jeweiligen Lebensumstände sind wichtige Ausgangspunkte für den Aufbau und die Pflege von Beziehungen – nicht nur zwischen der Fachkraft und dem Kind, sondern auch zwischen der Fachkraft und der Familie des Kindes. (Niedersachsen, 2018, S. 15)

> Kinder machen die Erfahrung von Fremd-, aber auch Vertrautheit und lernen andere Gewohnheiten, Bräuche und Handlungsweisen kennen und werden sich dadurch ihrer eigenen Prägung bewusst. Dies geschieht mit dem Ziel, das Zusammenleben mit Menschen unterschiedlicher kultureller und religiöser Herkunft als bereichernd und selbstverständlich zu erleben und entsprechend wertzuschätzen. (Rheinland-Pfalz, 2014, S. 70)

Es wird allerdings wenig darauf eingegangen, wie die konkrete Umsetzung einer akzeptierenden und wertschätzenden Haltung gegenüber kultureller Vielfalt aussehen kann, und dort, wo diese thematisiert wird, bezieht sie sich vor allem auf das gegenseitige Kennenlernen von kulturellen Traditionen, Sprachen und Bräuchen. Einige Beispiele aus verschiedenen Bildungs- und Orientierungsplänen sind im Kasten zitiert.

> **Beispiele für das Wertschätzen kultureller Vielfalt in den Bildungsplänen**
>
> - Werke und Alltagsgegenstände aus verschiedenen Familienkulturen präsentieren (Hamburg, 2012, S. 80)
> - Fremde Esskulturen (chinesisches Essen mit Stäbchen) (Bayern, 2016, S. 216)
> - Gebrauchsgegenstände und Einrichtungselemente aus den Familienkulturen der Kinder (Saarland, 2018, S. 86)
> - Das Kennenlernen der eigenen Umgebung kann erweitert werden durch das Kennenlernen anderer Länder, anderer Religionen, anderer Sitten und Bräuche, anderer Kulturen und Lebensweisen. Letzteres kann man zum Beispiel erkunden, indem man gemeinsam zusammenträgt, welche Tischsitten, Einschlafrituale oder andere Familienrituale es in den unterschiedlichen Herkunftsfamilien gibt. (Sachsen, 2011, S. 68)
> - Die Wertschätzung und Präsenz der verschiedenen Familiensprachen sind für Besucher, Eltern und Kinder konkret sichtbar: pädagogische Fachkräfte, Kinder und Eltern gestalten ein Poster mit allen Sprachen (und Dialekten), die in der Einrichtung vertreten sind; an den Wänden hängen Ankündigungen, Schriftstücke, Begrüßungsformeln in verschiedenen Sprachen und Schriften. (Bayern, 2016, S. 131)
> - Thematisieren von Unterschieden und Gemeinsamkeiten. Ein Beispiel hierfür sind sog. ›Familienecken‹: Jedes Kind bringt Fotos von seiner Familie mit; wer zur Familie gehört, bestimmt das Kind. Diese Fotos werden vergrößert und in Sichthöhe der Kinder an den Wänden angebracht. Und man sieht: Es gibt Familien mit heller und mit dunkler Haut, bei manchen sind Großeltern oder Tanten und Cousinen dabei, bei manchen hat ein Kind zwei Väter, bei manchen Familien gehören zwei Hunde und eine Katze oder die Nachbarin dazu usw. (Bayern, 2016, S. 136)
> - Die Einrichtung hat einen aktuellen Bestand an mehrsprachigen Bilderbüchern und Tonmaterialien, die regelmäßig ausgeliehen werden […]. (Bayern, 2016, S. 131)
> - Musik und Tänze unterschiedlicher Zeitepochen und anderer Kulturen kennen und schätzen (Hessen, 2007, S. 74)

In den Leitlinien für Schleswig-Holstein (2009) findet sich zudem eine hilfreiche Auflistung, die zusammenfasst, was unter einer *interkulturellen Orientierung* von frühpädagogischen Fachkräften verstanden werden kann (▶ Kap. 2.4):

Pädagogische Fachkräfte, die interkulturelle Orientierung berücksichtigen,

- sind sich der eigenen Kultur bewusst
- versuchen die Vielfalt möglicher kulturell geprägter Perspektiven zu verstehen
- versuchen mit Müttern und Vätern sowie Kindern anderer Kulturen in einen Dialog zu treten
- tauschen sich regelmäßig mit Müttern und Vätern aus
- haben aber auch geklärt, was nicht verhandelbar ist
- beobachten die unterschiedlichen Formen interkultureller Kommunikation zwischen den Kindern und unterstützen sie dabei, diese zu erweitern
- betrachten Zwei- und Mehrsprachigkeit als Normalfall und Entwicklungschance
- unterstützen bei Bedarf auch Mütter und Väter (z. B. durch Vermittlung von Sprachkursen oder interkulturelle Begegnungen) (Schleswig-Holstein, 2009, S. 19)

Weiterhin wird die Berücksichtigung von kulturellen Unterschieden bei der Zusammenarbeit mit Eltern in einigen Bildungs- und Orientierungsplänen hervorgehoben. Dabei werden sowohl inhaltliche Unterschiede als auch solche, die unterschiedliche Traditionen der Kommunikationsgestaltung betreffen, thematisiert:

Angesichts einer vielfältigen sozialen und kulturellen Herkunft von Eltern ist es nicht immer einfach, die Ziele und Maßnahmen einer gemeinsamen Erziehungsverantwortung abzustimmen. Es gilt, unterschiedliche Lebensformen sozial- und kultursensibel zu akzeptieren und eine gleichberechtigte und diskriminierungsfreie Teilhabe für alle Familien sicherzustellen. Umgang mit eigenen Fremdheitsgefühlen, Wissen über andere Kulturen und Akzeptanz für unterschiedliche Lebensentwürfe sowie ein gutes Kommunikationsvermögen sind hierfür wichtige Voraussetzungen. Das Miteinander beider Partner sollte von Offenheit, Toleranz, Dialogbereitschaft und Respekt geprägt sein. (Niedersachsen, 2018, S. 54)

Sie setzen sich mit Erwartungen von Eltern an die Bildung, Erziehung, und Betreuung ihrer Kinder auseinander. Sie berücksichtigen dabei, dass Erziehungsvorstellungen wie auch Kommunikationsstile Teil der Familienkulturen sind und sich beträchtlich unterscheiden können. (Hamburg, 2012, S. 51)

Auch finden sich Ausführungen, die, im Einklang mit der in diesem Buch vertretenen Sichtweise, verdeutlichen, dass Kulturunterschiede nicht mit Länder-, Religions- oder Sprachunterschieden gleichzusetzen sind, sondern mit den Kontexten des Aufwachsens in Zusammenhang stehen, wie z. B. in der *Handreichung für Kultur, Gesellschaft und Politik in Kindertageseinrichtungen*, herausgegeben vom Ministerium für Soziales, Gesundheit, Wissenschaft und Gleichstellung des Landes Schleswig-Holstein und in den Bildungsplänen aus Thüringen und dem Saarland:

Im Umgang mit anderen Menschen bringt jeder/jede von uns seine eigene kulturelle Identität mit. In welchen sozialen Zusammenhängen ich aufgewachsen bin, ob zum Beispiel als Einzelkind oder in einer Großfamilie, ob im Dorf oder in einer Großstadt, aus welcher Region ich stamme oder ob ich Erfahrungen mit Migration habe – dies alles prägt meinen Alltag. Wie ich mich kleide, wie ich meine Wohnung einrichte, welche Sprache(n) ich spreche, welche Musik ich höre – all das ist beeinflusst von dem Kulturkreis, in dem ich aufgewachsen bin, und von der Kultur, die mich umgibt oder für die ich mich entscheide. (Schleswig-Holstein, 2012, S. 7)

Kinder und Jugendliche wachsen in unterschiedlichen Regionen auf, zum Beispiel in strukturstarken Regionen oder in strukturell benachteiligten ländlichen Gebieten. Großstädte mit infrastrukturellen und kulturellen Ressourcen beeinflussen die Heranwachsenden in anderer Art und Weise als Kleinstädte, die sich über Jahrzehnte kaum verändert haben. Wieder andere Bedingungen des Aufwachsens finden sich in ländlichen Räumen. (Thüringen, 2015, S. 28)

> Die frühen Bindungsbeziehungen vollziehen sich in einem bestimmten soziokulturellen Kontext. Kultur ist die »Gesamtheit der einzigartigen geistigen, materiellen, intellektuellen und emotionalen Aspekte«, die eine soziale Gruppe kennzeichnen sowie die Lebensformen, die Grundrechte des Menschen, Wertesysteme, Traditionen und Glaubensrichtungen. [...] Kultur definiert die menschliche Natur; Kindheit ist von kulturellen Mustern geprägt, die alles Handeln bestimmen. (Saarland, 2018, S. 92)

Diese Offenheit für kulturelle Unterschiede und eine interkulturelle Herangehensweise sowie für ein Verständnis der Kontextgebundenheit von Verhaltens- und Sichtweisen ist begrüßenswert und stellt eine wichtige Grundlage für gegenseitige Wertschätzung im frühpädagogischen Alltag dar.

Allgemein fällt aber auf, dass kulturelle Vielfalt in den Kitas zum Teil eher ausgestellt wird, d. h. es werden Fotos, Gegenstände aus den Familien, unterschiedliche Gerichte u. ä. gezeigt bzw. thematisiert. Konsequenzen, die sich aus verschiedenen Lern- und Erziehungsstilen ergeben, werden zumeist nicht angesprochen und nicht in eine Verhaltenspraxis übersetzt. Hier gilt dann zumeist ein Qualitätskonzept, welches an eher autonomieorientierten Prinzipien ausgerichtet ist, wie z. B. bezogen auf Prozesse der Selbstbildung oder Ko-Konstruktion oder hinsichtlich der Eingewöhnung das Berliner Eingewöhnungsmodell (▶ Kap. 2.2.3 und ▶ Kap. 3.3.3; Keller, 2019a). Es werden also konzeptionell zumeist die hiesigen Vorstellungen vertreten, d. h. es geht zumeist darum, den Eltern zu verdeutlichen, worin die pädagogischen Hintergründe und Philosophien bestehen und wie diese umgesetzt werden sollen. Diese Grundlagen werden aber selber wiederum nicht in Frage gestellt. Folglich kann hier diesbezüglich kein kultursensitiver Zugang gesehen werden.

Was fehlt, sind Beschreibungen von kulturell bedingten Entwicklungs-, Bildungs- und Erziehungsunterschieden, die zwischen Familien bestehen können und Auswirkungen auf sämtliche pädagogischen Alltagssituationen haben (▶ Kap. 3.3). Annäherungsweise findet sich eine solche Sicht im Bildungs- und Orientierungsplan von Baden-Württemberg (2014). Hier wird darauf eingegangen, inwiefern sich die Erziehungsvorstellungen von Eltern mit einem eher verbundenheitsorientierten Hintergrund von denen mit einem eher autonomieorientierten Hintergrund unterscheiden. Weiterhin wird darauf eingegangen, dass sich kulturelle Kontexte auch innerhalb desselben Landes und Kulturkreises unterscheiden können, und zwar je nach sozioökonomischem Umfeld:

> Dabei müssen unterschiedliche Erziehungsideale, die auch kulturell bedingt sein können, thematisiert werden. So kann beispielsweise ein Erziehungsideal vorwiegend durch Respekt gegenüber Älteren und Autoritäten gekennzeichnet sein. Bei manchen Kleinkindern mit Migrationshintergrund wird das Lernen stärker an die soziale Rolle innerhalb der Gemeinschaft gekoppelt und es werden andere Anforderungen an sie gestellt. [...] Nicht nur in Familien, die aus einem anderen Kulturkreis stammen, sondern auch in Familien mit niedrigem sozioökonomischem Status, entsteht für die Kinder oftmals ein Spannungsfeld zwischen der Erziehungskultur im häuslichen Rahmen und im Kindergarten. (Baden-Württemberg, 2014, S. 76)

Und im *Bildungsprogramm für Kindertagesstätten in Sachsen-Anhalt* wird explizit auf die Kontextorientierung von Entwicklungs- und Bildungsprozessen eingegangen:

> Kinder suchen einmal stärker und einmal weniger den Körperkontakt zu Erwachsenen und anderen Kindern. Dies geschieht individuell und situativ und ist beeinflusst durch eigene Erfahrungen und ihren kulturellen Hintergrund, ihr Alter und ihr Geschlecht. (Sachsen-Anhalt, 2013, S. 95)

Allerdings fehlt auch in diesen Ansätzen eine Reflexion, wie diese Unterschiede, zumindest in Teilen, in das bestehende System integriert werden können. Kultursensitivät kann nicht Einseitigkeit bedeuten, sondern es impliziert Veränderungen des Systems und damit aller Beteiligten.

Zudem finden sich auch Aussagen, die zum Ansatz einer kultursensitiven Beratung im Widerspruch stehen:

> Die Reflexion der eigenen Vorstellungen von Kindern und die Sicht auf Kinder als Verantwortliche für ihre eigene Entwicklung eröffnen den Blick auf die einmalige persönliche, historische und kulturelle Identität eines jeden Kindes. (Sachsen, 2011, S. 30)

Hier wird die autonomieorientierte Sicht auf die Kinder als Eigenverantwortliche für ihr Handeln mit einem generellen Zugang zu den kulturellen Hintergründen gleichgesetzt. Dabei wird aber übersehen, dass gerade in Kontexten, die eher verbundenheitsorientiert strukturiert sind, diese Eigenverantwortlichkeit der Kinder sowie der Individuen insgesamt immer in dem sozialen System verortet ist. »Ich bin, weil wir sind«, ein Sprichwort aus der südafrikanischen Philosophie der Verbundenheit (Ubuntu), macht diese Haltung deutlich (▶ Kap. 1.5).

Abschließend lässt sich festhalten, dass die Bildungs- und Orientierungspläne der Bundesländer das Thema kulturelle Vielfalt aufgreifen und in unterschiedlicher Tiefe darstellen. Aus Sicht der kultursensitiven Frühpädagogik können hier allerdings nach wie vor Defizite gesehen werden. Zudem bleiben die Pläne hinsichtlich einer konkreten Umsetzung im pädagogischen Alltag zumeist recht abstrakt. Da die Bildungs- und Orientierungspläne als Leitlinien für die frühpädagogische Arbeit gedacht sind, kann diese konkrete Umsetzung allerdings auch nicht als ihre Aufgabe angesehen werden. Diese kann im Rahmen von pädagogischen Konzepten zum Umgang mit kultureller Vielfalt erfolgen, die im folgenden Kapitel näher dargestellt und eingeordnet werden.

2.4 Pädagogische Ansätze zum Umgang mit kultureller Vielfalt

Die Notwendigkeit einer interkulturellen Arbeit in Bildungseinrichtungen hat bereits seit einiger Zeit Eingang in die pädagogischen, aber auch in die politischen Debatten gefunden. So positionierte sich beispielsweise die Kulturministerkonferenz im Jahre 1996 mit einer Empfehlung zur *Interkulturellen Bildung und Erziehung in der Schule*. Seit einiger Zeit, beginnend in den 1980er Jahren, hat sich die *Interkulturelle Pädagogik* als eigenständige Disziplin entwickelt. Wobei unter *Interkultureller Pädagogik* kein von den anderen Themen getrennter pädagogischer Bereich zu verstehen ist, sondern eine Disziplin, die als quer zu den anderen pädagogischen Themenfeldern anzusehen ist (z. B. Auernheimer, 2007). Seit den 1960er Jahren ist eine andauernde Debatte[31] über die konkreten Konzepte des Umgangs mit kultureller Vielfalt zu beobachten, insbesondere auch darüber, anhand welcher Kriterien sich unterschiedliche kulturelle Gruppen unterscheiden lassen (z. B. Auernheimer, 2007; Nieke, 1986; Nohl, 2010). Wir kommen darauf zurück, wenngleich aus Platzgründen nicht in aller Ausführlichkeit. Zur Vertiefung und weiteren Differenzierung der unterschiedlichen Ansätze sei auf die zitierte Literatur verwiesen.

Neben einer *Interkulturellen Pädagogik* etablierten sich im Laufe des wissenschaftlichen Diskurses auch andere Begriffe und Konzepte.[32] Zu nennen sind beispielsweise die *Migrationspädagogik* (z. B. Mecheril, 2004; Mecheril et al., 2010), in der detailliert und vielschichtig die besonderen Anforderungen, die in Migrationsgesellschaften bestehen, miteinbezogen und kulturelle Kategorisierungen generell problematisiert werden (s. u.), sowie die *Pädagogik der Vielfalt* (z. B. Prengel, 1993), der *Anti-Bias-Approach* (z. B. Derman-Sparks, 2008) und der daraus in Deutschland entwickelte Ansatz zur *Vorurteilsbewussten Bildung und Erziehung*© (z. B. Wagner, 2017), bei denen neben der kulturellen Vielfalt auch andere wichtige soziale Dimensionen in Betracht gezogen werden, die durch Heterogenität und Diversität in pädagogischen Einrichtungen gekennzeichnet sind (z. B. Geschlecht und Religion). Bei den beiden letztgenannten Ansätzen steht zudem ein Bewusstsein für empfundene und gelebte Vorurteile sowie für diskriminierende Strukturen in frühpädagogischen Kontexten im Mittelpunkt (▶ Kap. 2.1.6 und ▶ Kap. 2.5). Auch wenn dies eine grobe Vereinfachung der Debatte darstellt und der Diversität der unterschiedlichen Ansätze nicht gerecht wird, soll der Übersichtlichkeit halber im Folgenden der Begriff *Interkulturelle Pädagogik* als übergreifende Bezeichnung verwendet werden. Lediglich an Stellen, an denen explizit auf bedeutsame Unterschiede und Kontroversen unterschiedlicher Schulen eingegangen wird, wird auf die entsprechenden anderen Nomenklaturen und Ausrichtungen Bezug genommen.

Die Anfänge der *Interkulturellen Pädagogik* können in den Diskussionen um die Notwendigkeit einer *Interkulturellen Kompetenz* (teilweise auch als *Interkulturelles Lernen* bezeichnet) gesehen werden. Hierbei sollte der Fokus von einer Betrachtung kultureller Vielfalt bezogen auf mögliche Förderbedarfe von Kindern auf eine Qualifizierung der pädagogischen Fachkräfte verschoben werden, damit sie der kulturellen Vielfalt gerecht werden können (Kalpaka & Mecheril, 2010). Zudem sollten die jeweiligen Ressourcen und Stärken kultureller Vielfalt entdeckt und in die Arbeit einbezogen werden. Diese Debatte wurde vor allem auch in Abgrenzung bzw. Umkehr zu den frühen ausländerpädagogischen Ansätzen geführt. Die *Ausländerpädagogik* (auch *Assimilationspädagogik*; z. B. Nohl, 2010) entstand in den 1960er Jahren, als zunehmend angeworbene Arbeitsmigranten in die Bundesrepublik Deutschland zuwanderten, und kann als erste Bemühung verstanden werden, die Thematik kultureller Vielfalt in die deutsche Pädagogik explizit einzubeziehen (z. B.

---

31 Diese Debatte fand allerdings anfangs intensiver in der Schul- als in der Frühpädagogik statt.
32 Hier soll nicht übergangen werden, dass die unterschiedlichen Konzepte teilweise sehr kontrovers diskutiert werden. Auf Teile dieser Kontroversen wird am Ende dieses Kapitels noch Bezug genommen.

Nieke, 1986). Die Ausländerpädagogik kann allerdings als eher defizitär und ausgrenzend angesehen werden: Der Fokus lag vor allem auf speziellen (oft separat und extern angebotenen) Förderkursen oder -maßnahmen (und hierbei vor allem auf einer Deutschförderung der Kinder und Familien), um Familien mit Migrationshintergrund das nötige Rüstzeug zu vermitteln, damit sie den Aufenthalt in Deutschland gut bewältigen können. Problematisch ist daran unter anderem die auf diese Weise zusätzlich erzeugte Ausgrenzung von Familien mit Migrationshintergrund durch die Schaffung von gesonderten Bildungsangeboten, die zudem den Eindruck erwecken konnten, dass diese Gruppe irgendwie rückständig und förderbedürftig ist (was sowohl die Eigenwahrnehmung als auch die Wahrnehmung von Menschen mit anderer Gruppenzugehörigkeit beeinträchtigen kann). Eine solche Sichtweise führte dazu, dass die Ressourcen, Fähigkeiten und Bereicherungen der Familien mit Migrationshintergrund kaum oder nicht ausreichend wertgeschätzt wurden. So konnten auch nicht die Möglichkeiten für den frühpädagogischen Alltag wahrgenommen werden, die sich aus der Begegnung von Kindern und Familien mit unterschiedlichen kulturellen Hintergründen ergeben. Auch in aktuelleren Ansätzen finden sich nach wie vor eher defizitorientierte Gedanken, wie an folgendem Beispiel verdeutlicht werden soll:

> ErzieherInnen erleben, dass sie als LehrerInnen angesprochen werden. Entsprechend ist die Bildungserwartung in den Vordergrund gerückt. Sie steigert sich, wenn zugewanderte Eltern für ihre Kinder den deutschen Spracherwerb als vorrangiges Ziel des Kindergartenbesuches sehen. Kindern soll nach Auffassung vieler Eltern »etwas beigebracht« werden, womit aber oft eher eine schulische Form der Wissensvermittlung und Lernleistung verbunden wird. Die wesentlichen und fundamentalen elementarpädagogischen Ziele geraten dann evtl. aus Unkenntnis nicht in den Blickwinkel, werden gar nicht erst kennen gelernt und somit nicht mit getragen. (Schlösser, 2001, S. 96)

Hier wird das von den Erwartungen der frühpädagogischen Fachkräfte abweichende Verhalten von Eltern mit möglicher Unkenntnis (also mit Defiziten) in Verbindung gebracht und nicht mit der Möglichkeit, dass aufgrund eines anderen kulturellen Hintergrundes auch andere Erwartungen an die Kindertageseinrichtung bestehen, die es zu verstehen, wertzuschätzen und einzubeziehen gilt.

In der pädagogischen Debatte (auch wenn diese oft eher akademisch und abstrakt geführt wurde und wird) gab es dann ab den 1980er Jahren eine Abkehr von der Defizitperspektive hin zu einer Differenzperspektive (oder auch Ressourcenperspektive): Die Unterschiede zwischen Familien mit verschiedenen kulturellen Hintergründen wurden wahrgenommen, aber sollten nicht gewertet werden.[33] Zunehmend wurde nämlich deutlich, dass die Migration nicht, wie anfangs gedacht, zeitlich begrenzt war, sondern die angeworbenen Familien zu großen Teilen in Deutschland bleiben wollten, häufig auch ihre Familien zu sich holten bzw. neue Familien gründeten. Deutschland wurde also zunehmend als Einwanderungsland und multikulturelle Gesellschaft erkannt. Vor diesem Hintergrund veränderten sich die pädagogischen Ansätze und Schwerpunkte bezüglich der Sicht auf kulturelle Vielfalt und der Umgang damit. Unter anderem gab es eine Debatte um die Kon-

---

33 Diese neue Perspektive wurde in besonderer Weise beispielsweise vom *Institut für den Situationsansatz* (ISTA) an der FU in Berlin verfolgt (▶ Kap. 2.1.6).

zepte des *Kulturrelativismus* und des *Universalismus*[34] (Auernheimer, 2007); eine Kontroverse, welche schon vorher und auch bis heute die Diskussion um den Umgang mit kultureller Vielfalt durchzieht (z. B. Gaskins & Keller, 2019; von Klitzing, 2019). Dabei geht es im Kern darum, inwiefern sich pädagogische Grundlagen aus universellen Konzepten der menschlichen Entwicklung und aus universellen Menschen- bzw. Kinderrechten ableiten lassen und für alle Kinder in ähnlicher Form Anwendung finden sollten. In diesen Zusammenhang kann die folgende Kritik von Prengel (2010) eingeordnet werden:

> Aus den Analysen von Gonzalez-Mena (2008) lassen sich [...] unterschiedliche Konsequenzen ziehen:
>
> - Ableitung einer riskanten kulturrelativistischen Form der Pädagogik, in der die unterschiedlichen Erziehungsnormen als gleichberechtigt anerkannt werden, auch wenn sie einander widersprechen oder demokratischen Werten entgegenstehen; [...]
> - Orientierung an den Menschenrechten sowie an einer durch sie normativ begrenzten Konzeption der Diversity-Education, in der es bei Erziehungskonflikten immer wieder darum geht auszuloten, welche Handlungsweisen im Einklang mit der Idee der gleichen Freiheit der Menschenrechte stehen, um so auch sicherzustellen, dass die Freiheit eines jeden beteiligten Menschen respektiert wird. (Prengel, 2010, S. 36)

Im folgenden Zitat wird zwar die Möglichkeit einer allgemeinen Richtlinie in Aussicht gestellt, die zur Bewertung herangezogen werden kann, es beinhaltet aber auch, dass ein Fokus auf eine bestimmte kulturelle Tradition gesetzt wird:

> Bei der Suche nach den Beurteilungsmaßstäben darf nicht aus dem Blick geraten, daß die Formulierung der Menschenrechte und der ihnen zugrunde liegende hohe Stellenwert der Individualität ja selbst einer christlich-aufgeklärten Position entspringt also beileibe nicht auf neutralem Boden entstanden ist (was auch gar nicht möglich wäre). Zumindest die Frage muß immer wieder gestellt werden – und von Menschen mit anderem kulturellen und religiösen Hintergrund wird dies auch angemahnt –, ob man mit unserer westlich-individualistischen Sicht anderen Sinnwelten gerecht werden kann. (Böhm, Böhm & Deiss-Niethammer, 1999, S. 111)

Kulturrelativistisch betrachtet, können pädagogische Richtlinien jeweils nur aus dem Hintergrund des kulturellen Kontextes, in dem die Kinder bzw. Familien aufgewachsen sind, abgeleitet werden, was eine Universalität von pädagogischem Handeln und diesem zugrunde liegenden Konzepten unzulässig machen würde. Diese Position macht ein Einordnen von elterlichen bzw. kindlichen Verhaltensweisen nur unter Kenntnis und Bezugnahme des jeweiligen kulturellen Hintergrundes und der vorhandenen Normen und Werte der Familie möglich. Gerade bei den Fragen nach vermeintlich »guter« Erziehung, »guter« Entwicklung und »guter« frühkindlicher Bildung ist es problematisch, wenn hier Einschätzungen ohne Kenntnis und Einbezug des familiären Kontextes vorgenommen werden. Hinsichtlich der Abläufe und Hintergründe von Erziehung, Entwicklung und frühkindlicher

---

34 Der *Kulturrelativismus* legt den Schwerpunkt darauf, dass Haltungen, Werte und Verhaltensweisen immer nur im Zusammenhang sowie im Kontext des kulturellen Hintergrundes verstanden, gedeutet und bewertet werden können und nicht durch universelle Muster oder Regeln. Der *Universalismus* betont dagegen, dass es auch Regeln und ethische Grundlagen gibt, die für alle gültig und handlungsleitend sind.

Bildung konnte gezeigt werden, wie sich je nach kulturellem Kontext sehr unterschiedliche Muster und Verläufe beschreiben lassen. Daher ist eine Wertung im Sinne von »besser« und »schlechter« unzulässig, sondern müsste wenn, dann eher im Sinne von adaptiver oder weniger adaptiv für diesen Kontext vorgenommen werden (▶ Kap. 1.2). In jedem Fall kann eine Einordnung von Kindern und Familien ohne Berücksichtigung des kulturellen Hintergrundes als problematisch angesehen werden.

Natürlich können dabei die gesetzlichen Bestimmungen, die in Deutschland bestehen, nicht umgangen werden. Dies gilt für das Grundgesetz wie für alle anderen Gesetze und Verordnungen. Zur Kindeswohlgewährung gehört z. B., dass Schläge in der Erziehung verboten sind und daher folglich nicht als kulturelles Muster toleriert werden können. Für die pädagogische Fachkraft ist aber die Kenntnis über die elterlichen Vorstellungen und Verhaltensweisen wichtig, da diese oftmals das Verhalten und die Vorstellungen repräsentieren, die sie in ihrem Herkunftskontext als angemessen und richtig gelernt haben. Dazu gehört auch das Wissen darüber, dass es in allen kulturellen Kontexten klare Überzeugungen davon gibt, was als noch akzeptiertes Elternverhalten anzusehen ist und was einem misshandelnden bzw. kindeswohlgefährdenden Verhalten entspricht, dass aber diesbezüglich Unterschiede zwischen verschiedenen kulturellen Kontexten bestehen (Gaskins & Keller, 2019). Es können folglich verschiedene Systeme aufeinandertreffen, was zu Missverständnissen oder auch gegenseitigen Abwertungen führen kann. Hier bedarf es einer sensiblen Herangehensweise, welche beinhaltet, die Hintergründe zu erkunden, zu verstehen und bei der Entscheidung über das weitere Vorgehen einzuordnen.

Es soll hier natürlich nicht für ein Wegschauen oder Ignorieren plädiert werden. Kindliche bzw. familiäre Miss- und Notstände müssen wahr- und ernst genommen und entsprechende Hilfe sollte angeboten und organisiert werden. Das Einordnen und Verstehen der jeweiligen Situationen und Verhaltensweisen vor dem Hintergrund kultureller Unterschiede ist hierbei aber zentral und kann dabei helfen, einen Austausch zwischen den Eltern und der Kindertageseinrichtung entstehen zu lassen. Das weitere Vorgehen kann so eher besprochen, erläutert und von unterschiedlicher Seite beleuchtet werden. Dies ist sicher kein einfacher Prozess, für den es auch keine Musterlösung gibt, sondern es gilt, sich von Fall zu Fall immer wieder neu anzunähern (▶ Kap. 3.3.1). Notwendig sind Besprechungen unklarer oder verunsichernder Situationen im Team der Kindertageseinrichtung sowie nach Möglichkeit auch im Rahmen einer gemeinsamen Supervision. Es kann auch hilfreich bzw. notwendig sein, sich beim Kinderschutzbund oder auch beim zuständigen Jugendamt eine Einschätzung auf Grundlage einer anonymen Fallbeschreibung einzuholen. Eine Supervision bietet den Vorteil, dass eine externe Fachperson sowohl Wissen als auch den Blick von außen einbringen kann. Sehr wichtig ist, dass sich frühpädagogische Fachkräfte nicht allein gelassen fühlen und wissen, an wen sie sich mit Fragen und Unsicherheiten wenden können. Es ist hierbei allerdings mitzubedenken, dass viele unserer vermeintlich allgemeingültigen Wertvorstellungen (z. B. die Bedeutung von Blickkontakt bei der Eltern-Säuglings-Interaktion) und daraus entwickelten Leitlinien der Tradition eher autonomieorientierter Kontexte entspringen (und dann in den Stand universeller Richtlinien erhoben werden) und dass es bei einer Übertragung auf andere Kontexte zu zwar gut gemeinten, aber nicht unbedingt passenden Einschätzungen und Eingriffen kommen kann (Chaudhary & Scheidecker, 2019).

Die Ansätze zur *Interkulturellen Pädagogik* lassen sich zwischen *Kulturrelativismus* und *Universalismus* einordnen. So wird betont, dass bei pädagogischen Abläufen sowohl auf die kulturellen Hintergründe als auch auf die Bedeutsamkeit von (vermeintlich) universellen Konzepten wie beispielsweise die Unterstützung der kindlichen Autonomie Rücksicht genommen werden sollte. Dass es hier zu Widersprüchen und Paradoxien kommen kann (in denen sich dann die pädagogischen Fachkräfte in der praktischen Umsetzung der Ansätze, bewusst oder unbewusst, verstricken können), wird selten thematisiert.

Was sind nun die Inhalte und Ziele einer *Interkulturellen Pädagogik*? Beispielhaft werden folgende Ziele genannt:

- das Eintreten für die Gleichheit aller ungeachtet ihrer Herkunft,
- die Haltung des Respekts für Andersheit,
- die Befähigung zum interkulturellen Verstehen,
- die Befähigung zum interkulturellen Dialog.

(Auernheimer, 2007, S. 21)

Ähnliche Ziele betonen Böhm et al. (1999) bei ihrer Beschreibung der Grundzüge des *Interkulturellen Lernens*, welches als wesentlich für eine *Interkulturelle Pädagogik* angesehen wird:

- Einen angemessenen Umgang mit der Befremdung entwickeln
- Eine Grundlage für tolerante Verhaltensweisen erwerben
- Erfahren, daß die eigene Lebensweise eine unter vielen ist
- Andere religiöse Traditionen wahrnehmen als etwas, das anderen wichtig ist
- Sensibilität entwickeln für Benachteiligungen
- Lernen, (Kultur-) Konflikte vernünftig zu bewältigen. (Böhm et al., 1999, S. 45 ff.)

Im Mittelpunkt stehen also vor allem eine Offenheit gegenüber anderen kulturellen Hintergründen und deren Wertschätzung sowie die Fähigkeit, Schwierigkeiten und Irritationen, die aufgrund des Zusammentreffens von unterschiedlichen Kulturen entstehen können, gut bewältigen zu können (Grundsätze, die ähnlich auch in manchen Bildungs- und Orientierungsplänen der Bundesländer zu finden sind; ▶ Kap. 2.1.6 und ▶ Kap. 2.3). Böhm et al. (1999, S. 52 ff.) leiten daraus die drei Prinzipien ab, die sie hinsichtlich der Umsetzung für bedeutsam erachten: (1) Prinzip der Akzeptanz und Wertschätzung, (2) Prinzip der Repräsentanz und (3) Prinzip des Biographiebezuges.

Gemeint ist damit, dass allgemein ein Klima der Wertschätzung und Akzeptanz in der frühpädagogischen Einrichtung bestehen sollte, das als eine Voraussetzung auch die bewusste Auseinandersetzung der frühpädagogischen Fachkräfte mit dem eigenen kulturellen Hintergrund sowie möglichen Vorurteilen umfasst. Weiterhin sollten sich die Kinder mit ihren jeweiligen Hintergründen in der Einrichtung repräsentiert finden. Dies kann beispielsweise durch die Berücksichtigung von Feiertagen unterschiedlicher Religionen sowie durch das Bereitstellen von Büchern in unterschiedlichen Sprachen geschehen. Aber hier sollte es nicht bei einer Ausstellung der unterschiedlichen kulturellen Varianten belassen werden. Es ist zentral, diese Unterscheide auch konkret zu leben, z. B. durch das Lesen aus Büchern in unterschiedlichen Sprachen (möglicherweise mithilfe der Eltern). Weiterhin ist es wichtig mit den Kindern über unterschiedliche kulturelle Kontexte oder Hintergründe zu sprechen bzw. diese explizit in Projekten, Abläufen oder Raumgestaltungen zu verdeutlichen (Böhm et al., 1999; Keller, 2019a). Zu diesen Punkten werden im Rahmen der *Interkulturellen Pädagogik* viele Beispiele und Anwendungsmöglichkeiten dargestellt (z. B. Böhm et al., 1999; Keller, 2019a). Auch in einigen Bildungs- und Orientierungsplänen finden sich ähnliche Ausführungen (▶ Kap. 2.3). Mit dem Prinzip des Biographiebezuges soll die Wahrnehmung der jeweiligen spezifischen Biographie eines Kindes bzw. einer Familie ein Klischee- oder Schubladendenken vermeiden helfen.

Solches Schubladendenken kann nämlich dann auftreten, wenn einem Kind aufgrund seiner Nationalitätszugehörigkeit oder Religion bestimmte Verhaltensweisen und Familienhintergründe zugeschrieben werden, ohne dass geprüft wird, ob diese tatsächlich der familiären Realität und dem familiären Hintergrund dieses Kindes entsprechen, abgesehen von der Frage, ob die Schubladen korrekt sind. Zudem ist es wichtig, dass sich die Fachkräfte ebenso reflexiv mit ihrer eigenen Biographie auseinandersetzen, um sich und die eigene Kulturgebundenheit besser verstehen zu können (Roth, 2014).

Andere Schwerpunktsetzungen: Antidiskriminierungspädagogik, Migrationspädagogik und Bilinguale Erziehung

Die oben beschriebene Schwerpunktsetzung einer Interkulturellen Pädagogik wird aus einer eher auf gesellschaftliche und strukturelle Ebenen fokussierenden Richtung kritisiert (Auernheimer, 2003; Leisau, 2006). Strukturelle Ursachen von Diskriminierungen würden unangetastet bleiben bzw. nicht hinterfragt und somit letztlich gestützt und verstärkt werden. In erster Linie wären daher die Gründe für Diskriminierungen und Ungerechtigkeiten im Umgang mit kultureller Vielfalt zu analysieren und zu verändern (Leisau, 2006). In der Antidiskriminierungspädagogik (Nohl, 2010) und der von ihr beeinflussten Migrationspädagogik (Mecheril, 2004) werden solche Positionen vertreten (vorrangig sollten in der Migrationspädagogik aber zunächst gesellschaftliche Diskriminierungsstrukturen bewusst gemacht werden; auf die Kontroverse zwischen Interkultureller Pädagogik und Migrationspädagogik wird weiter unten noch detaillierter eingegangen).

Bei einer anderen Richtung wird Interkulturelle Pädagogik vor allem als eine bilinguale oder auch bikulturelle Erziehung verstanden. Der Erhalt und die Unterstützung beim Lernen der Muttersprache bei gleichzeitigem Erwerb der deutschen Sprache stehen dabei im Mittelpunkt (Leisau, 2006).

Interkulturelle Pädagogik ist nicht nur für Kindertageseinrichtungen, bei denen eine besondere kulturelle Vielfalt vorhanden ist, sondern für alle frühpädagogischen Fachkräfte, Einrichtungen und Kindergartengruppen relevant. Also auch in Kindertagesstätten ohne große kulturelle Vielfalt ist sie für die Kinder wichtig, da kulturelle Vielfalt eine gesellschaftliche Realität darstellt, der sie im Alltag zunehmend begegnen.

> Die siebenjährige Sarah, die im Sommer eingeschult wurde, kommt zu Besuch in ihre alte Kindergartengruppe. Gleich wird sie von den anderen Kindern umringt und muß von ihren Schulerlebnissen erzählen. Zunächst berichtet sie von den täglichen Busfahrten zur Schule in den nächstgelegenen Ort, die sie besonders spannend und aufregend findet. Dann erzählt sie, daß ihre neue Freundin Ismahan und sie die gleichen Fadenspiele wie im Kindergarten auch in der Pause spielen. Die Kinder finden den Namen lustig und lachen. Da meint die Erzieherin, daß es sich sicher um ein türkisches Mädchen handeln würde. Die Erzieherin erklärt den Kindern nun, daß die Eltern des Mädchens aus einem anderen Land gekommen sind. (Böhm et al., 1999, S. 18 f.)

Seltener wird allerdings beachtet, dass kulturelle Vielfalt auch dann vorliegen kann (und nach der hier vertretenen Kulturdefinition auch vorliegt), wenn alle Kinder den gleichen sprachlichen, religiösen und nationalen Hintergrund haben, und daher keinesfalls auf die Anwesenheit von Familien mit Migrationshintergrund beschränkt sein muss.

> Die Auffassung, dass die Anwesenheit von Migrant/innen in pädagogischen Einrichtungen spezifische kulturelle Fertigkeiten und spezifisches kulturelles Wissen aufseiten der professionellen Nicht-Migrant/innen erforderlich mache, trägt dadurch zu einer dominanzkulturell (Rommelspacher 1995) anschlussfähigen und plausiblen Bestätigung der Migrant/innen als kulturell Anderer und den Nicht-Migrant/innen als kulturell Nicht-Anderer bei. Die Rede vom Interkulturellen stellt dann, wenn sie Verwendung findet, um migrationsbedingte Differenzierungen und Auseinandersetzungen zu markieren, eine klare Verkürzung dar. […] Erst, wenn die Rede von ›interkulturell‹ verallgemeinert wird, also beispielsweise alle pädagogischen Situationen potenziell unter der Perspektive ›interkulturell‹ verstanden werden, macht es schließlich Sinn, auch pädagogische Interaktionen, in denen das Thema und die Vorstellung ›Migration‹ relevant ist, unter dem Blickwinkel ›interkulturell‹ zu betrachten … (Kalpaka & Mecheril, 2010, S. 78 f.)

Beim oben erwähnten Prinzip des *Biographiebezugs* wird dies berücksichtigt:

> Gerade in der interkulturellen Pädagogik gibt es aber Bemühungen, vom ›Gruppenblick‹ des Multikulturalismus wieder wegzukommen: So wird der kulturelle Hintergrund eines Kindes wohl wahrgenommen und kann wichtig sein zum Verständnis mancher Verhaltensweisen. Mehr Gewicht wird aber auf eine differenzierte Herangehensweise gelegt: In welcher Familienkonstellation wächst ein Kind auf? Hat es möglicherweise traumatische Erlebnisse gehabt (Flüchtlingskinder)? Welche Art von Religion wird in der Familie gepflegt etc.? Die individuelle Lebensgeschichte eines Kindes rückt also in den Mittelpunkt. Der Biographiebezug ist damit ein wichtiger Aspekt des interkulturellen Lernens … (Böhm et al., 1999, S. 28 f.)

Ähnlich wie auch bei den Ansätzen zur *Pädagogik der Vielfalt* und zur *Vorurteilsbewussten Bildung und Erziehung*© wird also das jeweilige Individuum mit der jeweils ganz speziellen Familienkultur in den Blick genommen. Diese Sichtweise hilft, sich vor Schubladendenken zu schützen. Daraus kann die Fähigkeit erwachsen, offen auf alle neuen Familien und Kinder zugehen zu können. Sie erschwert es aber unter Umständen, konkrete pädagogische Ansätze und Konzepte zum Umgang mit kultureller Vielfalt ableiten zu können, da dies strenggenommen bedeuten könnte, für jedes Kind ein (in Teilen) eigenes pädagogisches Konzept zu entwickeln (▶ Kap. 2.1.6 und ▶ Kap. 2.5).

Von Vertretern der *Antidiskriminierungspädagogik* und der *Migrationspädagogik* wie auch beim Ansatz der *Vorurteilsbewussten Bildung und Erziehung*© wird die generelle Betonung von Differenzen als problematisch angesehen und kritisiert:

2.4 Pädagogische Ansätze zum Umgang mit kultureller Vielfalt

Nach MECHERIL [2004] besteht das Grundproblem der Bezeichnung Interkulturelle Pädagogik darin, dass der Versuch, einer »Verschiedenheit Rechnung zu tragen« [PRENGEL], eine spezifische Andersartigkeit immer schon voraussetzt und damit Differenz befördert. In einem dominanzspezifischen Diskurs bezeichnet Migrationspädagogik dagegen einen Blickwinkel, unter dem Fragen gestellt und thematisiert werden, die bedeutsam sind für eine Pädagogik unter den Bedingungen einer Migrationsgesellschaft. Unter dem Leitbegriff der Migrationspädagogik kommen durch Migrationsphänomene angestoßene Prozesse der Pluralisierung und der Vereinseitigung, der Differenzierung und der Ent-Differenzierung, der Segregation und der Vermischung des Sozialen in den Fokus [vgl. MECHERIL 2004, 18]. Vor diesem Hintergrund etabliert sich die interkulturelle Pädagogik als Migrationspädagogik als eigenständiges erziehungswissenschaftliches Fachgebiet. (Raithel, Dollinger & Hörmann, 2007, S. 253 f.)

Die oben zitierte Problematisierung, durch die Bezeichnung *Interkulturelle Pädagogik* bereits Differenzen zu thematisieren, kann helfen, für diskriminierende Strukturen und Phänomene zu sensibilisieren, welche (teilweise auch unbewusst) durch gesellschaftliche Prozesse und pädagogische Herangehensweisen erzeugt werden können. Im folgenden Zitat wird dies am Begriff *Sprachförderung* verdeutlicht.

Im öffentlichen Diskurs ist fast ausnahmslos die Rede von ›Sprachförderung‹, obwohl es sich bei den durchgeführten Maßnahmen nahezu ausschließlich um pädagogische Aktivitäten zur Unterstützung der Sprachentwicklung im Deutschen handelt. Mit der Verwendung des Begriffs ›Sprachförderung‹ wird das Sprachrepertoire von zwei- bzw. mehrsprachig aufwachsenden Kindern einerseits auf das Deutsche reduziert, andererseits wird durch die begriffliche Ausblendung der nicht deutschen Sprachen der Eindruck erweckt, die Kinder hätten grundsätzlich mangelnde Sprachfähigkeiten. Darüber hinaus wird der Eindruck gestärkt, es sei überflüssig, sich mit den nicht deutschen Familiensprachen zu befassen. Der Begriff ›Sprachförderung‹ ist aus diesen Gründen ein Spiegel der Machtverhältnisse: Sprache heißt Deutsch und Sprachförderung hat sich fraglos auf das Deutsche zu beziehen, sodass es überflüssig erscheint, ihr den Namen zu geben, der sie richtig bezeichnet, nämlich ›Deutschförderung‹. (Dirim & Mecheril, 2010, S. 138)

Wie weiter unten noch konkreter ausgeführt wird, zeigen sich bei einer Einschätzung der Ansätze, die das Bilden von Differenzen problematisieren, bezogen auf die in diesem Buch vertretenen Sichtweise aber auch Problematiken. Denn aus Sicht einer kultursensitiven Frühpädagogik ist ein differenziertes Vorgehen (ausgehend von vorgenommenen kulturellen Differenzierungen) notwendig, um konkret pädagogisch differenziert handeln zu können. Somit ist auch das Wissen um kulturelle Unterschiede für das praktische Arbeiten notwendig. In Teilen der migrationspädagogischen Ansätze wird dagegen als eine bedeutende Kompetenz für pädagogische Fachkräfte die Fähigkeit mit Nichtwissen bezüglich kultureller Vielfalt umgehen zu lernen angeführt:

Nicht der Anspruch, den anderen zu verstehen, sondern die Erkenntnis, dass der andere different und nicht verstehbar ist, muss zum Ausgangspunkt interkultureller Bildung werden. (Wulf, 1999, S. 61)

Diese Sichtweise entspricht der konsequenten Auslegung einer Sichtweise, die jegliches wissensbasierte Bilden und Vergleichen von kulturellen Subgruppen problematisiert. Ihr liegen prinzipiell nachvollziehbare Überlegungen zugrunde, sie bietet allerdings, wie erwähnt, wenig Grundlage für die Ableitung konkreter pädagogischer Verhaltensweisen für die Alltagsgestaltung. Sie wird allerdings nicht durchgängig in dieser Schärfe vertreten, sondern es wird auch angeregt, eine Verbindung von Wissen und Nichtwissen entstehen zu lassen, die dann wiederum Grundlage einer *Interkulturellen Kompetenz* sein kann (Kalpaka & Mecheril, 2010). Das Aushalten von Nichtwissen sowie das Erlernen einer guten Umgangsweise mit selbigem kann durchaus als bedeutsame Kompetenz von pädagogischen Fachkräften angesehen werden, da es nie möglich ist, andere Menschen und deren jeweilige Hintergründe komplett und in aller Tiefe zu verstehen. Das alleinige Betonen des Nicht-Wissen-Könnens greift aber zu kurz. Denn es hat eben auch einen entscheidenden Wert, etwas über die kulturellen Hintergründe des jeweiligen Kindes bzw. der jeweiligen Familie in Erfahrung zu bringen, im Kontakt zu erleben und diese Informationen mit einem Hintergrundwissen über verschiedene kulturelle Entwicklungspfade in Verbindung setzen und abgleichen zu können.

Ein zentraler Begriff im Rahmen der Migrationspädagogik ist die *Interkulturelle Öffnung* (z. B. Gaitanides, 2006). Gemeint ist damit eine gesellschaftliche Ausrichtung in der Form, dass auf allen Ebenen eine gleiche Partizipation für Menschen mit und ohne Migrationshintergrund möglich ist, dass also keine sprachlichen, strukturellen oder andersartigen Hürden bestehen. *Interkulturelle Öffnung* wird als gesamtgesellschaftliche Aufgabe betrachtet. Bezogen auf pädagogische Einrichtungen ist sie vor allem auf die Beteiligungsmöglichkeiten von Menschen mit Migrationshintergrund bezogen:

- Sind Minderheitenangehörige in der Institution beschäftigt?
- In welcher Position?
- Welche Sprachen werden in der Institution formell und informell gesprochen?
- Besteht ein mehrsprachiges Angebot?
- Richtet sich die institutionelle Öffentlichkeitsarbeit auch an Migrant/innen? (Kalpaka & Mecheril, 2010, S. 89 f.)

Diese Form einer *Interkulturellen Öffnung* ist ohne Zweifel für das gesellschaftliche Zusammenwachsen wichtig. Daraus lassen sich wünschenswerte Konsequenzen für die Politik, für Trägerverbände sowie die Leitungen von Kindertageseinrichtungen ableiten. Zur Ebene der konkreten frühpädagogischen Arbeit lassen sich allerdings wenige Bezüge herstellen. Die Ideen der *Migrationspädagogik* bieten auch allgemein nur wenig konkrete Handlungsableitungen für die pädagogische Praxis, welche es frühpädagogischen Fachkräften ermöglichen, die alltäglichen Abläufe kultursensitiv, im Sinne von differenzierten Herangehensweisen, gestalten zu können (als Ausnahme können in diesem Zusammenhang die Praxispublikationen von der Fachstelle Kinderwelten zur *Vorurteilsbewussten Bildung und Erziehung*© angesehen werden; z. B. Institut für den Situationsansatz & Fachstelle Kinderwelten, 2016).

Die Betrachtung und das Erleben des einzelnen Kindes bzw. der einzelnen Familien sind ebenfalls von Bedeutung, um einer vorschnellen und unzulässigen Einordnung in Schubladen vorbeugen zu können. Darüber hinaus ist zu beachten, dass Kultur nicht statisch und unveränderbar ist.[35] Die in diesem Buch vorgestellte

---

35 Daher muss immer wieder ein neuer Ausgleich hinsichtlich des in der sozialpädagogischen Literatur beschriebenen Handlungsparadoxons (z. B. Schütze, 1992) gefunden bzw. erarbeitet werden: »... professionelles Handeln geht mit dem Erfordernis einher, sich einerseits an wissensbegründeten Typisierungen und anderseits an der Eigenlogik des Falls orientieren zu müssen ...« (Mecheril, 2010, S. 24).

Betrachtungsweise von Kultur und kultureller Vielfalt bieten somit auch eine Möglichkeit, die Widersprüche zwischen der *Interkulturellen Pädagogik* und der *Migrationspädagogik* auflösen zu können.[36]

Neben den obigen Punkten wird seitens der *Migrationspädagogik* kritisiert, dass bei Weiterbildungen nach der *Interkulturellen Pädagogik* (bzw. *Interkulturellen Kompetenz*) zumeist im Mittelpunkt steht, dass Fachkräfte ohne Migrationshintergrund für Familien mit Migrationshintergrund sensibilisiert werden. Fachkräfte mit Migrationshintergrund werden so eher nicht angesprochen und wenn doch, dann meist in der Rolle als *landeskundliche Experten* (Kalpaka & Mecheril, 2010, S. 81). Damit besteht die Gefahr, dass sie nicht aufgrund ihrer fachlichen Qualifikationen und Kompetenzen betrachtet, sondern vor allem durch die Geburt in einem anderen Land definiert und gesehen werden (Kalpaka & Mecheril, 2010). Ein Dilemma für pädagogische Fachkräfte kann darin bestehen, dass einerseits von ihnen erwartet wird, ihren jeweiligen kulturellen Hintergrund bewusst einzusetzen, um den Kontakt zu Kindern und Familien mit ähnlichem Hintergrund verbessern zu können. Anderseits begegnen sie aber auch der Forderung, dass sie nicht ihre jeweiligen Kenntnisse des eigenen kulturellen Hintergrundes in den Mittelpunkt ihrer pädagogischen Arbeit stellen sollen, da dies als nicht professionell angesehen werden könnte (Kalpaka & Mecheril, 2010). Ein Bewusstmachen und Offenlegen dieser widersprüchlichen Anforderungen im Team einer frühpädagogischen Einrichtung kann hier helfen, Handlungsmöglichkeiten entstehen zu lassen, die einen Umgang ermöglichen können, durch welchen dieses Dilemma gelöst werden kann. Das Einbinden von Fachkräften mit Migrationshintergrund stellt einen bedeutsamen Schritt für eine kultursensitive Herangehensweise dar – zudem wird damit die gesellschaftliche Realität auch besser abgebildet.

Trotz des Interesses an Ansätzen zur *Interkulturellen Pädagogik* bei Trägern, Einrichtungen und frühpädagogischen Fachkräften kommen Oberhuemer, Ulich und Soltendieck (1999) aufgrund einer Befragung von 38 Fachkräften in 14 Kindertageseinrichtungen (10 Kindergärten, 3 Kinderhorten, 1 Kinderkrippe) zu einem eher ernüchternden Fazit. Gefragt wurde, ob in der Einrichtung die »multikulturelle Dimension der Bildungs- und Erziehungsarbeit« schriftlich fixiert nach außen deutlich wurde, also zum sichtbaren Profil der Einrichtung gehört und Teil des erklärten »Programms« der Einrichtung ist. Zusammenfassend stellt Oberhuemer fest: »Die Zusammenarbeit mit Kindern und Familien aus anderen Kulturen war nur in wenigen Fällen in den Einrichtungs- und Trägerkonzeptionen ausdrücklich formuliert« (2012, o. S.).

In den letzten Jahren hat sich allerdings einiges in Bezug auf die Interkulturelle Pädagogik bewegt, beispielsweise durch Projekte und Weiterbildungsmöglichkeiten (zu Angeboten siehe die Website des Deutschen Bildungsservers[37]), durch die interkulturelle Kompetenzen und praktische Anwendungsmöglichkeiten direkt an die pädagogischen Fachkräfte vermittelt werden (▶ Kap. 2.1.6). Es ist aber nach wie vor die Ausnahme, dass die Alltagsgebundenheit von Kultur, bzw. Alltag grundsätzlich

---

36 Vgl. hierzu auch den Ansatz zur *Pädagogik kollektiver Zugehörigkeiten* von Nohl (2010).
37 www.bildungsserver.de/zeigen.html?seite=4072 (25.06.2020)

ein Ausdruck kultureller Modelle oder Skripts ist, erkannt und vermittelt wird. Dies wird auch durch die Evaluation eines Fortbildungsangebots für frühpädagogische Fachkräfte bezüglich Interkultureller Kompetenz deutlich, welches durch das Niedersächsische Institut für frühkindliche Bildung und Entwicklung (*nifbe*) koordiniert wurde: 87 % der Fachkräfte gaben an, sich mehr Unterstützung und Hilfe für die interkulturelle Arbeit im Alltag zu wünschen. Nach der Fortbildung betonten sie unter anderem, mehr Offenheit im Umgang mit Familien und Kindern mit Migrationshintergrund sowie eine erhöhte Sensibilisierung für das Thema »Umgang mit kultureller Vielfalt« entwickelt zu haben. Weiterhin berichteten sie, dass sich dadurch auch die Arbeit in ihren Einrichtungen entsprechend verändert habe (Tettenborn & Roos, 2011).

Abschließend sollen nun die vorgestellten pädagogischen Ansätze in Bezug auf das hier vertretene Kulturkonzept eingeordnet werden. Die *Interkulturelle Pädagogik* (wie im Besonderen auch die *Pädagogik der Vielfalt* und die *Vorurteilsbewusste Bildung und Erziehung*$^©$) hat viele Ideen und Methoden zum gegenseitigen Kennenlernen sowie zum Abbau bzw. Vermeiden von Diskriminierungen entwickelt, die es gut ermöglichen können, Toleranz für Vielfalt zu lernen. Bei Ansätzen zur Interkulturellen Pädagogik findet sich teilweise aber immer noch eine Tendenz, Kulturunterschiede auf Länder-, Religions- und/oder Sprachunterschiede zu reduzieren. Es kann durchaus sinnvoll und bereichernd sein, z. B. auf einer Karte anzuschauen, wo die einzelnen Kinder geboren sind oder wo die jeweiligen Eltern herkommen. So kann ein besseres Verständnis erweckt und auch zum kindlichen Wissen über die Vielfalt der Welt beigetragen werden. Es liegt aber auch eine Gefahr darin, kulturelle Vielfalt auf Länder bzw. auf einen Migrationshintergrund zu reduzieren, da dies eine zu vereinfachende Sichtweise ist, denn es bestehen sehr große kulturelle Unterschiede innerhalb eines Landes, die möglicherweise größer sind als zwischen Ländern (in vielen Ausführungen zur Interkulturellen Pädagogik wird dies zwar durchaus erwähnt, aber dann häufig nicht konsequent berücksichtigt). Hier versucht die *Migrationspädagogik* (und auch die *Vorurteilsbewusste Bildung und Erziehung*$^©$) gegenzusteuern, indem sie das Differenzieren von Gruppen generell problematisiert sowie für eine Schaffung von Strukturen, die einen gleichen Zugang für alle ermöglichen, und für das Akzeptieren des Nicht-Verstehen-Könnens von kultureller Vielfalt eintritt. Dieser Ansatz erschwert aber die Entwicklung differenzierter Handlungskonzepte für die pädagogische Arbeit. So bietet die *Migrationspädagogik* kaum konkrete Verständnis- und Umgangsmöglichkeiten bezogen auf Familien mit unterschiedlichen kulturellen Entwicklungs- und Erziehungshintergründen. Auch in der *Interkulturellen Pädagogik* (wie auch in der *Pädagogik der Vielfalt* und der *Vorurteilsbewussten Bildung und Erziehung*$^©$) finden sich zwar vereinzelt Informationen zu den verschiedenen Familienmustern (z. B. Böhm et al., 1999), aber oft kaum klare Hinweise auf praxisbezogene Handlungsmöglichkeiten bezogen auf die unterschiedlichen Familienmuster.

Im Unterschied zur *Migrationspädagogik* nimmt eine kultursensitive Perspektive die Erkenntnisse der kulturvergleichenden Familienforschung zum Ausgangspunkt, um kulturelle Unterschiede zu beschreiben, durch die eine gleiche Partizipation an den Bildungsthemen durch differenziertes pädagogisches Handeln erreicht werden kann. Sie stimmt aber insofern mit der Migrationspädagogik überein, als aus einer kultursensitiven Perspektive ebenfalls für die Bestimmung kultureller Unterschiede nicht Länder-, Religions-, Sprachunterschiede oder ähnliche Kategorisierungen als Grundlage herangezogen werden können. Eine kultursensitive Perspektive ist in diesem Sinne kulturrelativistisch, da das Verhalten des Kindes sowie auch die Wünsche, Erwartungen und Handlungsweisen der Eltern jeweils nur vor dem kulturellen Denk- und Wertesystem der Familie eingeordnet, verstanden und bewertet werden können. Solcherart verstandene kultursensitive pädagogische Arbeit geht über die zentralen Schwerpunkte der *Interkulturellen Pädagogik*, nämlich das gegenseitige Kennenlernen der kulturellen Hintergründe des anderen und das Unterstützen eines toleranten Miteinanders, hinaus. Denn es geht auch darum, dass mit kultureller Vielfalt unterschiedliche Erwartungen an die Einrichtung herangetragen werden, die mit den gängigen, primär an psychologischer Autonomie ausgerichteten, pädagogischen Leitlinien (▶ Kap. 1.4 und ▶ Kap. 1.5) teilweise im Widerspruch stehen können. Integration als gleichberechtigte Teilhabe am Bildungssystem sollte auf dynamischen Prozessen beruhen, die alle an den pädagogischen Prozessen Beteiligten miteinander aushandeln müssen. Grundlage solcher Prozesse ist beispielsweise ein enger Kontakt zu den Familien. So können unterschiedliche Ansichten thematisiert und erarbeitet werden, was neue Sichtweisen auf die pädagogische Arbeit ermöglicht (▶ Kap. 3.3.1). Auch ist es bedeutend, sich im pädagogischen Team einer Einrichtung immer wieder über die Möglichkeiten und Grenzen des pädagogischen Konzeptes und der eigenen Arbeit auszutauschen und diese bei Bedarf auch zu verändern bzw. anzupassen. Integration ist dabei keine Einbahnstraße und betrifft nicht nur Menschen mit Migrationshintergrund, sondern alle sozialen Gruppen einer Gesellschaft (siehe dazu ausführlich Keller, 2019a). In diesem Zusammenhang nimmt auch das Konzept der Inklusion in der öffentlichen und pädagogisch-fachlichen Diskussion der letzten Jahre einen zunehmend breiteren Raum ein. Daher soll dieses im Folgenden dargestellt und näher beleuchtet werden.

2.5 Inklusion

Inklusion (von lateinisch *inclusio*, »der Einschluss«) bezeichnet von der Wortbedeutung her einen Zustand der Einbeziehung, der Eingeschlossenheit bzw. der Dazugehörigkeit. In der Frühpädagogik haben dieser Begriff sowie die damit einhergehenden Ideen und Konzeptionen in der aktuellen Debatte eine hohe Bedeutung und Verbreitung. Als ein wesentliches Datum der Inklusionsdebatte kann die UN-Initiative *Education for all* angesehen werden (UNESCO, 1990), die in den 1990er Jahren bedeutende Fragen und Anregungen hinsichtlich der Bildung von Kindern aufgeworfen hat. Weiterhin wurde mit der *Erklärung von Salamanca* der UNESCO die generelle Zusammenführung von Kindern mit und ohne Behinderung gefordert, um exklusive Strukturen, gekennzeichnet durch getrennte Einrichtungen, auflösen zu können (UNESCO, 1994). Damit zusammenhängend verabschiedete im Januar 2009 der deutsche Bundesrat einen Gesetzentwurf, welcher die rechtlichen Voraussetzungen für die Ratifikation des UN-Übereinkommens über die Rechte von Menschen mit Behinderungen schuf. Im März 2009 trat dieses Gesetz in Kraft, d. h. seitdem gibt es eine gesetzliche Vereinbarung, dass die Ideen einer inklusiven Pädagogik bezüglich gemeinsamer Bildungsangebote für behinderte und nicht behinderte Menschen umgesetzt werden sollen. Neben diesem Schwerpunktthema wurde aber vor allem auch die generelle Bedeutung eines *inclusive quality learning* betont (UNESCO, 1990) und damit zusammenhängend eine Bildung, die sich an die jeweiligen Bedürfnisse der Kinder anpasst und nicht eine Anpassung der Kinder an die Bildungsbedingungen erwartet und die damit allen gleichermaßen gerecht werden soll (UNESCO, 1990, 1994; siehe auch Sulzer & Wagner, 2011). Der Blick wird hier also weiter gefasst, es geht nicht nur um die inklusive Ausrichtung hinsichtlich behinderter und nicht behinderter Menschen, sondern um unterschiedlichste (und teilweise zusammenhängende) Heterogenitätsaspekte (z. B. sozioökonomische Basis der Familie, Sprache, Ethnie, Familienkultur, Religion, Geschlecht, Behinderung, leistungsrelevante Bereiche; Kron, 2010), denen eben nicht mit einer institutionellen Trennung (Exklusion), sondern mit gemeinsamen Angeboten, die auf alle Heterogenitäten differenziert eingehen können, begegnet werden soll. Im Sinne dieses Bildungsverständnisses wurde im Juni 2009 auf der 69. Hauptversammlung der Deutschen UNESCO-Kommission in Brühl mit der Resolution *Frühkindliche Bildung inklusiv gestalten: Chancengleichheit und Qualität sichern* erstmals offiziell in Deutschland für eine Ausrichtung an den Ideen der Inklusion auch für die frühpädagogische Arbeit geworben sowie die Umsetzung inklusiver Arbeit in einem Appell an Bund, Länder, Kommunen, Träger und Institutionen gefordert (Deutsche UNESCO Kommission, 2009):

Frühkindliche Bildung inklusiv gestalten: Chancengleichheit und Qualität

Die Deutsche UNESCO-Kommission bekräftigt die Forderung der 48. UNESCO-Weltkonferenz der Bildungsminister im November 2008 in Genf, Bildungssysteme inklusiv zu gestalten. Unabhängig von Geschlecht, Religion, ethnischer Zugehörigkeit, besonderen Lernbedürfnissen, sozialen und ökonomischen Voraussetzungen etc. müssen allen Menschen die gleichen Möglichkeiten offen stehen, an qualitativ hochwertiger Bildung teilzuhaben und ihre Potenziale zu entwickeln.

Die Deutsche UNESCO-Kommission begrüßt das Konzept der Inklusion, das die unterschiedlichen Bedürfnisse aller Lernenden in den Mittelpunkt rückt und Vielfalt als Chance für Lern- und Bildungsprozesse begreift. Inklusive Bildung erfordert flexible Bildungsangebote und dementsprechende strukturelle und inhaltliche Anpassungen in allen Bereichen des Bildungssystems unter Einschluss der frühkindlichen Bildung.

Die Deutsche UNESCO-Kommission bekräftigt das Recht jedes Kindes auf individuelle Förderung und unterstreicht in dieser Perspektive die entscheidende Bedeutung der frühkindlichen Bildung für Leben und Lernen.

Die Deutsche UNESCO-Kommission ist überzeugt, dass Inklusion Leitidee der frühkindlichen Bildung, Betreuung und Erziehung sein muss.

Die Deutsche UNESCO-Kommission betont, dass zur Umsetzung dieser Leitidee die Qualität in der frühkindlichen Bildung gesteigert und die Chancengleichheit verstärkt werden muss. (Deutsche UNESCO Kommission, 2009, o. S.)

In Abgrenzung zum Ansatz der Integration wird bei der Inklusion nicht vom einzelnen (z. B. behinderten) Kind ausgegangen, bei dem überlegt wird, was für eine Art von Angebot für seine besonderen Bedürfnisse passend ist, sondern es steht die Frage im Mittelpunkt, wie die pädagogischen Einrichtungen ausgerichtet sein müssen, damit sie für alle Kinder und damit auch für alle denkbaren Unterschiede gleichermaßen zugänglich sein können. Dies soll in einem Rahmen geschehen, der Ausgrenzung und Diskriminierung verhindert und allen, je nach ihren Möglichkeiten, die besten Bildungsbedingungen verschafft (Paulsen-Brink, 2011).

> Inklusion beginnt mit der Wahrnehmung von Unterschieden zwischen Kindern und Jugendlichen, aber sie sorgt auch für gemeinsame Erfahrungen. Die Entwicklung von inklusiven Einrichtungen respektiert und schätzt Unterschiede. Dies kann tiefgreifende Veränderungen der Aktivitäten und der Beziehungen innerhalb der Einrichtung und im Verhältnis zu den Eltern nach sich ziehen. Der Respekt vor der Unterschiedlichkeit bedeutet, dass wir es vermeiden, Hierarchien zu schaffen, die auf diesen Unterschieden gegründet sind. Zum Beispiel können Unterschiede im Grad der körperlichen Entwicklung und intellektuellen Kompetenz unbewusst dazu führen, dass einige Kinder mehr Wertschätzung erfahren als andere, was bei Eltern Besorgnis auslöst. (Booth, Ainscow & Kingston, 2006, S. 13)

In der Folge entstanden in vielen Ländern und eben auch in Deutschland zunehmend inklusive Kindertageseinrichtungen (Heimlich, 2013). Wie sich diese Ideen umsetzen lassen, ist allerdings nicht unumstritten, und möglicherweise ist eine vollständig inklusive Gestaltung der pädagogischen Landschaft auch ein schwer zu erreichender Zustand, aber der Versuch, sich auf den Weg zu machen, um sich diesem Ziel zu nähern, der entscheidende und wichtige Schritt. Schwierigkeiten und Probleme zeigen sich auf unterschiedlichen Ebenen. Insbesondere stellen sich Fragen hinsichtlich der konkreten Art und Weise der Anwendung einer inklusiven Pädagogik. Hier besteht nach wie vor ein Bedarf an realitätsnahen Konzepten, wie Inklusion in der frühpädagogischen Arbeit umgesetzt werden kann. Die vorhandene Literatur bezieht sich meist auf eine inklusive Arbeit mit Kindern mit und ohne Behinderungen und zeigt da Möglichkeiten der Umsetzung auf (z. B. Albers, 2011; Sarimski, 2012). Bei Gutknecht (2012), die in ihrem krippenpädagogischen Ansatz zur Responsivität die pädagogische Arbeit mit Kleinstkindern und ihren Familien in den Bereichen Gender, Kultur/Subkultur, Behinderung und Entwicklung ausführt, wie auch bei Wagner (2017) finden sich nach wie vor wenig konkrete Ansätze, die den Umgang mit sämtlichen Diversitätsbereichen systematisch und aufeinander bezogen im Sinne einer inklusiven Pädagogik verbinden.

> In der Fachdebatte ist noch nicht umfassend entwickelt, was eine Frühpädagogik ausmacht, die an den Merkmalen von Inklusion orientiert ist, die Mehrfachzugehörigkeiten von jungen Kindern berücksichtigt und Barrieren zur Teilhabe in Kindertageseinrichtungen systematisch in den Blick nimmt. (Sulzer & Wagner, 2011, S. 12)

Es besteht also nach wie vor Bedarf an Konzepten der praktischen Umsetzung. Ohne Praxiskonzepte können Träger, Leitungspersonen von Kindertagesstätten und Erzieherinnen schnell verunsichert und ratlos werden bezüglich der Ausgestaltung einer inklusiven Frühpädagogik. Überforderungsgefühle können sich einstellen, wenn zwar Veränderungen gefordert werden, es aber unklar und unkonkret bleibt, wie diese genau aussehen sollen. Um hier Abhilfe zu schaffen, hat das britische Centre for Studies in Inclusive Education (CSIE) 2002 mit dem *Index for inclusion: developing learning, participation and play in early years and childcare* ein Manual zur Verfügung gestellt, das bei der praktischen Umsetzung von Inklusion helfen soll. Auf Initiative der Gewerkschaft Erziehung und Wissenschaft (GEW) erschien dieser Index 2006 auch in einer deutschen Übersetzung (*Index für Inklusion [Tageseinrichtungen für Kinder] Lernen, Partizipation und Spiel in der inklusiven Kindertagesstätte entwickeln*; Booth, Ainscow & Kingston, 2006) sowie 2017 in einer novellierten Fassung (*Index für Inklusion in Tageseinrichtungen – Gemeinsam leben, spielen und lernen*; Booth, Ainscow & Kingston, 2017). Durch diesen Index sollen Einrichtungen für inklusives Arbeiten sensibilisiert und Denk- und Planungsprozesse initiiert werden, für die der Index Hintergrundwissen, Leitlinien und Kontrollfragen bereitstellt. Weiterhin wird, in der Version von 2006, ein phasengeleitetes Vorgehen dargelegt (siehe Kasten).

> **Entwicklungsphasen für Lernen, Partizipation und Spiel in der inklusiven Kindertagesstätte**
>
> (nach Booth et al., 2006, S. 30)
>
> - Phase 1: Mit dem Index beginnen
>   - Ein Index-Team bilden
>   - Den Planungsansatz überprüfen
>   - Für den Index sensibilisieren
>   - Das vorhandene Wissen aktivieren, die Schlüsselkonzepte und den Planungsrahmen nutzen
>   - Die Unterstützung mit Hilfe der Indikatoren und Fragen vertiefen
>   - Die Zusammenarbeit mit anderen Teams vorbereiten
> - Phase 2: Die Einrichtungssituation beleuchten
>   - Das Wissen und die Ideen der Mitarbeiter/-innen, der Leitung, der Trägervertreter/-innen und der Fachberatung zusammentragen
>   - Das Wissen und die Ideen der Kinder und Jugendlichen sammeln
>   - Das Wissen und die Ideen der Eltern und der Bewohner/-innen des Stadtteils herausfinden
>   - Prioritäten für die Entwicklung festlegen
> - Phase 3: Einen inklusiven Plan entwerfen
>   - Die Prioritäten mit Hilfe des Planungsrahmens überarbeiten
>   - Die Prioritäten in den Entwicklungsplan einfügen
> - Phase 4: Den inklusiven Plan in die Praxis umsetzen
>   - Die Prioritäten in die Tat umsetzen
>   - Die Entwicklung am Laufen halten
> - Phase 5: Den Index-Prozess evaluieren
>   - Den Prozess reflektieren und dokumentieren
>   - Die Arbeit mit dem Index evaluieren
>   - Den Index-Prozess fortsetzen

In der novellierten Version von 2017 wird der Index-Prozess als »Haus der Inklusion« versinnbildlicht (Booth et al., 2017, S. 29 ff.): mit einem Erdgeschoss (Impuls), einer ersten Etage (Analyse), einer zweiten Etage (Aktion) und einer dritten Etage

(Reflexion) und den drei Säulen Barrieren abbauen, Möglichkeitsräume schaffen und Vielfalt unterstützen. Als Bewohner/-innen der einzelnen Etagen werden Kind, Erzieher/-in, Kindergruppe, Team, Eltern, Leiter/-in sowie Vertreter/-innen des Trägers, Vertreter/-innen des Gemeinwesens und Vertreter/-innen von Politik und Verwaltung aufgezählt.

Der Index bietet viele gute Anregungen und Diskussionsgrundlagen, um die aktuelle pädagogische Arbeit zu reflektieren, sowie Materialien, um die eigene Einrichtung einem selbstevaluativen Prozess zu unterziehen. Es werden aber auch hier nur bedingt Handlungsmuster und konkrete Umsetzungsmöglichkeiten für die alltägliche frühpädagogische Arbeit angeboten. So bleiben beispielsweise die Fragen hinsichtlich der Arbeit mit Familien, die unterschiedliche kulturelle Hintergründe haben, entweder auf einem eher allgemeinen Niveau, bei dem nicht klar wird, wie die jeweiligen Ideen genau umgesetzt werden können, wie die beiden folgenden Index-Fragen (Booth et al., 2017) belegen:

- Berücksichtigen die MitarbeiterInnen den Migrationshintergrund und die Familienkulturen der Kinder? (S. 82)
- Sehen sich die MitarbeiterInnen in der Lage, mit jeder Familie angemessen und mitmenschlich umzugehen, unabhängig von ihrem kulturellen und sozialen Hintergrund und von ihrer Sprache? (S. 93)

Oder sie beziehen sich vor allem auf strukturelle, materielle und gestalterische Aspekte, z. B.:

- Hat die Einrichtung ein Repertoire von Liedern und Reimen aus verschiedenen Kulturen? (S. 79)
- Spiegeln die Aktivitäten und Materialien die Erfahrungen, Interessen und den Hintergrund aller Kinder wider? (S. 78)

Die angesprochenen Punkte sind natürlich wichtig und können bedeutsame Veränderungen einleiten sowie den Austausch untereinander fördern, durch den sich konkrete Anwendungen für die jeweilige Einrichtung ergeben können. Wichtig wären aber zudem klare und systematisch abgeleitete Handlungsideen für den pädagogischen Umgang z. B. mit Kindern mit unterschiedlichen kulturellen Hintergründen im Kindergartenalltag. Hierbei kann auch kritisch diskutiert werden, inwiefern es überhaupt möglich und realistisch ist, alle Heterogenitätsaspekte auf gleicher Ebene in einem Konzept zu vereinigen, oder ob hier nicht durchaus auch gut durchdachte und wissenschaftlich abgeleitete getrennte Ansätze, die dann in einer Institution kombiniert und gegenseitig angepasst werden könnten, zielführender und realistischer sein können. Bei der Debatte um Inklusion stellt sich vordergründig möglicherweise das folgende Dilemma: Auf der einen Seite sollen allen Kindern die gleichen Möglichkeiten zur Verfügung gestellt werden, und trotz der jeweiligen Hervorhebung der Unterschiedlichkeit sollen keine Subgruppen entstehen. Jede Form der unterschiedlichen Behandlung kann dabei schnell in einen Diskriminierungs-, Stereotypisierungs- oder eben Exklusionsverdacht geraten. Auf der anderen Seite sollen *alle* aber unterschiedlich behandelt werden, denn *jedes* Kind soll ein

Angebot erhalten, das seinen Möglichkeiten entspricht. Und diese Möglichkeiten sind interindividuell sehr verschieden. Es kann daher davon ausgegangen werden, dass es notwendig ist, Unterschiede zu machen, wenn allen die gleichen Chancen gegeben werden sollen. Hier finden sich im pädagogischen Alltag sicher praktische Lösungen, es kann diesbezüglich aber auch zu Blockaden und Unsicherheiten im pädagogischen Handeln kommen (»*Ist es nun passend, wenn hier die Kinder ganz unterschiedliche Erfahrungen machen, da sie auch unterschiedlich sind, oder wird dadurch nicht auch Kindern etwas vorenthalten und sollten nicht alle auch ähnliche Erfahrungen machen, damit niemand ausgeschlossen und benachteiligt werden kann?*«; ähnliche Herausforderungen stellen sich auch bei den Anti-Bias-Ansätzen; ▸ Kap. 2.1.6). Begegnet wird diesem Widerspruch mit einem Begriff des deutschen Philosophen Axel Honneth, nämlich dem der *egalitären Differenz* (Honneth, 1992; siehe auch Prengel, 1993). *Egalitäre Differenz* meint »… die Achtung der Besonderheit, ohne die Individuen über ihre Unterschiede zu hierarchisieren« (Kron, 2010, o. S.). Die jeweiligen individuellen Unterschiede und Besonderheiten der Kinder sollen also zentral für die pädagogische Arbeit sein. Gleichzeitig sollen diese Unterschiede aber nicht zu Hierarchien und Ungleichbehandlungen führen. Allerdings fehlen bisher die konkreten Konzepte, um diese philosophischen Ideen, die ja durchaus wünschenswert sind, in die Tat umzusetzen. Darüber hinaus ist zudem umstritten, ob die Ziele, welche mit dem Konzept der Inklusion erreicht werden sollen, sich auch tatsächlich durch dieses erreichen lassen. Zum einen zeigt sich, dass zentrale Aspekte der Inklusion eher an pädagogischen Ideen der postindustrialisierten (autonomieorientierten) Welt orientiert sind und somit durchaus eine Hierarchie gegenüber pädagogischen Prinzipen nicht-industrialisierter (verbundenheitsorientierter) Kontexte besteht (Borke, Döge & Kärtner, 2011; Keller, 2011a; 2019a; Woodhead, 1998). Zum anderen lässt sich diskutieren, ob nicht durch den konzeptionellen Anspruch, allen individuellen Unterschieden institutionell gerecht werden zu können, auch ungewollt Stigmatisierungen und Ausgrenzungen in den Einrichtungen entstehen können.

> So führt Dederich in seinen systemtheoretischen Überlegungen aus, dass der normative Gleichheitsanspruch der Inklusion geradezu die Unterschiede der zu Inkludierenden hervorhebt, die in bestimmte Ansprüche umgemünzt werden und unterschiedliche Bewegungen hervorrufen. Hierdurch entsteht paradoxerweise mit dem Anspruch auf Inklusion ein ausdifferenziertes Sonder- und Subsystem. Inklusion kann demnach als Inklusion in Exklusionsbereiche gesehen werden. Dies führt zu einer Simulation von Inklusion. (Hedderich & Hecker, 2009, S. 39)

Problematisch ist auch, dass es bisher wenig empirische Evidenz für Inklusion in der Frühpädagogik gibt: Für die Umsetzung und die Auswirkungen inklusiver Frühpädagogik liegen noch recht wenig aussagekräftige wissenschaftliche Studien vor, durch welche die bisher eher theoretisch und meist ideologisch geführte Debatte über Inklusion mit empirischen Befunden stärker »geerdet« werden könnte. Einige Studien deuten allerdings darauf hin, dass die pädagogische Qualität von inklusiven Kitas höher einzuschätzen ist als die von nicht inklusiv oder auch integrativ arbeitenden Einrichtungen, was möglicherweise damit zusammenhängen kann, dass hier eine bewusste Auseinandersetzung mit dem Umgang mit Vielfalt stattgefunden hat (Heimlich & Ueffling, 2018). Entsprechend finden sich auch Hinweise darauf, dass sich die Weiterentwicklung hin zu einer inklusiven Kita auch positiv auf andere Qualitätsbereiche auswirkt (Schelle & Friedrich, 2015).

Bei der Inklusion stellen sich aber dennoch nach wie vor einige Fragen, die bisher nur unzureichend beantwortet werden können. Theoretische Überlegungen, pädagogische Umsetzungen und finanzielle sowie strukturelle Möglichkeiten stehen teilweise recht unzusammenhängend nebeneinander. Hier besteht noch Handlungsbedarf, um die Konzepte empirisch zu fundieren und praktische Umsetzungen zu entwickeln und zu ermöglichen.

Aus kultursensitiver Perspektive ließen sich verschiedene Heterogenitätsbereiche unter dem übergeordneten Dach einer Differenziellen Pädagogik vereinen. In diesem Buch thematisieren wir insbesondere die Dimensionen kultureller Kontexte. In gleicher Weise lassen sich dann auch Unterschiede hinsichtlich anderer Heterogenitätsdimensionen ableiten, z. B. Geschlechtsunterschiede oder Kinder mit speziellen Bedürfnissen und der Umgang damit. Ein solches Konzept einer kultursensitiven Frühpädagogik stellen wir im nächsten Kapitel vor.

2.6 Empfohlene Literatur zur Vertiefung

Auernheimer, G. (2007). *Einführung in die Interkulturelle Pädagogik* (5., erg. Aufl.). Darmstadt: WBG.
Dieses Buch gibt einen umfangreichen Einblick in die Entwicklungen und unterschiedlichen Schwerpunktsetzungen der Interkulturellen Pädagogik.
Böhm, D., Böhm, R. & Deiss-Niethammer, B. (1999). *Handbuch Interkulturelles Lernen – Theorie und Praxis für die Arbeit in Kindertageseinrichtungen*. Freiburg: Herder.
Das Buch bietet eine Einführung in verschiedene Hintergründe sowie viele Praxisanregungen zum Interkulturellen Lernen in der Frühpädagogik.
Lamm, B. (Hrsg.) (2017). *Handbuch Interkulturelle Kompetenz: Kultursensitive Arbeit in der Kita*. Freiburg: Herder.
In diesem Buch werden neben den wissenschaftlichen Grundlagen zur Interkulturellen Kompetenz in der Arbeit in Kindertagesstätten vor allem unterschiedliche Anwendungsfelder für und Umsetzungsbeispiele aus der Praxis dargestellt.

3 Kultursensitive Frühpädagogik

3.1 Einleitung

In diesem Buch beschäftigen wir uns mit unterschiedlichen kulturellen Hintergründen von Kindern und Familien, also mit verschiedenen kulturellen Gruppen. Diese Thematik kann als Teilgebiet einer Differenziellen Pädagogik verstanden werden. Im Folgenden soll daher diese Dimension hinsichtlich ihrer Bedeutung für die frühkindliche Praxis näher ausgeführt werden. Die in Kapitel 1 dargelegten wissenschaftlichen Befunde zur frühen Entwicklung, Erziehung und Bildung sind dafür grundlegend. Daraus ergibt sich zwangsläufig, dass es nicht einen richtigen und für alle verbindlichen Entwicklungspfad geben kann. Dies steht im Einklang mit dem internationalen Kenntnisstand, dass die derzeitigen pädagogischen Konzepte vor allem auf Sichtweisen und Bezugssysteme der postindustrialisierten Welt aufbauen und daher nur schwerlich kulturell fair sein können (Gonzalez-Mena, 2008; Penn, 2000, 2011; Woodhead, 1998)[38]. Im Folgenden soll das Konzept der kultursensitiven Frühpädagogik als Teil einer Differenziellen Pädagogik näher ausgeführt werden.

3.2 Kultursensitive Frühpädagogik

Die kultursensitive Frühpädagogik basiert auf drei Dimensionen, die hierarchisch aufeinander aufbauen, dabei aber auch in komplexen Wechselwirkungen miteinander stehen. Diese pädagogische Trias kann als *Kenntnis*, *Haltung* und *Können* beschrieben werden, durch deren Zusammenspiel ein ebenso theoretisch fundiertes wie praxistaugliches pädagogisches Arbeiten entstehen kann (siehe z. B. auch Borke et al. 2013; Borke & Schwentesius, 2018 sowie für die Darstellung einer kultursensitiven Entwicklungspsychologie Borke, Lamm & Schröder, 2019 und für eine

---

[38] Siehe hier auch z. B. das *Curriculum für respektvolle Pflege und Erziehung* der Amerikanerinnen Janet Gonzalez-Mena und Dianne Widmeyer Eder, welches 2008 in einer deutschen Übersetzung erschien (Gonzalez-Mena & Widmeyer Eyer, 2008), sowie in Ansätzen auch Böhm, Böhm & Deiss-Niethammer (1999) und Gutknecht (2012) zur professionellen Responsivität pädagogischer Fachkräfte.

kultursensitive Beratung und Therapie von Familien mit Säuglingen und Kleinkindern Borke, Schiller, Schöllhorn & Kärtner, 2015).

3.2.1 Kenntnis

Kenntnis bezeichnet das Wissen um unterschiedliche kulturelle Hintergründe, Formen und Verläufe der Entwicklung sowie kulturell bedingte elterliche und pädagogische Herangehensweisen an frühpädagogische Themen und Handlungsfelder. Kulturelle Vielfalt ist durch das jeweilige sozioökologische und sozioökonomische Umfeld der Familien definiert (▶ Kap. 1).[39] Die daraus ableitbaren unterschiedlichen Entwicklungspfade können helfen, die Hintergründe von Kindern und Familien besser einordnen und verstehen zu können. Wichtig zu kennen und zu berücksichtigen sind zudem Unterschiede bezogen auf eine länderspezifische, religiöse oder sprachliche Herkunft, wenn in den frühpädagogischen Einrichtungen verschiedene Sprachen und unterschiedliche Religionen präsent sind. Kenntnisse über kulturspezifische Gesten und kommunikative Regeln (z. B. Böhm, Böhm & Deiss-Niethammer, 1999) sind notwendig, wie Primoradi (2012) illustriert:

> Zum Beispiel ist die Überreichung des Essens auf den Teller des Gastes in China oder Jordanien als Aufwertung des Gastes und als Gastfreundschaft des Gastgebers zu interpretieren, während das gleiche Verhalten in Indonesien als Beleidigung gilt. Den Daumen hochhalten, signalisiert in Deutschland beste Glückwünsche für den Empfänger, während das Gleiche im Iran genau das Gegenteil signalisiert und eine dreiste Geste bedeutet. (Primoradi, 2012, S. 59)

Auf diese Weise wird Vielfalt auf verschiedenen Ebenen in der Einrichtung repräsentiert, was sowohl für die Kinder als auch die Eltern mit Wiedererkennungseffekten und Gefühlen der Vertrautheit und Wertschätzung einhergehen kann. Zudem ist es bedeutsam, dass die frühpädagogischen Fachkräfte bereit sind, sich über die jeweiligen Herkunftsregionen (möglicherweise auch innerdeutsche) der Familien zu informieren (auch wenn dies aus Zeitgründen vielleicht nicht immer in einer intensiven Form möglich ist, kann doch auch schon ein gewisses Ausmaß an Interesse und Information hilfreich sein). Dies kann durch den direkten Austausch mit den Eltern, aber auch durch andere Quellen erfolgen, wie z. B. Fort- und Weiterbildungen, in denen bestimmtes Hintergrundwissen über Länder, Sprachen und Regionen vermittelt wird. Hierin kann eine wichtige Teilvoraussetzung für eine gute Zusammenarbeit (und bei Bedarf Konfliktlösung) mit unterschiedlichen Familien gesehen werden. In diesem Zusammenhang ist es auch hilfreich, wenn sich im pädagogischen Team (auf möglichst allen Ebenen) die kulturelle Vielfalt widerspiegelt. Denn dadurch wird einerseits die gesellschaftliche Realität einer multikul-

---

39 Zur Beschreibung und Einordnung unterschiedlicher Milieus innerhalb eines Landes können die *Sinus-Milieus®-Studien* beitragen, mit denen gesellschaftliche Unterschiede sozialwissenschaftlich erfasst werden. Für eine aktuelle Einordnung der unterschiedlichen Milieus für Deutschland siehe https://www.sinus-institut.de/loesungen/sinus-milieus.html (Zugriff am 09.12.2019), für eine besondere Einteilung der Familien mit Migrationshintergrund in Deutschland siehe https://www.sinus-institut.de/veroeffentlichungen/meldungen/detail/news/sinus-migrantenmilieus-2018-studie-zeigt-grosse-vielfalt-an-lebensstilen-unter-migranten/news-a/show/news-c/NewsItem/ (Zugriff am 09.12.2019).

turellen Gesellschaft abgebildet, andererseits entstehen zusätzliche Möglichkeiten, eine für möglichst viele Kinder und Eltern verständliche und anschlussfähige pädagogische Arbeit anbieten zu können (▶ Kap. 2.4).

Neben Kenntnissen über die Hintergründe und Ausdrucksformen von kultureller Vielfalt ist eine besondere Form der Haltung wichtig.

3.2.2 Haltung

Bei der Haltung frühpädagogischer Fachkräfte spielen laut Nentwig-Gesemann, Fröhlich-Gildhoff, Harms und Richter (2012, S. 17 ff.) die folgenden vier Kernkompetenzen eine besondere Rolle:

- Biographische Kompetenz, Selbstreflexivität und forschende Haltung
- Ressourcenorientierung
- Empathie, Feinfühligkeit, sensitive Responsivität
- Offenheit gegenüber und Wertschätzung von Diversität.

Diese können auch als Kernkompetenzen für eine *kultursensitive* Haltung betrachtet werden. Es ist wichtig, dass die frühpädagogischen Fachkräfte sich mit ihrer eigenen Biographie auseinandersetzen und lernen, die eigenen Einstellungen, Positionen und Verhaltensweisen auf kulturelle Werte und Normen hin hinterfragen zu können. Dies kann in einer Fort- oder Weiterbildung, in einem Selbsterfahrungsseminar, im Rahmen von Teamsitzungen und Supervisionen oder in Form von selbstreflexiven Überlegungen geschehen. Die eigene Brille, im Sinne von eigenen kulturellen Denk- und Wahrnehmungsmustern, durch die man auf die Welt schaut, nur bestimmte Dinge fokussiert und sie entsprechend färbt, sollte erkannt bzw. bewusst wahrgenommen werden. Beispielsweise kann es für eine frühpädagogische Fachkraft aufgrund ihres kulturellen Hintergrundes befremdlich sein, wenn Kindern schon in sehr jungem Alter viele Entscheidungs- und Mitbestimmungsmöglichkeiten eingeräumt werden, während dies für eine Fachkraft mit einem anderen Hintergrund selbstverständlich und stimmig ist. Eine forschende Haltung umfasst das offene und neugierige Zugehen auf Kinder und Familien, und zwar möglichst ohne voreingestellte Bewertungsmuster. Es geht darum, Kinder und Familien in ihren Vorstellungen, Werten und Verhaltensweisen zu verstehen. Dafür ist es notwendig, sich auf offene und wertschätzende Begegnungen einzulassen, zuzuhören und nachzufragen. Im Sinne einer Ressourcenorientierung können kulturelle Unterschiede zwischen Familien dann als Stärke und Bereicherung gesehen werden. In diesem Zusammenhang spielt auch *Empathie* eine besondere Rolle, mit der eine Atmosphäre der Achtung und Öffnung geschaffen werden kann, in der sich die Eltern angenommen fühlen. So kann eine konstruktive Zusammenarbeit (auch bei teilweise unterschiedlichen Auffassungen) entstehen.

Exkurs: Umgang mit unterschiedlichen Sichtweisen bezüglich des Umgangs mit Kindern bzw. mit elterlichem Verhalten, das von den eigenen Vorstellungen deutlich abweicht

Gerade in der Begegnung mit kultureller Vielfalt können Irritationen dadurch entstehen, dass unterschiedliche Wünsche, Überzeugungen oder Handlungsweisen zwischen frühpädagogischen Fachkräften und den Eltern/Familien oder Kindern aufeinandertreffen. An dieser Stelle soll daher auf einen bedeutsamen Aspekt hingewiesen werden. Wenn frühpädagogische Fachkräfte Verhalten, Vorstellungen oder Wünsche bei Kindern oder Eltern beobachten bzw. miterleben, die ihnen seltsam oder auch falsch und möglicherweise sogar gefährlich vorkommen, ist es wichtig zu versuchen, die Situation anhand folgender Fragen einzuschätzen:

1. Sind die Verhaltensweisen, Vorstellungen und Wünsche die Folge von Unsicherheiten, Defiziten und/oder Überforderungen in der Familie?
2. Ist es eher so, dass die Familie ganz überzeugt diesen Weg verfolgt und auch beschreiben kann, warum dies so für sie richtig und wichtig ist?

Bei (1) liegt kein kulturelles Phänomen vor. Hier braucht die Familie Unterstützung und Informationen, um bessere Umgangsstrategien zu erlangen. Möglicherweise ist auch zu überlegen, was getan werden sollte, um das Kind oder andere Familienmitglieder zu stärken oder auch zu schützen (hier kann auch das sofortige Hinzuziehen des Jugendamtes notwendig sein).

Bei (2) liegt eine kulturell bedingte Situation vor. Die Eltern oder das Kind handeln so, weil sie (im Heimatkontext) gelernt haben, dass solches Verhalten korrekt und angemessen ist bzw. dass ihre Überzeugungen und Einstellungen förderlich und angemessen sind. Hier ist es in einem ersten Schritt wichtig zu versuchen, den Familien Verständnis für ihre Überzeugungen entgegenzubringen, damit die Eltern ihre Sichtweise darstellen und sich mit ihr wahrgenommen fühlen können (▶ Kap. 3.3.1). Dies ist auch dann wichtig, wenn bei den Fachkräften der Verdacht der Kindeswohlgefährdung besteht. Natürlich reicht in diesen Fällen auch hier das Verständnis nicht aus, vielmehr ist in einem zweiten Schritt ebenso wichtig, dass Lösungen und Handlungsmöglichkeiten mit den bzw. für die Eltern erarbeitet werden, und bei einem begründeten Verdacht auf Kindeswohlgefährdung ist hier natürlich unbedingt auch das Jugendamt hinzuziehen (siehe Kasten). Denn eine Aufgabe der frühpädagogischen Fachkraft ist auch immer, ein Anwalt für das Kind zu sein, dessen Wohl im Blick zu haben. Es ist aber dennoch wichtig und hilfreich, die jeweiligen kulturellen Überzeugungen und Verhaltensweisen der Familie als solche wahrzunehmen und zu verstehen und der Familie auf dieser Basis zu vermitteln, dass solche Überzeugungen und Verhaltensweisen in Deutschland nicht gewünscht oder auch (wie im Falle des Schlagens von Kindern) verboten und strafbar sind (siehe Kasten). Allerdings ist es bedeutsam, hier nicht vorschnell zu handeln und Schritte sorgsam abzuwägen, da es zu vielen Fehlentscheidungen und Situationen gekommen ist, die nicht zum Wohle des Kindes waren. Dies ist in den letzten Jahren international sehr intensiv diskutiert worden und es haben sich viele Initiativen gebildet, die die Praxis von Behörden in westlichen Ländern im Umgang mit Kindeswohlgefährdung sehr massiv kritisieren und infragestellen (siehe dazu Keller, 2019a).

> **Kindeswohlgefährdung und gesetzliche Vorschriften**
>
> Seit dem Jahr 2000 sind *körperliche Bestrafungen* und *seelische Verletzungen* als Erziehungsmaßnahmen in Deutschland offiziell gesetzeswidrig (§ 1631 Abs. 2 BGB).
> Bei dem Verdacht auf Kindeswohlgefährdung sind pädagogische Fachkräfte nach § 8a SGB VIII gesetzlich verpflichtet, das Jugendamt einzubeziehen.

Vor allem beim Tatbestand der seelischen Verletzung besteht allerdings eine große Auslegungsbreite, bei der auch kulturelle Unterschiede deutlich zum Tragen kommen können. So finden sich beispielsweise in dem *Gefährdungs- und Beobachtungsbogen zur Dokumentation möglicher Kindeswohlgefährdungen für Kinder 3 bis 6 Jahre* (ein leicht modifizierter Bogen der Ursprungsfassung des Caritasverbandes [Bremen], der Hans-Wendt-Stiftung [Bremen] und der Gesellschaft für innovative Sozialforschung Bremen e. V. aus dem Jahre 2004) die folgenden Merkmale, deren Fehlen oder unzureichende Ausprägung als Warnhinweise anzusehen sind:

- Das Kind hat ein eigenes, sauberes Bett möglichst abgetrennt von den Eltern.
- Das Kind hat einen eigenen Platz zum Spielen (bzw. ein eigenes Zimmer).
- Das Kind hat eigene, altersgemäße Spielsachen.
- Das Kind wird nicht ständig verschiedenen Personen zur Betreuung überlassen.

Aus einer autonomieorientierten Sichtweise sind diese Merkmale als Warnhinweise verständlich. Für eine Familie mit einem eher verbundenheitsorientierten Hintergrund können sie aber unangemessen sein und zu einer verzerrten Einschätzung der familiären Situation führen (▶ Kap. 1.5). Bei einer Beurteilung von Familien kommt daher dem kulturellen Hintergrund eine wichtige Bedeutung zu. Auch ist zu diskutieren, inwiefern die derzeit gängigen *Gefährdungs- und Beobachtungsbögen* kulturell fair und überarbeitungsbedürftig sind.

Vor diesem Hintergrund ist es also durchaus verständlich, dass es für Eltern sehr verwirrend und uneinsichtig sein kann, wenn das, was sie als richtig gelernt haben, auf einmal als komisch, falsch oder auch problematisch angesehen wird. Die jeweiligen Einschätzungen von dem, was gut oder nicht gut ist, sind kulturabhängig. Beispielsweise würde es in weiten Teilen Afrikas oder Asiens vermutlich als Kindeswohlgefährdung angesehen, wenn bereits Säuglinge und Kleinkinder in einem eigenen Bett oder gar alleine in einem eigenen Zimmer schlafen sollen (LeVine et al., 1994; Harkness & Super, 1992). Dies ist in der postindustrialisierten städtischen Mittelschicht recht verbreitet und wird von vielen Fachleuten oder Elternratgebern empfohlen (z. B. Kast-Zahn & Morgenroth, 2007). Durch ein Verständnis für die familiären Verhaltensweisen und Überzeugungssysteme kann möglicherweise der Boden für Kompromisse und Lösungen schwieriger Situationen bereitet werden.

Auch in Fällen, in denen andere Dienste eingeschaltet werden müssen (z. B. das Jugendamt), kann es helfen, dass sich die Eltern dennoch in ihren Sichtweisen und Vorstellungen gesehen und ernst genommen fühlen. Dies kann wiederum ermöglichen, dass sie offener für die Richtlinien in ihrem Aufenthaltskontext werden können. Eine solche kultursensitive Haltung ermöglicht eine Offenheit für Diversität auch in Situationen, in denen sehr unterschiedliche Ansichten und Verhaltensweisen aufeinandertreffen – und möglicherweise auch Anlass für Sorge bei den frühpädagogischen Fachkräften sind.

Bei unterschiedlichen Sichtweisen zwischen den Eltern und der Einrichtung ist zu beachten, dass die Kinder ja auch erfolgreich auf ein Leben in dem Kontext, in dem sie sich aufhalten (und der sich eben erheblich von dem unterscheiden kann, in dem ihre Eltern groß geworden sind), vorbereitet werden sollen. Hier ist immer wieder auszuloten und mit dem Team sowie den Eltern zu besprechen, wie mit den unterschiedlichen Wünschen und Überzeugungen umgegangen werden soll (▶ Kap. 3.3.1). Musterlösungen gibt es hierfür nicht, sondern die Suche nach einer individuell passenden Herangehensweise bleibt immer eine neue Herausforderung.

Zudem ist es für eine kultursensitive Haltung unabdingbar, ein Bewusstsein sowie eine Herangehensweise dafür zu schaffen, Diskriminierungen im pädagogischen Alltag zu vermeiden. Dass Diskriminierungen oftmals nicht bewusst und daher den handelnden Personen nicht immer und unmittelbar zugänglich sind, ist im folgenden Beispiel beschrieben.

> Kaleb ist das einzige dunkelhäutige Kind im Kinderzentrum. Die Leiterin macht sich größte Sorgen um seine Identitätsbildung, und die Mitarbeiterinnen haben mehrfach an Anti-Bias-Trainings teilgenommen. Sie freut sich zu sehen, wie die Mitarbeiterinnen an ihren verschiedenen Vorurteilen arbeiten und wie gerecht sie alle Kinder behandeln. Heute jedoch ist eine Vertretung da, die an keinem Training teilgenommen hat. Während die Leiterin sie beobachtet, nimmt sie einige Verhaltensweisen wahr, von denen sie annimmt, dass sie unbewusst erfolgen. Als Erstes bemerkt sie, dass die Vertretung, wenn Kindern die Nase läuft, ein Taschentuch holt und ihnen die Nase putzt, zumindest solange, bis Kaleb ein Taschentuch braucht. Sie bringt ihm die Box mit den Papiertaschentüchern, bietet ihm eines an und schlägt vor, dass er sich die Nase selbst putzt. Dann hält sie ihm den Abfalleimer hin, damit er das benutzte Taschentuch hineinwerfen kann. (Gonzalez-Mena & Widmeyer Eyer, 2008, S. 451 f.)

Vermutlich ohne sich dessen bewusst zu sein, zeigt die frühpädagogische Fachkraft in diesem Beispiel ein unterschiedliches Verhalten gegenüber hell- und dunkelhäutigen Kindern. Sie vermeidet es, Kaleb anzufassen bzw. ihm beim Naseputzen zu helfen, wie sie dies bei den hellhäutigen Kindern tut. In diesem Beispiel ist eher nicht davon auszugehen, dass die Vertretungskraft hier bewusst Unterschiede zwischen den Kindern vornimmt (z. B. um bei Kaleb in besonderem Maße seine *Handlungsautonomie* zu unterstützen, was ja nach einer systematischen Betrachtung des kulturellen Hintergrundes möglicherweise sogar passend sein könnte; ▶ Kap. 1.3). Eher scheinen Berührungsängste und möglicherweise Irritationen (oder Vorurteile) gegenüber dem Ungewohnten oder Unbekannten zu bestehen. Diese unbewussten Hintergründe können für Kaleb in den Interaktionserfahrungen durchaus spürbar sein und ihm das Gefühl vermitteln, nicht so willkommen zu sein wie andere Kinder. Eine bewusste Auseinandersetzung mit den Hintergründen (z. B. im Rahmen von Selbsterfahrungsprozessen) könnte helfen, solche Diskriminierungsstrukturen aufzudecken, zu verstehen sowie andere Umgangsweisen zu entwickeln.

Zusammenfassend kann festgehalten werden, dass es durch eine kultursensitive Haltung gelingen kann, einen für alle Seiten akzeptablen Umgang mit kultureller Vielfalt zu schaffen. Die frühpädagogischen Fachkräfte sollten Lösungen für Situationen finden, in denen unterschiedliche, auf den ersten Blick unvereinbar scheinende Vorstellungen und Wünsche aufeinandertreffen, wie dies beispielsweise Gonzalez-Mena & Widmeyer Eyer (2008) in ihrem *multikulturellen Ansatz* beschrieben haben (siehe auch Bredekamp & Copple, 1997).

> Es kann sehr schwierig sein, mit Eltern zu kommunizieren, deren Kultur sich von Ihrer unterscheidet; es ist jedoch wichtig, dass Sie die Art und Weise, wie diese Eltern bestimmte Dinge tun, so weit wie möglich akzeptieren und versuchen, ihren Wünschen nachzukommen. Das ist einfach, wenn diese Methoden und Wünsche Ihre Theorien dazu, was für Kinder gut ist, nicht verletzen. Es ist viel schwieriger, wenn das, was die Eltern möchten, im Widerspruch zu dem steht, was Sie für richtig halten. Das Problem besteht darin, dass Theorien kulturgebunden sind. Es gibt nicht die eine richtige Antwort – nicht die eine Wahrheit. (Gonzalez-Mena & Widmeyer Eyer, 2008, S. 495)
>
> Ein bedeutungsvoller multikultureller Ansatz wurzelt darin, dass Sie von Eltern lernen, auf welche Weise sich ihre Kultur von Ihrer eigenen und/oder der des Programms unterscheidet. Manches davon können Sie möglicherweise schon durch Beobachten in Erfahrung bringen. Es hilft, zu fragen. Wenn Sie fragen, eröffnen Sie damit vielleicht einen Dialog über kulturelle Unterschiede. [...] Ein wirklich multikultureller Ansatz für Säuglinge und Kleinkinder bestünde in solchen Fällen darin, die Eltern um Ideen und Vorschläge zu bitten und dann herauszufinden, wie man mit diesen umgeht. [...] Es kann sein, dass Sie und die Mutter zu der Einigung kommen, dass es dem Kind nicht schaden wird, wenn die Dinge in der Kinderbetreuung auf eine Art laufen und zu Hause auf eine andere. Oder es kann sein, dass Sie gemeinsam einen Kompromiss finden. Es kann sogar sein, dass Sie Ihre Methoden ändern, wenn Sie erst einmal den Standpunkt der Mutter verstehen, oder dass sie ihren ändert, wenn sie Ihren Standpunkt versteht. (Gonzalez-Mena & Widmeyer Eyer, 2008, S. 460 ff.)

Auf der Grundlage von Kenntnis und Haltung leitet sich der dritte Baustein einer kultursensitiven Frühpädagogik ab: *Können*.

3.2.3 Können

Um den pädagogischen Alltag kultursensitiv gestalten zu können, müssen unterschiedliche Handlungsoptionen verfügbar sein. Eine solche Form des Könnens ist dadurch gekennzeichnet, dass die frühpädagogischen Fachkräfte unterschiedliche Strategien des Umgangs mit Kindern und deren Familien zur Verfügung haben und dieses Repertoire nutzen können, um sensibel und situationsangemessen auf die jeweiligen kulturellen Hintergründe eingehen zu können.

Im Folgenden werden zentrale Situationen der frühpädagogischen Praxis aus kultursensitiver Sicht beschrieben. Dadurch soll zum einen das Zusammenspiel von Kenntnis, Haltung und Können im Kontext des frühpädagogischen Alltages dargestellt werden. Zum anderen soll verdeutlicht werden, inwiefern sich kulturelle Unterschiede in den unterschiedlichen Alltagssituationen zeigen können und wie ein möglicher kultursensitiver Umgang mit ihnen aussehen könnte.

3.3 Zentrale Situationen der frühpädagogischen Praxis

3.3.1 Kontakt mit Eltern/Familien

In vielen Familien sind die Sorge und Pflege für die Kinder auf mehrere Personen verteilt und die Eltern sind nicht notwendigerweise die verfügbaren und/oder ständigen Ansprechpartner für das Kind. In vielen Kitas ist inzwischen akzeptiert, dass Geschwister, Großmütter oder andere Verwandte das Kind bringen und abholen und möglicherweise es auch nicht immer die gleiche Person ist. Die erste Hürde, die es in der frühpädagogischen Praxis zu überwinden gilt, ist also das Verständnis, dass es nicht Desinteresse am Kind oder gar Vernachlässigung ist, wenn die Eltern nicht die erwartete Rolle erfüllen. Daher ist es zunächst einmal wichtig, die familiäre Realität zu verstehen. Der vertrauensvolle Kontakt mit Eltern/Familie ist wichtig, um das Kind in seiner familiären Realität kennenzulernen und die Vorstellungen der Familie bezüglich der pädagogischen Arbeit zu erfahren. Die Fachkräfte können die in der Einrichtung üblichen Abläufe und Ansätze erläutern. Es ist aber auch bedeutsam, den Eltern/Familien zu erläutern, warum die Abläufe so gestaltet werden. Der Alltag mit seinen Routinen ist Ausdruck kultureller Vorstellungen; Eltern/Familien haben möglicherweise ganz andere Annahmen und verstehen, nicht warum es in der Einrichtung so anders läuft (siehe Keller, 2019a). Auch das Verständnis von und das Eingehen auf und Einbinden von unterschiedlichen (kulturell begründeten) elterlichen Vorstellungen ist zentral für eine kultursensitive Kontaktgestaltung mit Eltern. So können elterliche Sichtweisen von Erziehungs- und Bildungsvorstellungen aufgrund variierender kultureller Hintergründe deutlich von denen der pädagogischen Fachkräfte abweichen, wie Bossong (2017) im Rahmen einer Befragung von Fachkräften sowie Eltern mit unterschiedlichen Hintergründen belegen konnte:

> Die Ergebnisse zeigten, dass pädagogische Fachkräfte, unabhängig von ihrem eigenen ethnischen Hintergrund, stark autonomieorientierte Sozialisationsziele sowie einen konstruktivistischen Bildungsansatz verfolgten. Die Erziehungs- und Bildungsideale von deutschen Müttern der Mittelschicht stimmten weitgehend mit denen der pädagogischen Fachkräfte überein. Mütter mit Migrationshintergrund und niedrig gebildete deutsche Mütter wichen hingegen deutlich von den Erziehungs- und Bildungsvorstellungen der pädagogischen Fachkräfte ab. Diese Gruppen befürworteten stärker verbundenheitsorientierte Sozialisationsziele und einen didaktischen Bildungsansatz. Zudem betonten sie stärker die Notwendigkeit, sich um das physische Wohlergehen und die körperliche Unversehrtheit des Kindes in der außerhäuslichen Betreuung zu kümmern. Besonders ausgeprägt waren diese Diskrepanzen zwischen pädagogischen Fachkräften und niedrig gebildeten Müttern mit türkischem sowie mit russischem Migrationshintergrund. (Bossong, 2017, S. 1)

Gute Vermittlungen und Absprachen sind bedeutend, um Missverständnisse zu vermeiden. Im Folgenden sollen mögliche, kulturell bedingte Unterschiede bezüglich des Kontaktes mit Eltern/Familien dargestellt werden.

Seit einiger Zeit wird nicht mehr von Elternarbeit gesprochen, sondern von Bildungs- und Erziehungspartnerschaften[40] (z. B. Roth, 2014). Dadurch soll vor allem betont werden, dass bei den jeweiligen Gesprächssituationen (z. B. Informations-, Aufnahme-, Entwicklungs-, Tür- und Angelgespräche) ein gleichberechtigter Kontakt auf Augenhöhe gestaltet werden soll. Für Eltern, die einen autonomieorientierten Hintergrund haben, ist diese Herangehensweise sicherlich passend. Sie wird von ihnen oft auch dankbar angenommen, da die Eltern meist gewohnt sind, auf gleicher Augenhöhe mit pädagogischen Fachkräften in Kontakt zu treten. Es können aber unerwartete Schwierigkeiten und Irritationen auftreten: Eltern oder andere Familienmitglieder verhalten sich sehr zurückhaltend und erzählen nur wenig, stimmen auf Nachfrage allem zu oder reagieren im Konfliktfall ausweichend (Borke, Döge & Kärtner, 2011; Gonzalez-Mena, 2008). In all diesen Situationen können kulturell bedingte, von den Ideen der frühpädagogischen Fachkräfte abweichende Erwartungen der Grund dafür sein, dass es nicht immer möglich und passend ist, Begegnungen durch einen gleichberechtigten Kontakt zu gestalten (Borke & Schwentesius, 2020). Wie dabei Missverständnisse entstehen, verdeutlicht das folgende Beispiel.

Bei dem Elternabend einer frühpädagogischen Einrichtung wurden verschiedene Gremienposten vergeben. Alle Eltern wurden bei jedem zu vergebenden Posten gefragt, ob sie diesen bekleiden möchten. Den frühpädagogischen Fachkräften fiel dabei auf, dass sich eine vietnamesische Mutter für alle möglichen Posten meldete. Als es später zu einem Gespräch mit der Mutter kam, wurde klar, dass sie sich nicht etwa für all diese Posten gemeldet hatte, um sie auch auszufüllen. Im Gegenteil: Sie wusste gar nicht, wie sie nun all diesen Verpflichtungen nachkommen sollte und zeigte sich verzweifelt. Für sie war aber in einer so offiziellen Runde und vor allen Teilnehmern nicht denkbar, ein Angebot, das von den Fachkräften gemacht wurde, abzulehnen, da dies für sie ein zu großer Akt der Unhöflichkeit und Anmaßung gewesen wäre.

Gestaltung der Verbindung zwischen Elternhaus und frühpädagogischer Einrichtung

Es können also recht unterschiedliche kulturell bedingte Überzeugungen, Gewohnheiten und Wünsche hinsichtlich der Gestaltung des Kontaktes mit der frühpädagogischen Einrichtung vorliegen. In verbundenheitsorientierten Kontexten kann beispielsweise eine klare Trennung zwischen der Zeit zu Hause und der Zeit in der pädagogischen Einrichtung üblich sein. Die Eltern/Familie sind die Experten für die Zeit zu Hause und die pädagogischen Fachkräfte für die Zeit in der Einrichtung (Jäkel & Leyendecker, 2009). Diese Verantwortlichkeiten werden nicht in Frage

---

40 Anzumerken ist, dass der (Mit-)Schöpfer des Begriffes der Erziehungspartnerschaft, Martin R. Textor, diesen auf einer Tagung im Jahre 2011 in Freiburg selbst zurückgenommen hat, weil eine Partnerschaft nach seiner Auffassung eine Überforderung für alle Beteiligten darstelle und unrealistisch sei (Textor, 2011).

gestellt, und ein Austausch zwischen diesen beiden Bereichen ist nicht unbedingt üblich, teilweise sogar unerwünscht. Hier kann es sein, dass Eltern wenig Interesse zeigen, mit den frühpädagogischen Fachkräften in Kontakt zu treten. Dies darf jedoch keinesfalls als Desinteresse missverstanden werden. Vielmehr drückt sich in dieser Differenzierung eine für verbundenheitsorientierte Kontexte bedeutsame stärkere Orientierung an Strukturen, Zuständigkeiten und vor allem auch Hierarchien aus. Dies kann sich auch darin zeigen, dass stärker verbundenheitsorientierte Familien möglicherweise kein Elterngespräch auf Augenhöhe erwarten oder gewohnt sind, sondern eher einen frühpädagogischen Experten als Gegenüber, der klare Aussagen trifft und quasi als Autoritätsperson auftritt. Eine starke Non-Direktivität im Auftreten wird eher als Inkompetenz wahrgenommen. In diesem Zusammenhang kann es eine Herausforderung sein, in einem Abwägen zwischen einem klaren Auftreten als Experte (was von der Form her einer Verbundenheitsorientierung entgegenkäme) und der Suche nach einer pädagogischen Ausrichtung der Arbeit, die für die kulturellen Hintergründe der Familie anschlussfähig ist, einen passenden Weg zu finden. Das betrifft nicht nur den Kontakt, sondern auch den Inhalt der pädagogischen Arbeit. Denkbar ist auch, dass Eltern/Familienmitglieder im Gespräch eingeschüchtert und/oder verunsichert sind, da für sie die Begegnung mit den Fachkräften möglicherweise ein sehr offizieller Termin ist und sie sich in solchen Kontexten üblicherweise zurücknehmen, vielleicht auch, weil sie sprachlich unsicher sind und dies nicht zeigen möchten, oder misstrauisch gegenüber Institutionen. Durch Beobachtungen anderer und durch Erfahrung können Eltern und andere mit der Zeit lernen, dass ihre Meinung durchaus willkommen ist (auch und gerade, wenn sie mit etwas nicht einverstanden sind), und Fachkräfte lernen unterschiedliche Kommunikationsstrukturen und können sich flexibler verhalten.

Aber auch andere Formen einer Verbundenheitsorientierung sind beim Kontakt zwischen Eltern und pädagogischer Einrichtung beobachtbar. So lässt sich zeigen, dass beim türkischen Sprichwort »*Das Fleisch gehört dir, die Knochen mir*« (*Eti senin, kemiği benim*; Akinci, 2008), mit dem das Verhältnis zwischen pädagogischen Fachkräften (*dir*) und Eltern (*mir*) ausgedrückt werden soll, nicht unbedingt eine Rollentrennung im Mittelpunkt steht, sondern die Beziehung Eltern/Familie – Fachkraft als Ausdruck einer engen Verbundenheit angesehen werden kann. Die Eltern/Familie nehmen die pädagogische Fachkraft quasi als Teil der Familie auf und vertrauen ihr das Kind an (Isik-Ercan, 2010). Durch diese Nähe- und Vertrauensbekundung wird die pädagogische Fachkraft auch in die Pflicht genommen, sich gut um das Kind zu kümmern (persönliche Mitteilung, Otyakmaz, 2012). Wenn die Eltern das Gespräch mit den pädagogischen Fachkräften nun weniger suchen, kann dies als Ausdruck des eingeräumten Vertrauens betrachtet werden. Die Eltern gehen davon aus, dass die familiären Interessen Berücksichtigung finden, und dies auch ohne Nachfragen und Kontrollen (persönliche Mitteilung, Otyakmaz, 2012).

Ein weiterer Grund, warum sich manche Eltern dem Kontakt mit der Einrichtung scheinbar entziehen, kann in einer für sie nicht ausreichend verständlichen oder passenden Ansprache liegen. Gerade bei Eltern, für die Deutsch nicht die Muttersprache ist, können Verständnisschwierigkeiten und auch Hemmungen auftreten, die einen Kontakt erschweren. Hier kann es helfen, wenn Ankündigungen (z. B. für

Elternabende) auch in der Muttersprache der Familie verteilt oder ausgesprochen werden können. Weiterhin sollten sich die frühpädagogischen Fachkräfte Zeit nehmen, um herauszufinden, was und welche Art von Kontakt den Eltern wichtig ist, um dies bei der Kontaktgestaltung zu berücksichtigen.

Bei Familien mit einem eher autonomieorientierten Hintergrund ist denkbar, dass Eltern sich in einem sehr ausgeprägten Ausmaß für die pädagogische Arbeit interessieren und mit eigenen konzeptionellen Vorschlägen für die Arbeit und die täglichen Abläufe an die Fachkräfte herantreten. Dies erwächst aus einem sehr starken Bewusstsein für die gleiche Stellung von Eltern und Fachkräften der Einrichtung, bzw. für die letztendliche Erziehungsverantwortung der Eltern. Dieses Interesse kann hilfreich sein, aber auch irritierend oder mitunter sogar störend, wenn das pädagogische Konzept der Einrichtung in Frage gestellt wird und die Eltern möglicherweise einen allzu großen Gesprächs- und Austauschbedarf haben. Eltern können auch als recht fordernd und einschüchternd erlebt werden, was bei den frühpädagogischen Fachkräften Frust, Druck oder Verängstigung auslösen kann. Manche Fachkräfte ziehen sich dann ganz auf das Kind zurück und meiden den Kontakt mit den Eltern, was wiederum die Zusammenarbeit mit den Eltern erschwert und belastet.

Bei den Familien mit einem eher verbundenheitsorientierten Hintergrund erwächst diese Ansprache eher daraus, dass dadurch eine größere Anschlussmöglichkeit an gewohnte und erwartete Muster erlangt werden kann. Bei Situationen, in denen sich Fachkräfte dauerhaft unwohl oder auch überfordert mit einem Elternkontakt fühlen, sollte gemeinsam im Team und möglicherweise auch mithilfe einer externen Supervision geklärt werden, was helfen könnte, damit sich die Fachkraft wohl und kompetent fühlt und der Kontakt mit den Eltern gut gestaltet wird. Auf diese Weise können auch mögliche Berührungsängste und Vorurteile abgebaut werden. Otyakmaz und Döge (2015) konnten z. B. zeigen, dass Fachkräfte Eltern mit Migrationshintergrund weniger häufig ansprechen als Eltern ohne Migrationshintergrund. Hier könnte Wissen um und Verständnis für die Hintergründe wie auch das Erarbeiten von flexiblen Handlungsstrategien helfen dieses Ungleichgewicht zu ändern.

Ein häufiges Thema, bei dem es zu Irritationen beim Kontakt mit den Eltern kommen kann, ist deren Verständnis von Pünktlichkeit, das sich aus kulturell unterschiedlichen Konzepten von Zeit ergibt.

Zeitverständnis

Die Wahrnehmung von und der Umgang mit Zeit ist ein kulturabhängiges Phänomen, welches gut untersucht ist. In der deutschen Mainstreamkultur herrscht zumeist ein ausgeprägtes exaktes Zeitverständnis vor. Dabei spielt Pünktlichkeit eine große Rolle. In der Kita besteht allgemeiner Konsens, dass man sich an vorgegebene Zeiten möglichst pünktlich hält. In vielen anderen Kulturen gibt es andere Verständnisse von Zeit. Entweder gibt es kulturelle Regeln, dass man z. B. eine bestimmte kulturell definierte Zeit später kommt, als die Verabredung aussagt. Ohne kulturelles Insiderwissen kennt man diese Konventionen nicht und kann unhöflich erscheinen, wenn man früher, also in unserem Sinne pünktlicher, erscheint. Häufiger ist aber ein Zeitverständnis, das nicht Zeitpunkte, sondern Zeiträume beinhaltet. Für die Arbeit mit Familien in frühpädagogischen Einrichtungen kann dies bedeuten, dass manche Familien die festgelegten Zeiten (z. B. Zeiten, zu denen das Kind gebracht oder abgeholt werden soll/kann oder an denen ein Elternabend beginnt) anders verstehen. Die Fachkräfte mögen dann fälschlicherweise vermuten, dass die Eltern das Angebot nicht achten oder nicht ernst nehmen oder sich keine Mühe geben. Dies ist eines der klassischen Missverständnisse, das durch kulturelles Wissen bzw. Kenntnis (s. o.) aufgelöst werden kann. Auch hier kann Kommunikation, d. h. sich die jeweiligen Positionen erläutern, sehr hilfreich sein. Rezepte oder Musterlösungen liegen nicht vor, aber man kann mit den Eltern gemeinsam und auf Basis der Würdigung der Bedürfnisse aller Beteiligten individuelle Lösungen finden.

Im letzten Punkt sollen Hausbesuche als eine Möglichkeit dargestellt werden, den Kontakt der frühpädagogischen Fachkräfte mit den Familien auf- und auszubauen.

Hausbesuche

Bei Familien aus verbundenheitsorientierten Kontexten besteht häufig eine große Gastfreundschaft, und es wird als Ehre und Wertschätzung angesehen, wenn die Fachkräfte der Einrichtung die Familie zu Hause besuchen. Allerdings ist darauf zu achten, dass die frühpädagogischen Fachkräfte sich bei den Besuchen tatsächlich als Gäste verstehen und benehmen und nicht mit dem Ziel in die Familie zu gehen, diese zu kontrollieren oder gar »auszuspionieren« zu wollen, denn dies würde den Aufbau eines vertrauensvollen Kontaktes kaum möglich machen. Auch ist zu beachten, dass manche Familien negative Erfahrungen mit deutschen Behörden gesammelt haben und daher verunsichert und ängstlich auf Hausbesuche reagieren. Hausbesuche sollten daher zwar angeboten, aber nicht zwingend durchgeführt werden.

An einem Praxisbeispiel soll abschließend verdeutlicht werden, wie durch einen guten Kontakt mit den Eltern und einer damit verbundenen Bereitschaft der frühpädagogischen Fachkräfte, vertraute Handlungs- und Sichtweisen zu hinterfragen und zu verändern, vermeintlich problematische Situationen gelöst werden können.

> Doris und Martin lebten mit ihren beiden Kindern (Sarah 5 Jahre und Jennifer 2;6 Jahre) aus beruflichen Gründen für eineinhalb Jahre in einem kenianischen Dorf. Als sie wieder zurück nach Deutschland kamen, sollten beide Kinder die Kindertageseinrichtung besuchen, in die Sarah bereits vor dem Auslandsaufenthalt gegangen war (eine Kindertageseinrichtung, die Kinder von 1–6 Jahren aufnimmt). Mit viel Vorfreude ist Sarah dann auch gerne in ihre alte Kindertageseinrichtung zurückgekehrt, und auch ihre jüngere Schwester war begeistert, es nun ihrer großen Schwester gleich tun zu können. Nach einer kurzen und unproblematischen Eingewöhnungsphase waren beide Kinder auch gut in der Einrichtung angekommen.
> Wenige Tage später traten Schwierigkeiten auf: Die beiden Kinder durften beim gemeinsamen Gruppenessen nicht nebeneinander sitzen, da es feste Sitzplätze in der Einrichtung gab. Weiterhin beobachteten die Erzieherinnen, dass

Jennifer sich sehr an ihrer älteren Schwester orientierte und viel Aufmerksamkeit von ihr einforderte. Die Erzieherinnen bewerteten dies als Beeinträchtigung von Sarahs Autonomie und waren bemüht, zwischen den beiden vermehrt Trennungen zu arrangieren. Vor allem bei Jennifer führte dies zu großem Unmut und zu so unberuhigbarem Weinen, dass sie frühzeitig von den Eltern aus der Einrichtung abgeholt werden musste.

Aus der Zeit in Kenia waren beide Kinder einen sehr engen Zusammenhalt mit den Familienmitgliedern und deren näherer Umgebung gewohnt, die plötzliche Trennung beim Essen führte zu Irritationen. In Kenia war es auch üblich, dass sich die etwas älteren Geschwister um die kleinen kümmerten, so dass auch die gegenseitige, sehr enge Bezogenheit der beiden Mädchen dem entsprach, was sie in Kenia gelebt hatten.

In einem Gespräch der Eltern mit den Erzieherinnen konnten diese Hintergründe dargestellt und besprochen werden. Nach diesem Gespräch konnten beide Kinder beim Essen zusammensitzen, was zu einer plötzlichen Entspannung der Situation führte. Der Aufenthalt in der Kindertageseinrichtung war für beide Kinder wieder unproblematisch. Einige Wochen später zeigte sich, dass Jennifer nun auch immer mehr einen eigenen Freundeskreis hatte und auch von alleine zunehmend weniger auf ihre ältere Schwester bezogen war.

In Tabelle 3 sind noch einmal die zentralen Aspekte dieses Kapitels zusammengestellt sowie hinsichtlich der Bausteine *Kenntnis*, *Haltung* und *Können* untergliedert.

Tab. 3: Kenntnis – Haltung – Können bezüglich des Kontaktes mit Eltern

Kenntnis	Kulturelle Unterschiede bestehen hinsichtlich ... • des Ausmaßes, in dem Eltern einen Kontakt auf Augenhöhe erwarten • des Ausmaßes, in dem ein Kontakt und Austausch mit der Einrichtung gewünscht wird • des Zeitverständnisses
Haltung	• offener, neugieriger und nicht wertender Kontaktaufbau mit den Eltern/der Familie • Bereitschaft, Wünsche der Familie zu verstehen • Bereitschaft, elterliches Auftreten zu verstehen
Können	• variabler Einsatz von non-direktiven und direktiven Gesprächsgestaltungselementen • mögliches Angebot von Hausbesuchen

3.3.2 Spielsituationen

Kindliches Spiel gilt nicht in allen Kulturen als förderlich für Bildungsprozesse. In deutschen Kitas hingegen wird das Spiel als Königsweg kindlichen Lernens verstanden. In den Ansätzen der *Selbstbildung* und *Ko-Konstruktion* (▸ Kap. 2.2) wird dem *Freispiel* und dem *Symbolspiel* (*Als-Ob-Spiel*) bzw. einer Kombination aus beidem eine große Bedeutung beigemessen. Durch *Freispiel* soll das Kind in seiner Selbstständigkeit bestärkt werden, also darin, eigene Entscheidungen zu treffen, eigene Vorlieben zu entwickeln und eigenständig Lösungen für mögliche Komplikationen zu finden (Borke, Döge & Kärtner, 2011; Borke, Lamm & Schröder, 2019). Im *Symbolspiel* (*Als-Ob-Spiel*), bei dem das Kind beispielsweise so tut, als wäre es jetzt ein Lokführer in einer mit Stühlen gebauten Eisenbahn, kann die Kreativität und Phantasie der Kinder unterstützt werden. Bezüglich des Auftretens dieser Spielformen bzw. ihrer konkreten Gestaltung im Alltag lassen sich jedoch deutliche kulturelle Unterschiede beschreiben. So zeigt sich beispielsweise, dass Kinder der taiwanesischen Mittelschicht (welche einem kulturellen Entwicklungspfad mit sowohl autonomie- als auch verbundenheitsorientierten Anteilen zugeordnet werden kann) ebenso wie Kinder der postindustrialisierten städtischen Mittelschicht viel *Symbolspiel* (*Als-Ob-Spiel*) zeigen. Dieses ist allerdings formell und inhaltlich durchaus sehr unterschiedlich gestaltet (Gaskins, Haight & Lancy, 2006). Während bei den Spielsituationen der postindustrialisierten städtischen Mittelschicht die kindlichen Wünsche und Ideen im Mittelpunkt stehen und durch die Eltern unterstützt und ausgebaut werden, geht es bei den Symbolspielsituationen in der taiwanesischen Mittelschicht viel stärker darum, den Kindern auf diese Weise korrekte und adäquate Verhaltensweisen und gesellschaftliche Normen und Regeln näherzubringen. Folglich steuern die Eltern der taiwanesischen Mittelschicht diese Spielsituationen deutlich stärker, als dies in der postindustrialisierten städtischen Mittelschicht der Fall ist (Gaskins et al., 2006). Bei noch ausgeprägterer Verbundenheitsorientierung kommen die Formen des *Freispiels* und des *Symbolspiels* (*Als-Ob-Spiels*) deutlich seltener vor und werden teilweise sogar bewusst unterbunden (Gaskins, 1999, 2006). Suzanne Gaskins hat eine weitere interessante Unterscheidung vorgeschlagen: das interpretative und das imaginative Als-Ob-Spiel. Bei mexikanischen Maya-Kindern, die in Dörfern lebten und eine geringere formale Bildung aufwiesen, fand sie interpretatives Als-Ob-Spiel, das auf konkreten Erfahrungen beruht. Bei städtischen Maya-Kindern mit höherer formaler Bildung herrschte das imaginative Als-Ob-Spiel vor, das auf Phantasie und Vorstellungskraft basiert (Gaskins, 2013).

Der Grund, warum der Form des freien Spielens oft keine große Bedeutung beigemessen bzw. sie möglicherweise auch als unreif angesehen wird, liegt darin, dass Kinder im Alltag der Erwachsenenwelt eingebunden sind und nicht von diesem separiert in eigenen Lebenswelten agieren sollen (▶ Kap. 1.5). In autonomieorientierten Kontexten spielt die Entwicklung zu einem kreativen und sich selbstverwirklichenden Kind eine große Rolle, was mit Selbstbildungskonzepten im freien Spiel gut in Einklang gebracht werden kann. Diese Sozialisationsziele spielen in verbundenheitsorientierten Kontexten aber eine deutlich untergeordnete Rolle (▶ Kap. 1.5). Hier geht es vielmehr darum, die Kinder an die Handlungen und Anforderungen der Welt der Erwachsenen heranzuführen, damit sie sich früh vor Gefahren schützen, sich mit kleinen Aufgaben am Ablauf des Familienalltages beteiligen und sich so in die Gemeinschaft eingliedern können. Interaktionen werden von den älteren Teilnehmern gestaltet und strukturiert (Keller et al., 2010), da es eben mehr um Wissensvermittlung als um Selbstentfaltung geht. Im Wesentlichen sollen Kinder aber intensiv beobachten (*keen observation*, wie Barbara Rogoff [2014] das nennt) und das Beobachtete dann anwenden, d. h. nachahmen. Das geschieht in der Regel ebenfalls eigeninitiativ und selbstbestimmt.

So kann beispielsweise das folgende Angebot einer frühpädagogischen Fachkraft von Kindern mit unterschiedlichen kulturellen Hintergründen ganz unterschiedlich aufgenommen und verarbeitet werden.

> Gleich gehen wir gemeinsam auf den Spielplatz, aber vorher könnt ihr hier im Gruppenraum spielen, was ihr möchtet. Ihr könnt z. B. was malen oder in die Bauecke gehen oder euch ein Buch angucken. Ihr könnt euch das aussuchen, was ihr am liebsten möchtet.

Ein Kind mit einem autonomieorientierten Hintergrund ist es vermutlich gewohnt, Entscheidungen zu treffen sowie nach Vorlieben und Auswahlmöglichkeiten gefragt zu werden. Es kann daher wahrscheinlich auf dieses Angebot eingehen und sich selbstbestimmt einer gewählten Beschäftigung widmen. Für ein Kind mit einem verbundenheitsorientierten Hintergrund ist die Freiheit, Auswahl und Selbstbestimmung möglicherweise ungewohnt, da es meist einen stärker strukturierten und durch Vorgaben von Älteren gekennzeichneten Interaktionsstil gewohnt ist. Daraus kann für das Kind eine Überforderungssituation entstehen. Möglicherweise zieht es sich verschüchtert zurück, oder es zeigt ausagierendes Verhalten, indem es beispielsweise im Raum herumläuft und mal dies und mal das aus den Schränken nimmt, sich aber nicht wirklich mit einer Sache beschäftigt, sondern eher Unruhe verbreitet. Dies kann dann unter Umständen von den frühpädagogische Fachkräften als auffälliges, störendes oder problematisches Verhalten des Kindes angesehen werden, ohne die Möglichkeit zu berücksichtigen, dass das Verhalten des Kindes aufgrund einer nicht bestehenden Passung zwischen den Erfahrungen und Möglichkeiten des Kindes und den pädagogischen Angeboten zustande kommt.[41] Für Kinder mit einem verbundenheitsorientierten Hintergrund kann es anschlussfähiger sein, ihnen anstatt eines offenen ein klar vorgegebenes Angebot zu machen, wie z. B.: *»Guck mal, du kannst jetzt das hier ausmalen«*. Im Laufe der Zeit können sich die Kinder vielleicht besser an die Freiheit und Entscheidungsmöglichkeiten gewöhnen. Gerade in einer sehr individualistisch orientierten Gesellschaft stellen diese Eigenentscheidungskompetenzen wichtige Fähigkeiten dar, um erfolgreich in die Gesellschaft hineinzuwachsen. Es bedarf aber oftmals einer langsamen und sensiblen Heranführung an diese Kompetenzen und ihre Entwicklung. Und es bedarf eines entsprechenden Kontaktes mit den Eltern/Familien, um auch deren Wünsche und Ziele berücksichtigen zu können sowie deren Einverständnis für die pädagogische Arbeit zu bekommen. Gelingt dies nicht, dann können sich zum einen die Kinder nur schwierig an den pädagogischen Alltag gewöhnen und zum anderen die Eltern Schwierigkeiten mit der Arbeit in der Kindertageseinrichtung haben. Da *Freispiel* bei Verbundenheitsorientierung nicht den Stellenwert wie bei Autonomieorientierung hat, können Eltern mit einem stärker verbundenheitsorientierten Hintergrund darin oftmals auch keine bildungsförderliche pädagogische Arbeit sehen, sondern be-

---

41 Natürlich ist es prinzipiell auch denkbar, dass Verhaltensauffälligkeiten oder Entwicklungsdefizite beim Kind vorliegen können. Die Fachkräfte sollten aber vorsichtig mit zu schnellen Zuschreibungen und Erklärungen sein und zunächst die Passung zwischen kulturellem Hintergrund des Kindes und pädagogischem Angebot prüfen.

werten es eher als nicht genutzte Zeit. Dies verdeutlicht die folgende Aussage einer Spätaussiedlerin.

> Manche von uns haben versucht, ihre Kinder in den Kindergarten zu schicken, aber dann bekommen sie eine Erziehung, sie benehmen sich ganz anders, die Erzieherinnen lassen die Kinder alles machen, was sie wollen. Deswegen, ehrlich gesagt, habe ich Angst meine Kinder dahin zu schicken. Ich habe es zwar einmal versucht, aber dann habe ich selber gesagt nein. (Forschungsgruppe JugendMedienKultur, Universität Trier, 2005, o. S.)

Das Beispiel verdeutlicht, dass ein anderes Verständnis von der Gestaltung von Bildungsprozessen vorliegt (▶ Kap. 2.2): Die Erwartung besteht, dass mit den Kindern aktiv an Bildungsthemen gearbeitet wird und die frühpädagogischen Fachkräfte dabei eine aktive (und auch direktive) Rolle einnehmen. In solchen Fällen bedarf es eines intensiven Austausches im Team und vor allem auch mit den Eltern/Familien, um Lösungen zu finden bzw. zu erarbeiten (▶ Kap. 3.3.1). Im Projekt *Bridging Cultures* (Trumbull, Rothstein-Fisch, Greenfield & Quiroz, 2001) wird in den USA mit viel Erfolg versucht, Brücken zwischen verschiedenen Kulturen zu bauen. Dabei werden vor allem Konzepte erarbeitet, die ermöglichen sollen, die pädagogische Arbeit in Vor- und Grundschulen nicht nur an der autonomieorientierten euroamerikanischen Sicht auszurichten, sondern auch die Hintergründe der mittelamerikanischen Einwanderer zu berücksichtigen. Großer Wert wird darauf gelegt, dass die pädagogischen Fachkräfte ausführlich über die unterschiedlichen Hintergründe informiert werden, aber auch die Informierung der Eltern sowie Gespräche und Diskussionen mit ihnen spielen eine sehr wichtige Rolle. Fragen wie beispielsweise die folgenden sind hilfreich, weil durch sie ein besseres Verständnis für Situationen geschaffen werden kann, in denen z. B. Kinder zurückhaltend und still sind und zwar nicht, weil sie nicht folgen können oder irgendwelche Defizite aufweisen, sondern weil sie einen anderen kulturellen Hintergrund haben, in dem es nicht üblich bzw. unangemessen ist, sich in den Mittelpunkt zu stellen und seine Besonderheit, seine Einzigartigkeit und sein Wissen zu präsentieren. Durch das In-den-Mittelpunkt-Treten (oder -Bringen) eines Kindes kann für die Eltern eine beschämende Situation entstehen, da sich das Kind gemäß ihrem kulturellen Hintergrund unangemessen verhält.

> Warum sind Höflichkeit und Zurückhaltung so wichtig für das Familienleben? Warum schämte sich der mexikanische Vater aus einem Dorf in der Nähe von Guadalajara, als die Lehrerin ihm sagte, seine Tochter habe Fortschritte gemacht und beteilige sich jetzt viel besser am Unterricht? (Keller, 2011a, S. 160)

Verständnis für die kulturellen Hintergründe kann also zu einer anderen Einschätzung der Situation führen sowie auch dazu, andere Möglichkeiten zu überlegen, wie mit ihr umgegangen werden sollte. Bedeutsam ist die Beschäftigung der frühpädagogischen Fachkräfte mit der Frage, wie es gelingen kann, diese unterschiedlichen Erfahrungskontexte von Kindern im Umgang zu berücksichtigen. Dafür könnte ein Spielraum hilfreich sein, der es ermöglicht, manchen Kindern eher offene Angebote zu machen, manche Kinder eher stärker anzuleiten, manchen Kindern eher die Möglichkeit zu geben, sich von der Gruppe abzuheben, und anderen, sich in ihr einzugliedern. Um keine Missverständnisse aufkommen zu lassen, soll noch einmal betont werden, dass für alle Kinder alle oben beschriebenen Erfahrungsbereiche, z. B.

je nach Situation und Stimmung, von Bedeutung sind, es bestehen aber kulturell bedingte Unterschiede in den jeweiligen Gewichtungen.

Ein weiterer Punkt, auf den in diesem Zusammenhang eingegangen werden soll, ist der unterschiedliche Umgang mit den Themen *Teilen* und *persönlicher Besitz*. In autonomieorientierten Kontexten besitzen Kinder schon recht früh eigene Objekte, die sie auch als ihre eigenen kennen und ausweisen. Teilweise können die Kinder auch eigene Spielzeuge mit in die Kindertageseinrichtung bringen und dort präsentieren. Andere Kinder können dann zwar meist auch mit ihnen spielen, die Eigentumsverhältnisse werden aber in der Regel betont, d. h. das Kind, dem das Spielzeug gehört, wird um Einverständnis gefragt, bevor andere Kinder damit spielen können. Ihm wird ein Vorrecht für die Beschäftigung mit seinem Spielzeug eingeräumt. So wird bei den Kindern schon recht früh ein Bewusstsein dafür gebildet, sich unter anderem auch durch eigenen Besitz zu definieren. Die Bedeutung von Privatbesitz zeigt sich auch darin, dass die Kinder eigene Fächer haben, in denen sie z. B. selbstgemalte Bilder aufheben und sammeln können. In verbundenheitsorientierten Kontexten spielt der persönliche Besitz eine deutlich geringere Rolle. Hier wird eher von einem gemeinschaftlichen Besitz ausgegangen in dem Sinne, dass die Dinge allen (oder zumindest der Familie und deren Umfeld) gehören. Für Kinder, die in einer solchen Kultur aufgewachsen sind, ist es daher üblich, davon auszugehen, dass die in ihrer Nähe verfügbaren Spielsachen zum gemeinschaftlichen Besitz gehören. Hier kann es zu Missverständnissen zwischen den Kindern kommen und es können Probleme mit den frühpädagogischen Fachkräften entstehen. Folgendes Beispiel, das aus den Erfahrungen des Projektes *Bridging Cultures* stammt, verdeutlicht mögliche unterschiedliche Herangehensweisen.

> Eine Fachberaterin beobachtet eine Erzieherin, die Farbstifte vorbereitet, indem sie die Stifte nach Farben getrennt in Pappbecher auf den Maltisch stellt. Die Fachberaterin regt die Erzieherin dazu an, jedem Kind einen Satz Stifte in allen Farben in einen Becher zu stecken und den Becher mit dem Namen des Kindes zu beschriften. Zieht man die Prototypen der Autonomie- und Verbundenheitsorientierung heran, um die unterschiedlichen Vorgehensweisen zu interpretieren, könnte das folgendermaßen aussehen: Die Fachberaterin denkt, dass Privatbesitz eine wichtige Rolle spielt: Jedes Kind soll seinen Satz Stifte haben, mit dem es malt und auf die es aufzupassen hat. So müssen sie sich nicht mit den anderen auseinandersetzen und können sich auf das Malen konzentrieren. Die Erzieherin könnte jedoch mit ihrem Vorgehen eher den Ansatz verfolgen, die Kinder aktiv miteinander in Bezug zu setzen: Wenn sie eine bestimmte Farbe wollen, können sie ein Kind in der Nähe fragen, ihnen den entsprechenden Stift zu geben. So entwickeln die Kinder ein Bewusstsein davon, dass sie Teil einer Gruppe sind, die gemeinsam an einem Tisch sitzt und malt (Borke et al., 2011, S. 28; Trumbull et al., 2001).

In verbundenheitsorientierten Kontexten wird vom Kind meist früher erwartet, dass es teilen kann. So geben beispielsweise Mütter der Ethnie der Kamerunischen Nso (also aus einem nicht-industrialisierten ländlichen Kontext) an, dass Kinder ab dem Alter von etwa 11 Monaten Gegenstände mit anderen teilen können, während

Mütter aus Berlin (also aus einem postindustrialisierten städtischen Kontext) auf die gleiche Frage angeben, dass Kinder erst mit etwa 22 Monaten dazu in der Lage sind. Da eher ein gemeinschaftliches Konzept von Besitz besteht, ist eben auch das Abgeben von bedeutender Rolle. Damit kann der Zusammenhalt gestärkt werden. Für die frühpädagogische Praxis ist es hilfreich, sich dieser Unterschiede bewusst zu sein, um unterschiedliche Verhaltensweisen von Kindern einordnen zu können und mögliche Lösungswege für Konflikte zu finden.

In Tabelle 4 sind noch einmal die zentralen Aspekte dieses Kapitels zusammengestellt sowie hinsichtlich der Bausteine *Kenntnis*, *Haltung* und *Können* untergliedert.

Tab. 4: Kenntnis – Haltung – Können bezüglich Spielsituationen

Kenntnis	Kulturelle Unterschiede bestehen hinsichtlich ...
	• des Ausmaßes der Bedeutung von *Freispiel* und *Symbolspiel* (*Als-Ob-Spiel*)
	• des Umganges mit *Teilen* und *Besitz*
Haltung	• Offenheit für unterschiedliche kindliche Erfahrungen mit Spielsituationen
	• Offenheit für unterschiedliche elterliche Erwartungen an die Gestaltung von Spielsituationen
	• Hinterfragung konzeptueller Spielangebote
Können	• variabler Einsatz kindzentrierter und angebotsorientierter Spielangebote

3.3.3 Gestaltung von Übergängen/Eingewöhnung

Die Aufnahme eines neuen Kindes in eine frühpädagogische Einrichtung ist für alle beteiligten Personen ein bedeutsamer Moment des Übergangs und der Veränderung. Die frühpädagogischen Fachkräfte lernen eine neue Familie kennen und müssen sich auf diese einstellen. Für die Eltern ist es (je nach Alter des Kindes und nach bisheriger Lebensgestaltung) unter Umständen das erste Mal, dass es zu längeren Trennungen mit dem Kind kommt, und sie müssen sich damit auseinandersetzen, die Betreuungsverantwortung für einen Teil des Tages an die Fachkräfte abzugeben. Und das Kind steht vor der Aufgabe, sich an andere und neue Kinder, an neue Erwachsene und an eine neue Umgebung sowie vor allem auch daran zu gewöhnen, eine längere Zeit ohne die Eltern zu verbringen. Dieser Prozess muss also gut geplant werden.

Damit das gemeinsame Vorgehen erklärt und mit den Bedürfnissen der Familie abgestimmt werden kann (▶ Kap. 3.3.1), ist ein guter Kontakt mit den Eltern wichtig. In den meisten Einrichtungen wird eine besondere Phase der Eingewöhnung durchgeführt, die es den Kindern ermöglichen soll, den Weg von der Familie in die Einrichtung schrittweise gehen und bewältigen zu können. Dabei geht es vor allem um den Beziehungsaufbau mit einer Bezugserzieherin, die während der Eingewöhnungsphase ihre Aufmerksamkeit auf das Kind konzentriert. Bezüglich der konkreten Gestaltung der Eingewöhnungsphase hat in Deutschland vor allem ein Modell besondere Anerkennung und Verbreitung gefunden: das *Berliner Eingewöh-*

nungsmodell (Laewen, Andres & Hédervári, 2007, 2009), bei dem nach einem Zeitplan die Gewöhnung des Kindes an den neuen Gruppenraum und die Bezugserzieherin, anfangs in Anwesenheit der Mutter, langsam zeitlich gesteigert wird. In der ersten Phase sollte sich die Mutter (oder der Vater bzw. die Bezugsperson, welche die Eingewöhnung begleitet) eher passiv verhalten, aber als sichere Basis für das Kind ständig anwesend und verfügbar bleiben. Außerdem sollte sie weiterhin die Pflegetätigkeiten wie Wickeln oder Füttern durchführen. Die Bezugserzieherin macht dem Kind Interaktionsangebote, ohne allerdings das Kind zu bedrängen, und vertieft so langsam die Beziehung. Nach ein paar Tagen wird bei einem ersten Trennungsversuch überprüft, ob sich das Kind schon von der Bezugserzieherin beruhigen lässt. Aufbauend auf diese Erfahrungen wird dann überlegt, ob für die Eingewöhnung eher ein kürzerer (ca. 6 Tage) oder ein längerer (ca. 2–3 Wochen, bei Bedarf auch ausweitbar) Zeitraum eingeplant werden sollte. Entsprechend finden die im Folgenden beschriebenen nächsten Schritte früher oder später statt. Während dieser Schritte versucht die Bezugserzieherin die Pflegetätigkeiten von der Mutter zu übernehmen, und es kommt zu regelmäßigen und immer länger andauernden Trennungen, wobei die Mutter (bzw. die Bezugsperson) in der Nähe bleibt, um bei Problemen schnell wieder da sein zu können. Die Eingewöhnung gilt als abgeschlossen, wenn das Kind sich regelmäßig und schnell von der Bezugserzieherin trösten lässt und sich dann auch in der Einrichtung sichtlich wohl fühlt. Dieses Vorgehen basiert auf der Bindungstheorie, wonach Kinder die Fähigkeit besitzen, neue Bindungsbeziehungen zu fremden Personen aufzubauen, diese aber der Zeit bedürfen sowie der Anwesenheit einer Person, bei der sie sich sicher fühlen, damit sie überhaupt anfangen können, sich mit der neuen Umgebung auseinanderzusetzen und Interaktionen mit neuen Personen einzugehen (Ahnert, 2008). Den Hintergrund dieser Überlegungen, theoretischen Ableitungen und empirischen Überprüfungen stellt eine Struktur dar, wie sie für die postindustrialisierte städtische Mittelschicht üblich ist, dass Kinder nämlich anfangs mit relativ wenigen Bezugspersonen aufwachsen (häufig begrenzt auf die Kernfamilie) und dann nach und nach, wenn sich stabile Bindungen in der Familie entwickelt haben, eine Ausweitung auf weitere Personen stattfindet (Großeltern, Freunde, Babysitterin …). Zudem besteht die soziale Welt von kleinen Kindern zunächst überwiegend aus Erwachsenen und Erwachsene werden als die wesentlichen Bezugspersonen von Kindern betrachtet. In verbundenheitsorientierten Kontexten wachsen Kinder häufig von Anfang an in größeren sozialen Systemen mit einem multiplen Pflege- und Versorgungsnetzwerk auf. Interaktionen finden selten nur mit einem Erwachsenen statt, der seine exklusive Aufmerksamkeit auf ein Kind ausrichtet, sondern multipel und polyadisch, d. h. viele Personen verhalten sich gleichzeitig mit mehreren anderen. In Kontexten, in denen die Arbeitsbelastung zur Sicherung des Überlebens die vorrangige Priorität haben muss, verbunden mit möglicherweise hohen Sterblichkeitsraten, sind exklusive Bindungsbeziehungen eher dysfunktional und würden ein zu großes Risiko für das Überleben der Kinder darstellen. Vor diesem Hintergrund ist eine relationale Philosophie entstanden, die Kinder als gemeinsame Verantwortung des ganzen Klans bzw. Dorfes betrachtet. Das häufig zitierte afrikanische Sprichwort »*Es bedarf eines ganzen Dorfes, um ein Kind großzuziehen*« ist hier einzuordnen. Allerdings haben sich multiple Beziehungsstrukturen auch in städtischen Umwelten der nicht westlichen Welt erhalten, einfach, weil die soziale Realität von Familien aus vielen Personen besteht, die in vielfältigen Zusammenhängen kooperieren.

Bezogen auf die Eingewöhnungsphase in einer deutschen Kindertageseinrichtung, die vom Modell exklusiver dyadischer Beziehungen ausgeht, können hier für Familien mit einem verbundenheitsorientierten Hintergrund möglicherweise eher ungewohnte und auch unverständliche Erwartungen bestehen. Für viele Kinder sind andere Kinder die primären Interaktionspartner, so dass der Bezug zu Erwachsenen ungewohnt und möglicherweise angstbesetzt ist. Entsprechende Erfahrungen sind in vielen Kitas an der Tagesordnung (Keller, 2019a). Die Übergangsphase in die Kindertageseinrichtung kann eine gute Gelegenheit darstellen, um die Familie und deren Wünsche und Erwartungen kennenzulernen, um diese dann in der frühpädagogischen Arbeit berücksichtigen zu können.[42] Den Eltern/Familien sollte der Sinn und Nutzen einer Eingewöhnungsphase erläutert werden, um dann mit ihnen gemeinsam zu entscheiden, in welcher Form sie diese Phase für wichtig und notwendig für ihr Kind erachten (▶ Kap. 3.3.1). Das mag für die Kindertageseinrichtung eventuell zu der neuen Situation führen, dass nicht alle Kinder nach dem gleichen Modell behandelt werden (Keller, 2019a).

Betrachtet man das Bindungsverhalten in nicht-industrialisierten ländlichen Kontexten, so finden sich deutliche Unterschiede zu den Phänomenen, die für postindustrialisierte Kontexte beschrieben wurden (Keller, 2019a; Otto, 2009, 2011). So reagieren einjährige Kinder in kamerunischen Dörfern in der Regel ohne Protest und nahezu emotionslos auf den visuellen und körperlichen Kontakt mit für sie fremden Personen. Durch die Messung des Stresshormons Cortisol konnte kein Erregungsanstieg bei den Kindern festgestellt werden (Otto, 2009). Als passendes und gewünschtes Verhalten gilt, wenn die Kinder sich ohne Protest zu Fremden geben lassen. Nach der klassischen Bindungstheorie würden aufgrund eines solchen Verhaltens Fragen nach der Qualität der Eltern-Kind-Beziehung aufgeworfen werden (Keller & Bard, 2017). Auch andere Formen von elterlicher *Sensitivität*[43] lassen sich unterscheiden. Anstelle individueller Responsivität wird hier eher Wert darauf gelegt, dass die Bezugspersonen dem Kind gute Anleitungen und Strukturen geben können – ein Verhalten, welches als *responsive Kontrolle* bezeichnet werden kann (Otto, 2011; Yovsi, Kärtner, Keller & Lohaus, 2009). Sowohl bezüglich der elterlichen Verhaltensstrategien als auch hinsichtlich der von den Kindern gezeigten Verhaltensweisen können also bei Familien mit einem eher verbundenheitsorientierten Hintergrund andere Prinzipien zugrunde liegen als die, die in der klassischen Bindungstheorie als förderlich beschrieben werden. Dies

---

42 In diesem Zusammenhang soll auf das *Münchner Eingewöhnungsmodell* hingewiesen werden (Winner & Erndt-Doll, 2009), bei dem besonders betont wird, dass der Fokus bei der Eingewöhnungszeit nicht nur auf die Erzieherin-Kind-Beziehung gelegt werden soll, sondern auf alle beteiligten Personen und Beziehungen, um diese Phase dazu nutzen zu können, sich kennenzulernen und allen Beteiligten möglichst gerecht zu werden.

43 Nach Mary Ainsworth (1913*–1999†), die neben John Bowlby (1907*–1990†) als Autorin der Bindungstheorie verstanden wird, ist für den Aufbau einer sicheren Bindung ein Wahrnehmen und Verstehen der kindlichen Signale sowie promptes und angemessenes Reagieren auf diese notwendig. Diese Verhaltensweise wurde von ihr als sensitives (oder feinfühliges) Elternverhalten beschrieben.

kann zu anderen Wünschen und Erwartungen bezüglich des Umganges in der Kindertageseinrichtung führen. Für ein Kind aus verbundenheitsorientierten Kontexten kann es also aufgrund seiner Vorerfahrungen leichter sein, sich in eine frühpädagogische Einrichtung einzugewöhnen. Die Eingewöhnung könnte aber auch mit erhöhten Schwierigkeiten verbunden sein, da sich das Kind nicht nur an ein neues Umfeld gewöhnen muss, sondern auch an eines, welches nach anderen Prinzipien gestaltet ist, als es von zu Hause kennt (z. B. mit mehr Wahlfreiheit und mehr Betonung von Individualität), anderen Routinen und anderen Raumstrukturen (Keller, 2019a). Aufgrund von Migrationsprozessen und damit verbundenen räumlichen Trennungen von großfamiliären Strukturen könnte das Kind auch nicht mehr die Möglichkeit haben (wie es in seinem Herkunftskontext üblich gewesen wäre), in einem multiplen Betreuungskontext aufzuwachsen. Dies kann zu Isolierungsprozessen führen, die großen Einfluss auf das Wohlbefinden der Familie und die Entwicklung des Kindes haben können, da es gerade für verbundenheitsorientierte Familien eine sehr große Herausforderung ist, die Nähe der Bezugsgruppe missen zu müssen.

Bei der Aufnahme einer neuen Familie und der Planung der Eingewöhnung sollte sich die pädagogische Fachkraft die Zeit nehmen, die Hintergründe und Wünsche der Familie zu erfragen und zu verstehen. Dabei ist es auch wichtig, nach bisherigen Trennungserfahrungen des Kindes zu fragen sowie danach, welche Vorstellungen und Konzepte die Eltern haben (Borke et al., 2011).

In Tabelle 5 sind noch einmal die zentralen Aspekte dieses Kapitels zusammengestellt sowie hinsichtlich der Bausteine *Kenntnis*, *Haltung* und *Können* untergliedert.

Tab. 5: Kenntnis – Haltung – Können bezüglich der Eingewöhnung

Kenntnis	Kulturelle Unterschiede bestehen hinsichtlich ... • der Gestaltung des Bindungsaufbaus (wenige oder multiple Bezugspersonen) • des erwarteten Verhaltens bei Trennungen • der Formen von sensitivem elterlichem Verhalten
Haltung	• Verständnis und Wertschätzung für andere kulturell bedingte Formen des Bindungsaufbaus und damit zusammenhängend auch der Eingewöhnung • Offenheit für unterschiedliche elterliche Wünsche • Kompromissbereitschaft
Können	• ausführliche Erläuterung des in der Einrichtung vertretenen Eingewöhnungsmodells für die Eltern • sensible Wahrnehmung der elterlichen Wünsche und kindlichen Bedürfnisse und Fähigkeiten • bei Bedarf und Passung kulturell angepasste Eingewöhnungsabläufe anbieten

3.3.4 Umgang mit zentralen physiologischen Bedürfnissen

Kindliche Wünsche und Bedürfnisse und die Unterstützung von Unabhängigkeit sind zentrale Aspekte einer autonomieorientierten Haltung und damit Grundlage pädagogischer Konzepte in postindustrialisierten Kontexten (▶ Kap. 1.4, ▶ Kap. 2.1 und ▶ Kap. 2.2). Neben den bisher dargestellten Bereichen zeigt sich diese Autonomieorientierung auch im alltäglichen pädagogischen Umgang mit zentralen physiologischen Bedürfnissen von Kindern. Auch hier haben Familien mit anderen kulturellen Orientierungen möglicherweise andere Vorstellungen. Dies soll im Folgenden näher dargestellt werden.

Schlafen

Kleine Kinder, die längere Zeit in der Kindertageseinrichtung verbringen, schlafen dort in der Regel auch tagsüber. Damit sich die Kinder beim Schlafen möglichst sicher fühlen können, werden Kinder (bzw. Eltern) häufig angeregt, vertraute Dinge mitzubringen (z. B. ein Lieblingskuscheltier). Den Kindern wird oft auch ermöglicht, sich den Schlafplatz individuell ausgestalten zu können. Häufig werden Einschlafrituale genutzt, um den Kindern den Weg in den Schlaf zu erleichtern. Die Verbreitung von Beruhigungsobjekten und auch Einschlafritualen ist ebenfalls kulturabhängig. In verbundenheitsorientierten Kontexten sind solche Objekte und Rituale deutlich weniger verbreitet (Göncü, 1993). Es ist unüblich, dass Kinder in einem eigenen Bett oder sogar in einem eigenen Zimmer schlafen (Harkness & Super, 1992; LeVine et al., 1994). Da sie auch tagsüber ständig die Nähe von anderen Personen gewohnt sind, spielen Schmusetiere, sogenannte *Übergangsobjekte* (Rogoff, 2003; Winnicott, 1969), keine wesentliche Rolle. Schmusetiere sollen das Alleinsein erleichtern in Umgebungen, in denen Kinder teilweise schon recht früh darin unterstützt werden, Zeit auch alleine verbringen zu können, um möglichst früh psychologische Unabhängigkeit zu erreichen. Andererseits fällt es Kindern, die es gewohnt sind, ständig mit anderen zusammen zu sein, möglicherweise schwer, alleine in einem Bett zu schlafen. Hier kann die körperliche Nähe zu anderen Kindern oder zu pädagogischen Fachkräften hilfreich sein, um in den Schlaf zu finden. Das Wissen über die jeweiligen Schlafgewohnheiten der Familie kann helfen, die Vorlieben und Wünsche einordnen zu können (Borke, 2018; Keller, 2017). Hilfreich wäre, in der frühpädagogischen Einrichtung Schlafarrangements an die jeweiligen familiären Gewohnheiten und Vorlieben anzupassen, damit die Schlafenszeit auch zur Entspannung und Regeneration genutzt werden kann. Viele Einrichtungen haben diesen Weg bereits eingeschlagen und gute Erfahrungen damit gemacht (z. B. Bostelmann, 2008; Stadtkinder-Extra, 2003).

Essen

Ein weiterer Alltagskontext, in dem in der Kindertageseinrichtung unterschiedliche kulturelle Vorstellungen aufeinandertreffen können, betrifft das Essen bzw. die Mahlzeiten. Essen ist ein elementares, lebenswichtiges und sinnliches Grundbedürfnis. In frühpädagogischen Einrichtungen spielen Mahlzeiten daher eine wichtige Rolle. Dabei werden selbstverständlich religiöse Ernährungsvorschriften beachtet, die Gestaltung von Mahlzeiten ist allerdings meist an die Vorstellungen der hiesigen Gesellschaft angepasst, wo das gemeinsame Essen oftmals als eine Art Ritual zelebriert wird, bei dem die ganze Familie oder Bezugsgruppe zusammenkommt, um ein Moment der Gemeinschaftlichkeit und des gegenseitigen Austausches zu schaffen (Borke et al., 2011). In verbundenheitsorientierten Kontexten wird diese Gemeinschaftlichkeit im Alltag permanent gelebt, so dass es dieser besonderen Situationen nicht bedarf. So kann es beispielsweise sein, dass es Kinder mit einem verbundenheitsorientierten Hintergrund nicht in dem Maße gewohnt sind, beim Essen sitzen zu bleiben, bis alle fertig sind. Dort wird auch häufig weniger Wert auf selbstständiges Essen gelegt. Füttern wird oft als besonderes Zeichen von mütterlicher Liebe angesehen. Auch Schulkinder werden hin und wieder, als Zeichen besonderer elterlicher Wertschätzung, gefüttert (Sriram & Chaudhary, 2004). Bei Essgewohnheiten, die von den gewohnten Vorstellungen der frühpädagogischen Fachkräfte abweichen und die sich durch einen anderen kulturellen Hintergrund erklären lassen, ist es hilfreich, sich bei den Eltern über die häuslichen Esssituationen zu informieren. In einem nächsten Schritt kann dann überlegt werden, wie damit im pädagogischen Alltag umgegangen werden kann (▶ Kap. 3.3.1).

Sauberkeitsentwicklung

In westlichen Kontexten wird meist die der dortigen medizinischen Lehrmeinung entsprechende Ansicht vertreten, dass Kinder vor dem Ende ihres zweiten Lebensjahres noch nicht in der Lage sind, die Schließmuskulatur bewusst zu kontrollieren. Damit einhergehend wird betont, dass es nicht ratsam ist, mit der Sauberkeitserziehung vor diesem Zeitpunkt zu beginnen. Auch wird hervorgehoben, dass der Impuls für den Gang zur Toilette oder auf das Töpfchen vom Kind ausgehen sollte und nicht von außen ohne entsprechende Signale der kindlichen Bereitschaft durchgeführt werden sollte (z. B. Largo, 2006). Dies ist eine Sichtweise, die einerseits die biologische Reifung, aber andererseits vor allem auch die *psychologische Autonomie*, also die selbstbestimmte Bereitschaft des Kindes in den Mittelpunkt stellt.

In verbundenheitsorientierten Kontexten zeigen sich aber zum Teil ganz andere Umgangsweisen mit der kindlichen Sauberkeitsentwicklung. Eine klassische Arbeit hierzu stammt von Marten und Rachel deVries über die Sauberkeitserziehung der in Ostafrika lebenden Ethnie der Digo (deVries & deVries, 1977). Bereits kurz nach der Geburt wird damit begonnen, die Kinder hinsichtlich ihrer Sauberkeitsentwicklung zu unterstützen. Diese ist mit viel Nähe und Körperkontakt verbunden sowie mit einem Beobachten und sanften Unterstützen der kindlichen Signale, die der Ausscheidung vorausgehen. In einem nächsten Schritt werden die Kinder in ihren Bedürfnisäußerungen und -verrichtungen behutsam gelenkt und an bestimmte Orte, Zeiten und Signale gewöhnt. Auf diese Weise gelingt es den Digo, dass die Kinder bereits mit ungefähr sechs Monaten »sauber« sind. Es stehen also eher ein festgelegter Ablauf und ein festgelegter Zeitraum für die Sauberkeitsentwicklung im Mittelpunkt als eine Anpassung an die individuelle kindliche Bereitschaft. Es geht eher um das Erlangen einer

Handlungsfähigkeit, die unterstützen soll, dass die Kinder schon früh problemlos von anderen Personen betreut werden und die Mütter wieder der Arbeit nachgehen können (deVries & deVries, 1977). Hier wird vor allem die *Handlungsautonomie* betont.

Exkurs: Sozialistische Konzepte einer kollektiven Erziehung

In diesem Zusammenhang soll auf eine weitere Differenzierung eingegangen werden, die gerade beim Thema Sauberkeitserziehung relevant sein kann. In vielen sozialistisch regierten Ländern wurde eine Form der frühkindlichen Pädagogik entwickelt, die verbundenheitsorientierte Ausprägungen hatte, die aber eher ideologisch begründet (im Sinne einer kollektiven Staatstreue) als primär kontextabgeleitet (also bezogen auf die jeweiligen sozio-strukturellen Umweltbedingungen) waren. Es ist wichtig, sich dies zu vergegenwärtigen, um Missverständnisse und Irritationen zu vermeiden, denn keinesfalls sollen hier Verbundenheitsorientierung und Sozialismus in einen Topf geworfen werden. Vielmehr soll dieser Exkurs dabei helfen, die jeweiligen Hintergründe verstehen und voneinander abgrenzen zu können.

In Konzepten der sozialistischen Erziehung stehen eher die Gemeinschaft und Solidarität und eben nicht die Individualität des einzelnen Kindes im Mittelpunkt. Allerdings ist hier nicht die Familie bzw. die Verwandtschaft die bedeutende Grundlage für die Verbundenheit, sondern die Gemeinschaft (das Kollektiv) generell sowie das staatliche Prinzip der Gleichheit. Diese Orientierung in Kindergärten der DDR wird an folgendem Textauszug deutlich:

> Das Personal hatte den Nachwuchs gemäß Lehrplan so zu lenken, dass das Wissen, Können und Verhalten, das sich die Kinder aneigneten, den angestrebten gesellschaftlichen Zielen entsprach. Die wurden zentral festgelegt. Durch Spielen und Arbeiten reift der Nachwuchs laut Tätigkeitskonzept der sowjetischen Psychologie und Pädagogik am besten. Die Kinder wurden als unfertig und defizitär angesehen. Deshalb waren sie eher pädagogisches Objekt als Subjekt ihrer Persönlichkeitsentwicklung. Freies Spiel war zwar ab und zu in geregeltem Rahmen möglich, aber ihnen wurde Vieles unter Anleitung beigebracht. Während sie zeichneten, achteten die Erzieherinnen darauf, wie sie den Stift hielten, oder darauf, dass sie nicht über den Rand einer Bilderbuchkontur malten. Durch Turnübungen wurden gezielt ihre motorischen Fähigkeiten geschult. Auch Musikinstrumente wie Triangel oder Trommel durften die Kleinen ausprobieren. Jedes Kind konnte also durchaus seine individuellen Fähigkeiten und Neigungen, Vorstellungen und Bedürfnisse entwickeln. Soweit, wie sie der Gemeinschaft nützlich waren. Die Kinder sollten sich im Kollektiv wohlfühlen, um das Bedürfnis zu haben, freundschaftlich allen dienlich zu sein. Ihre Selbstverwirklichung und individuellen Bedürfnisse mussten sie dem großen Ganzen unterordnen. (Günther, 2006, o. S.)

Ein Bestandteil der frühpädagogischen Arbeit in Krippen der DDR sowie in anderen sozialistisch geprägten Ländern war das *Töpfen*. Kinder wurden dabei im zweiten Lebenshalbjahr an das (gemeinsame) Sitzen auf dem Topf gewöhnt. Folgender Auszug aus einem Buch über Krippenpädagogik aus der DDR verdeutlicht, dass dabei durchaus nicht mit Zwang, sondern mit Lob und dem Erwecken und Stärken einer Eigenmotivierung der Kinder vorgegangen werden sollte.

> Für die Herausbildung der Selbstbedienung, gesundheitsfördernder Gewohnheiten und Bedürfnisse bei der Körperpflege ist das Vorgehen der Erzieherin von entscheidender Bedeutung. So ist z. B. die Vermeidung jeglichen Zwanges und unangenehmer Erfahrungen ausschlaggebend dafür, ob sich die Kinder ohne Schwierigkeiten an das regelmäßige Töpfen

gewöhnen und sich bereitwillig Handlungen zur selbständigen Körperpflege aneignen. Ebenso ist es vorwiegend eine Frage der Motivierung und Anerkennung, ob bei den Kindern das Bedürfnis nach Ordnung und Sauberkeit geweckt wird und entsprechende Forderungen von ihnen eingehalten werden. (Besse, 1983, S. 91)

Bei diesen Ansätzen zum frühen Sauberkeitstraining spielen Gründe der Praktikabilität eine Rolle, es geht aber durchaus auch darum, dass der Gang auf die Toilette oder das Töpfchen ein Gemeinschaftserlebnis darstellen soll. So ist es beispielsweise in vielen chinesischen Kindertageseinrichtungen (vor allem in ländlichen Gebieten) nach wie vor üblich, dass die Kinder zu festen Zeiten gemeinsam eine Gruppentoilette benutzen (Tobin, Hsueh & Karasawa, 2009). Dadurch sollen auch die Orientierung an der Gruppe sowie das Gefühl der Zusammengehörigkeit unterstützt werden. Diese pädagogischen Ansätze sind also vor allem darauf bezogen, dass Kinder zu den jeweils kulturell vorgegebenen Zeitpunkten bzw. Zeitphasen die entsprechend angemessenen Handlungen erwerben und durchführen können, die ihnen eine Teilhabe am gemeinschaftlichen Leben ermöglichen. In der frühpädagogischen Praxis kann es vorkommen, dass sehr konträre Positionen aufeinandertreffen. Etwa wenn Eltern, die in der DDR oder anderen sozialistischen Ländern aufgewachsen sind, mit dem Wunsch an die Einrichtung herantreten, das ihnen geläufige Töpfen so durchzuführen, wie sie es erfahren haben, dies mit dem Konzept der Einrichtung aber unvereinbar ist. Hier bedarf es eines intensiven Kontaktes mit den Eltern, um klären zu können, wie eine Lösung aussehen könnte (ein möglicher Kompromiss wäre, dass die Eltern das Kind zu Hause behutsam an den Topf gewöhnen, dies aber in der Einrichtung nicht geschieht, es sei denn, die Initiative dazu geht vom Kind aus).

In Tabelle 6 sind noch einmal die zentralen Aspekte dieses Kapitels zusammengestellt sowie hinsichtlich der Aspekte *Kenntnis*, *Haltung* und *Können* untergliedert.

Tab. 6: Kenntnis – Haltung – Können bezüglich des Umgangs mit zentralen physiologischen Bedürfnissen

Kenntnis	Kulturelle Unterschiede bestehen hinsichtlich ... • kindlicher Schlafgewohnheiten (alleine oder mit anderen in einem Bett, Gebrauch von Übergangsobjekten und Ritualen, Selbstgestaltung der Schlafstätte) • des Ess- und Trinkverhaltens (Bedeutung des Fütterns, Bedeutung des gemeinsamen Essens als Ritual) • der Sauberkeitserziehung (Betonung von *psychologischer Autonomie* oder *Handlungsautonomie*)
Haltung	• Verstehen und Wertschätzen von unterschiedlichen Wegen beim Schlafen, Essen und bei der Sauberkeitserziehung • sensible Wahrnehmung der elterlichen Wünsche und kindlichen Bedürfnisse und Fähigkeiten hinsichtlich der Sauberkeitserziehung
Können	• variabler Umgang mit Schlafsituationen • variabler Einsatz von Objekten und Ritualen • variable Gestaltung von Esssituationen • ausführliche Erläuterung der in der Einrichtung vertretenen Form der Sauberkeitserziehung für die Eltern • Suche nach Wegen, die für Eltern und Einrichtung passend sind

3.3.5 Sprache

Sprachbildung und Sprachförderung nehmen einen zunehmend wichtigen Platz in der pädagogischen Diskussion ein (siehe auch Bundesprogramm Sprachkitas[44]). Da gute sprachliche Fähigkeiten auch in Verbindung mit schulischen Kompetenzen (literacy) stehen und damit eine zentrale Grundlage für formale Bildungsprozesse darstellen, ist diese Fokussierung verständlich. In diesem Kapitel soll auf einige Aspekte der Sprachentwicklung sowie auf kommunikative Aspekte eingegangen werden, die hilfreich sein können, um die Sprachentwicklung angemessen sowie kultursensitiv einschätzen und bei Bedarf sinnvoll unterstützen zu können. Die Sprache ist eine der zentralen universellen Entwicklungsaufgaben des Menschen, die weitgehend intuitiv abläuft. Erfolgreicher Spracherwerb kann aber auf durchaus unterschiedliche Weise ablaufen. Viele Kinder erlernen die Sprache, indem sie irgendwann anfangen, die Wörter, die sie hören, zu wiederholen und auf andere Situationen zu übertragen. Hieraus entstehen dann, auch durch viel Zuhören und viel Ausprobieren, die Kenntnisse über grammatische Strukturen. D. h. dieser Weg ist durch viel »learning by doing« und durch viele anfängliche Fehler in der Aussprache sowie in der Grammatik gekennzeichnet (Largo, 2006). Es gibt aber auch Kinder, die sich gewissermaßen erst einmal innerlich eine Landkarte der sprachlichen und grammatikalischen Zusammenhänge konstruieren und erst dann anfangen zu sprechen (*Late Talker*[45] oder *Spätsprecher*, Ellis & Thal, 2008). Wenn diese Kinder anfangen zu sprechen, tun sie dies dann aber schon viel komplexer und mit weniger Fehlern (*Late Bloomer*[46] oder *Spätstarter*, Grimm, 2003). Diese Kinder könnten fälschlicherweise als sprachverzögert eingeschätzt werden.[47]

Kinder können bedenkenlos mehrere Sprachen gleichzeitig lernen (z. B. indem die Mutter Deutsch und der Vater Türkisch mit dem Kind spricht). Weltweit betrachtet ist Mehrsprachigkeit eher die Regel als die Ausnahme. Es sollte aber beachtet werden, dass jeweils eine Bezugsperson konsequent jeweils eine Sprache spricht, da dies das Erlernen der unterschiedlichen Sprachen für das Kind erleichtert. Für einen gelingenden Spracherwerb ist es ebenfalls wichtig, dass die Bezugspersonen mit dem Kind eine Sprache sprechen, die sie perfekt beherrschen. Neben dem Weg über den doppelten oder mehrfachen Erstspracherwerb können Kinder in den ersten Jahren meist auch sehr schnell und problemlos eine weitere Sprache erlernen. Von Zweitspracherwerb spricht man, wenn diese von den Kindern nicht gleichzeitig, sondern

---

44 https://sprach-kitas.fruehe-chancen.de (18.11.2019)
45 Kinder, die im Alter von 24 Monaten einen Wortschatz unter 50 Wörtern haben und noch keine Zweiwortsätze bilden.
46 *Late Talker*, die bis zur Vollendung ihres 3. Lebensjahres ihre Sprachproduktion deutlich und sprunghaft gesteigert haben.
47 Wobei hier eine kontroverse Debatte besteht, wie viele der Kinder, die als *Late Talker* bezeichnet werden, auch Gefahr laufen können, eine Sprachentwicklungsstörung auszubilden, und bei wie vielen sich die Sprachentwicklung von alleine positiv weiterentwickelt. Beides scheint möglich zu sein sowie von unterschiedlichen Faktoren abhängig. Eine wichtige Rolle spielt in diesem Zusammenhang offenbar die Fähigkeit der Kinder, Sprache zu verstehen, unabhängig davon, ob sie diese bereits aktiv auch sprechen (Lyytinen, Kenneth & Lyytinen, 2005).

sukzessiv gelernt werden. Ab etwa dem 4. Lebensjahr beginnen sich die Möglichkeiten und Verarbeitungsstrategien des Sprachenlernens langsam zu verändern. Mit zunehmendem Alter wird es für die Kinder daher immer schwieriger, eine Sprache nebenbei zu erwerben. Etwa ab dem 10. Lebensjahr spricht man daher auch vom Fremdspracherwerb, wenn eine neue Sprache gelernt wird, da Kinder ab etwa diesem Alter, genau wie Erwachsene, einzelne Vokabeln lernen und damit die Sprache quasi bewusst erwerben müssen (Kiziak, Kreuter & Klingholz, 2012). Für Kinder, die Deutsch nicht als Erstsprache gelernt haben, kann es eine gute Möglichkeit sein, dies dann in der frühpädagogischen Einrichtung nachholen zu können. Generell ist es wichtig, dass die frühpädagogischen Fachkräfte die jeweiligen Muttersprachen der Kinder wertschätzen und nach Möglichkeit auch ein paar Grundbegriffe aus den entsprechenden Sprachen erlernen (z. B. Begrüßungen und Verabschiedungen). Auch ist es gut, wenn sich in Bilderbüchern und anderen Materialien oder Spielangeboten (z. B. in Kinderliedern und Fingerspielen) der Einrichtung die unterschiedlichen Sprachen, die dort vertreten sind, wiederfinden. Dadurch können die Kinder für sich Vertrautes sehen und hören, was ihnen Sicherheit geben und den Einstieg in eine neue Umgebung erleichtern kann. Die Eltern können dies als eine Wertschätzung ihrer Sprache wahrnehmen. Ansonsten ist es für die Kinder, die in der frühpädagogischen Einrichtung Deutsch als Zweitsprache erlernen, ebenfalls wichtig, dass eine klare Trennung zwischen Personen und Sprachen besteht (z. B. sprechen die Eltern Russisch mit dem Kind und die frühpädagogischen Fachkräfte Deutsch). Wobei es durchaus genutzt werden kann, wenn eine Fachkraft mit entsprechendem Hintergrund vorhanden ist, die dann auch mit dem Kind in dessen Muttersprache spricht. Für Kinder ist es zudem hilfreich und angenehm, sich mit anderen Kindern, die denselben sprachlichen Hintergrund haben, in der Muttersprache auszutauschen und diese beim Spielen zu verwenden. Hier sollte nicht darauf gedrängt werden, Deutsch zu sprechen, wie es generell wichtig ist, die Kinder nicht unter Druck zu setzen, sondern für sie ein gutes und förderliches Sprachumfeld zu schaffen, das es ihnen ermöglicht, die deutsche Sprache zu lernen (für weitere Hintergründe zum Umgang mit Mehrsprachigkeit siehe z. B. auch List, 2007). Neben den oben beschriebenen zeitlichen Unterschieden, die sich aus unterschiedlichen Strategien des Spracherwerbs ableiten, lassen sich noch weitere Variationen bezüglich der Sprachentwicklung beschreiben. Es können dabei vor allem zwei verschiedene Spracherwerbsstile beschrieben werden.

> Bei Kindern mit einem sogenannten »analytischen Spracherwerbsstil« bestehen die ersten 50 Wörter überwiegend aus Nomen. Der Wortschatz erweitert sich relativ schnell um Inhaltsworte, Adjektive und Verben und wird relativ flexibel und vom Kontext unabhängig gebraucht. Bei Wortkombinationen gebrauchen Kinder mit diesem Spracherwerbsstil eine Art Telegrammstil. Um auszudrücken, was sie wollen, lassen sie alle überflüssigen Wörter weg und beschränken sich auf das Wesentliche. Sie sagen »Opa Stuhl!« und nicht »Der Opa soll sich auf den Stuhl setzen«. Im Allgemeinen ist die Sprache dieser Kinder gut verständlich, weil die Wörter immer gleich ausgesprochen werden. Kinder mit einem analytischen Spracherwerbsstil bauen ihr sprachliches System vorsichtig auf und orientieren sich an den Regelhaftigkeiten, die sie wahrnehmen (vgl. Szagun 2006, 221).

> Kinder mit einem sogenannten »holistischen Spracherwerbsstil« verwenden eher wenig Nomen. Sie bevorzugen Wörter, die sich auf soziale Interaktionen beziehen (danke, hallo) und stereotype Ausdrücke (geh weg, geht nicht). Ihr Wortschatz erweitert sich relativ langsam und

sie gebrauchen Wörter eher unflexibel und in Abhängigkeit vom Kontext. Wortkombinationen, die diese Kinder nutzen, bestehen ebenfalls selten aus Nomen, sondern sind pronominal (da rein, ab soll). Die Sprache der Kinder mit diesem ganzheitlichen Spracherwerbsstil ist häufig nicht gut verständlich, weil sie eine Vielzahl verschiedener Aussprachen für ein Wort verwenden und eher eine Art Sprachmelodie produzieren, was häufig so klingt, als würden sie fließend in einer fremden Sprache sprechen. Das Herangehen an das Sprechen, von Kindern mit einem holistischen Spracherwerbsstil, kann man als allumfassend und kühn bezeichnen (vgl. Szagun 2006, 221). (Völkel, 2011, S. 10)

Bezüglich der Qualität der erworbenen Sprache konnten keine Unterschiede zwischen dem analytischen und dem holistischen Spracherwerbsstil gefunden werden (Bates, Dale & Thal, 1995; Bates et al., 1994). Es kann also von zwei erfolgreichen Strategien ausgegangen werden, die in eher autonomieorientierten Stichproben beschrieben wurden. Die beiden Sprachstile schließen sich nicht unbedingt gegenseitig aus. So kann es durchaus sein, dass Kinder im Laufe der Zeit in ihren Strategien wechseln. Interessant ist in diesem Zusammenhang auch, dass sich hier Parallelen zu unterschiedlichen kognitiven Wahrnehmungsstilen, die jeweils in unterschiedlichen kulturellen Kontexten adaptiv sind, ziehen lassen. So finden sich bei Autonomieorientierung Wahrnehmungs- und kognitive Verarbeitungsstile, die durch eine separate Wahrnehmung von Objekten in ihren Einzelteilen, ohne Bezug zum jeweiligen Kontext und Umfeld gekennzeichnet sind (analytischer Stil), während sich bei Verbundenheitsorientierung Wahrnehmungsstile finden, bei denen die Umgebungsbedingungen eines Bildes oder einer Situation eine elementare Rolle spielen und daher vor allem die Beziehungen zwischen den Objekten bei der Wahrnehmung und Verarbeitung zentral sind (holistischer Stil) (Nisbett, Peng, Choi & Norenzayan, 2001). Identische Begriffspaare werden demnach bei den Wahrnehmungsstilen und der Sprachverarbeitung verwendet (analytisch – holistisch). Es ist anzunehmen, dass auch die Sprachverarbeitung kulturell beeinflusst wird, sich also kulturelle Unterschiede bezüglich der Bevorzugung eines analytischen oder eines holistischen Stils zeigen. Gestützt wird diese Annahme dadurch, dass sich bei näherer Betrachtung beider Stile kontextuelle Einflussfaktoren zeigen.

> Corte, Benedict und Klein (1983) analysierten die Sprache der Mütter von 16 Kindern im Alter von 1;3 bis 1;7 in Pflegesituationen wie Wickeln, Baden, Anziehen. Die Mütter von Kindern, die eine referentielle Spracherwerbsstrategie [entspricht dem analytischen Spracherwerbsstil, Anmerkung der Autorin/des Autors] hatten, sprachen mehr und gaben mehr Beschreibungen von Dingen und Verhalten, die Mütter von Kindern, die eine expressive Spracherwerbsstrategie [entspricht dem holistischen Spracherwerbsstil, Anmerkung der Autorin/des Autors] hatten, sprachen in der Hauptsache, um das Verhalten ihrer Kinder zu bestimmen. [...] In einer weiteren Analyse der Daten Nelsons (1973) fanden sie [Furrow & Nelson, 1984, Anmerkung der Autorin/des Autors], dass die Mütter von Kindern der referentiellen Gruppe häufiger über Objekte sprachen, während die Mütter der expressiven Gruppe häufiger über Personen sprachen. (Szagun, 2008, S. 231)

Ein analytischer Spracherwerbsstil war auch eher bei Kindern zu beobachten, deren Mütter einen hohen Grad an formaler Bildung aufwiesen (Bates et al., 1994). Eine Sprachgestaltung der Bezugspersonen, die durch einen großen Wortschatz und Vielfalt und eine detaillierte Gestaltung der Kommunikation mit dem Kind gekennzeichnet ist, wie sie in autonomieorientierten Kontexten üblich ist, korreliert mit einer eher analytischen Spracherwerbsstrategie. Hier besteht auch ein direkter Bezug zu den elaborativen Konversationsstrategien (▶ Kap. 1.4). Eine eher direktive und stärker auf soziale Interaktionen und Routinen hin ausgerichtete Sprache der Bezugspersonen, wie sie in verbundenheitsorientierten Kontexten zu finden ist, steht demnach im Zusammenhang mit einer eher holistischen Spracherwerbsstrategie sowie im Einklang mit dem dort üblichen repetitiven Konversationsmuster (▶ Kap. 1.5). Der kulturelle Hintergrund der Familien wirkt sich demnach auf die Sprachentwicklung der Kinder aus. Bei der Einschätzung und Beurteilung der Sprache der Kinder sowie deren sprachlicher Entwicklung sollte dies unbedingt berücksichtigt werden, damit unnötige Problematisierungen vermieden werden, aber auch, um alle Kinder möglichst gut und passend unterstützen zu können. Da der Sprache eine wichtige Bedeutung für die Teilhabe an Bildungsprozessen zukommt, ist es bedeutsam, Umgebungen zu schaffen, die alle Kinder angemessen darin unterstützen, die deutsche Sprache gut lernen zu können, damit sie in ihrer Bildungs- und Berufskarriere nicht aufgrund sprachlicher Defizite eingeschränkt werden.

Studien zeigen jedoch zunehmend, dass eine externe Sprachförderung, bei der eine Fachkraft die Kinder aus dem Gruppengeschehen herausnimmt, um sie dann für eine gewisse Zeit sprachlich zu fördern, keine fördernden Auswirkungen auf den weiteren Verlauf der sprachlichen und schulischen Entwicklung der Kinder hat (Roos, Polotzek & Schöler, 2010). Dies kann daran liegen, dass diese vereinzelten und möglicherweise auch eher künstlichen Situationen nicht ausreichen, um einen nachhaltigen Einfluss auf die Sprachentwicklung der Kinder zu haben. Bei Kindern, die einen eher verbundenheitsorientierten Hintergrund haben, kann dieser Effekt noch deutlicher sein, da es für sie eine besonders ungewohnte Situation sein kann, in einer kleinen Gruppe bzw. allein mit der Sprachförderkraft zu sein. Diese exklusive Aufmerksamkeit ist für diese Kinder möglicherweise so unüblich, dass es ihnen schwerfallen kann, sich für die Lernprozesse zu öffnen. Auch zeigt sich bei manchen Materialien, dass diese für Kinder mit einem verbundenheitsorientierten Hintergrund unpassend sein können. So werden bei vielen sprachlichen Übungen die individuellen Vorlieben oder Erinnerungen der Kinder thematisiert, die für Kinder mit verbundenheitsorientiertem Hintergrund schwierig zu bestimmen sein können, da sie eher gewohnt sind, sich in Bezug auf andere wahrzunehmen und zu definieren und damit eher soziale als persönliche Themen und Ereignisse erinnern und ausformulieren können.

Empfehlenswert erscheint eine Sprachunterstützung, die in das Alltagsgeschehen der frühpädagogischen Einrichtung eingebunden ist. In dieser Form der *alltagsbasierten Sprachbildung* (Schröder & Keller, 2012) können frühpädagogische Fachkräfte alle Kinder in den alltäglichen Situationen in der Sprachentwicklung unterstützen. Dadurch bedarf es keiner gesonderten Maßnahmen, und die Kinder können permanent hinsichtlich ihrer sprachlichen Fähigkeiten gefördert werden. Einige Verhaltensweisen haben sich hier als besonders geeignet erwiesen, um Kinder gut zu unterstützen. Zum einen kann hier das *dialoghafte Vorlesen* genannt werden (Schröder & Keller, 2012; Whitehurst et al., 1988). Dabei werden die Kinder beim gemeinsamen Betrachten eines (Bilder-)Buches zum aktiven Mitmachen animiert. In einem ersten Schritt kann die pädagogische Fachkraft das Kind dazu auffordern etwas zu benennen, auf das sie zeigt (»*Guck mal, was ist das denn hier?*«). In einem nächsten Schritt sollte die Aussage des Kindes bestätigt werden (»*Ja, genau, das ist ein Vogel!*«). Daran anschließend können dann weitere Informationen gegeben werden (»*Ja, das ist ein ganz großer Vogel, der schnell laufen kann, der heißt auch Strauß*«). In einem letzten Schritt kann das Kind gebeten werden, das neue Wort zum Bild zu wiederholen (»*Wie heißt dieser Vogel auch? Weißt du das noch?*«). Durch das *dialoghafte Vorlesen* kann der Wortschatz der Kinder und damit auch der spätere Schriftspracherwerb unterstützt werden. Allerdings zeigen Studien, dass die Auswirkungen nicht übermäßig groß zu sein scheinen, und vor allem auch, dass das *dialoghafte Vorlesen* nicht bei allen Kindern in gleichem Maße hilft. Reese und Cox (1999) konnten beispielsweise zeigen, dass *dialoghaftes Vorlesen* vor allem bei jüngeren Kindern (2–3 Jahre) wirksam war, die noch über keinen großen Wortschatz verfügten, nicht aber bei älteren (4–5 Jahre). Die Älteren profitierten eher von dem Vorlesen kompletter Geschichten, die nicht unterbrochen, sondern vorher und nachher besprochen wurden (Mol, Bus, de Jong & Smeets, 2008; Reese & Cox, 1999; Schröder & Keller, 2012). Auch ist das Betrachten von Bilderbüchern in verbundenheitsorientierten Kontexten nicht in dem Maße üblich, wie dies in autonomieorientierten Kontexten der Fall ist. Daher kann der Umgang mit Büchern für manche Kinder ungewohnt sein und möglicherweise nicht ihren bisherigen sprachlichen Bildungsgewohnheiten entsprechen.

Eine gute und kultursensitiv einsetzbare Möglichkeit zur sprachlichen Unterstützung stellt das sog. *elaborative Erinnern* dar (Reese, Leyva, Sparks & Grolnick, 2010), auch bekannt als *memory talk* (Nelson, 2009). Beim *elaborativen Erinnern* werden den Kindern vor allem *offene Fragen* gestellt, die nicht mit »Ja« oder »Nein« zu beantworten sind (z. B. »*Wer ...?*«, »*Warum ...?*«, »*Wo ...?*«). Weiterhin ist hilfreich, sich auf die Themen oder Situationen zu beziehen, an denen das Kind ein Interesse hat und über die es gerne sprechen möchte. Die Antworten des Kindes sollten gelobt werden (und können dabei möglicherweise korrigierend wiederholt werden; z. B. Kind: »*Da, eine Schiff!*« – Erzieherin: »*Ja genau, da ist ein Schiff!*«). Wenn das Kind eine Frage nicht beantworten kann, sollte diese in anderen Worten wiederholt und dem Kind weitere Informationen gegeben werden, um es so zu unterstützen (Erzieherin: »*Was haben wir gestern Vormittag gemacht?*« – Kind: »*Weiß nicht.*« – Erzieherin: »*Nach dem Singkreis, was haben wir da zusammen mit der Bärengruppe in der Turnhalle gemacht?*«) (Schröder & Keller, 2012). Das *elaborative Erinnern* bietet den Vorteil, dass es in allen Situationen Anwendung finden kann und nicht an bestimmte Kontexte gebunden ist. Auch dadurch kann es für Familien mit unterschiedlichen kulturellen Hintergründen eine gute Möglichkeit darstellen, die Sprachentwicklung der Kinder zu unterstützen, und somit ebenfalls für frühpädagogische Fachkräfte eine gute Herangehensweise sein, um unterschiedliche Kinder erreichen zu können. Neben Auswirkungen auf den unmittelbaren Spracherwerb legt das *elaborative Erinnern* auch gute Grundlagen für den Schriftspracherwerb, da hier oftmals Inhalte und Personen thematisiert werden, die nicht unmittelbar anwesend sind. Durch diese Entkopplung von aktuellem Erleben und direkter sprachlicher Beschreibung werden Fähigkeiten trainiert, die auch beim Erlernen der Schriftsprache (also bei Lernen von Lesen und Schreiben) notwendig sind. Umgesetzt und angewandt werden diese Erkenntnisse in dem Projekt *Sprachkultur in der Kita* der Forschungsstelle *Entwicklung, Lernen und Kultur* des Niedersächsischen Instituts für frühkindliche Bildung und Entwicklung (*nifbe*) (Schröder & Keller, 2012). Dabei geht es darum, frühpädagogische Fachkräfte in ihrem Sprachverhalten in Alltagssituationen so zu unterstützen, dass sie Kinder mit unterschiedlichen kulturellen Hintergründen angemessen ansprechen und in ihren sprachlichen Entwicklungsprozessen gut unterstützen können.

In letzter Zeit ist eine sehr lebhafte Diskussion um das sog. *word gap* entstanden. Dabei handelt sich um die Differenz im Ausmaß der an Kinder gerichteten Wortmenge (Wörter-Lücke) zwischen sozioökonomisch benachteiligten im Vergleich zu Kindern in Mittelschichtfamilien. Diese Diskrepanz wird mit 30 Millionen Wörtern über die ersten vier Lebensjahre angegeben. Diese Angaben und Annahmen beruhen allerdings auf einer einzigen Untersuchung, die in den 1980er Jahren mit 42 Familien aus Kansas in den USA gemacht wurde (Hart & Risley, 1995, 2003). Betty Hart und Todd Risley haben die Wörter gezählt, die in einstündigen wöchentlichen Hausbeobachtungen zwischen dem ersten und dritten Geburtstag an das Kind gerichtet wurden. Aus diesen Zahlen haben sie die Anzahl der Wörter hochgerechnet, die die Kinder jeweils in den ersten 4 Lebensjahren hören würden, und zwar von der Hauptbezugsperson, in der Regel die Mutter. Diese Untersuchung stellt faktisch die Grundlage für Sprachförder- und Sprachbildungsprogramme in aller Welt dar. Sperry, Sperry und Miller (2018) haben diese Untersuchung wiederholt, allerdings mit methodischen Verbesserungen. So haben sie den Kontext der Kinder erfasst und alle Spracherfahrung ausgewertet, die die Kinder machen, also die Sprachmenge von allen Personen, die mit dem Kind gesprochen haben, und auch die Sprache, die das Kind gehört hat (Ambiente Sprache). Sie konnten die Ergebnisse von Hart und Riley nicht bestätigen und zeigen, dass Kinder aus unterschiedlichen Familien in den sozialen Gruppierungen je nach Kontext unterschiedliche Erfahrungen machten. Insgesamt hörten die Kinder aus der untersten sozialen Schicht die meisten Wörter. Dieses Ergebnis sollte auch für die Kitapraxis reflektiert werden, z. B. im Hinblick auf die Rolle anderer Kinder für den Spracherwerb bei Kindern mit einer anderen Muttersprache als deutsch.

In Tabelle 7 sind noch einmal die zentralen Aspekte dieses Kapitels zusammengestellt sowie hinsichtlich der Aspekte *Kenntnis*, *Haltung* und *Können* untergliedert.

Tab. 7: Kenntnis – Haltung – Können bezüglich Sprache

Kenntnis	• Kinder sind in den ersten Lebensjahren in der Lage, mehrere Sprachen gleichzeitig zu erlernen (und weltweit betrachtet ist dies eher die Regel als die Ausnahme). • Die Sprachentwicklung kann bezüglich des Tempos (*Late Talker* und *Late Bloomer*) und bezüglich der Art des Spracherwerbs (*analytisch* und *holistisch*) sehr unterschiedlich verlaufen. • Die Art und der Verlauf des Spracherwerbs können mit kulturellen Hintergründen zusammenhängen. • Sprachförderung erscheint effektiver eingebettet in Alltagshandlungen als in gesonderten Lernsituationen.
Haltung	• Offenheit und Wertschätzung für die Begegnung mit fremden Sprachen • Offenheit für unterschiedliche Sprachlerngeschwindigkeiten und -wege der Kinder
Können	• Präsenz von unterschiedlichen Sprachen in der Einrichtung • alltagseingebundene Unterstützung beim Sprachlernen (*elaboratives Erinnern*)

3.3.6 Raumgestaltung

Der architektonischen Konzeption sowie der Gestaltung von Innen- und Außenräumen von Kindertageseinrichtungen werden zunehmend Bedeutung beigemessen (z. B. Haug-Schnabel & Wehrmann, 2012; Moser & Martinsen, 2010). In Anlehnung an den aus der Reggio-Pädagogik stammenden Grundsatz, dass die Räume als *dritte Erzieher* anzusehen sind (▶ Kap. 2.1.5), werden die Räume aktuell sogar teilweise auch als *erste Erzieher* bezeichnet, um so deren besonderen Stellenwert herauszuheben sowie die Tatsache, dass die räumliche Gestaltung auch dann weiterwirkt, wenn die frühpädagogischen Fachkräfte (oder andere Kinder) nicht anwesend sind bzw. sich gerade mit anderen Kindern oder Dingen beschäftigen (Schäfer, 2005b; von der Beek, 2012). Neben dem Personalschlüssel und der Qualifizierung des Personals der Kindertageseinrichtung kommt der räumlichen Gestaltung eine zentrale Bedeutung hinsichtlich der strukturellen Voraussetzungen für gute Entwicklungs- und Bildungsbedingungen von Kindern zu (z. B. BMBF, 2004). Die Empfehlungen bezüglich der räumlichen Größe schwanken je nach Expertengremium, liegen aber etwa bei 6 qm pro Kind bezogen auf den Gruppenraum und zwischen 6 und 12 qm pro Kind bezogen auf das Außengelände (Bensel, Haug-Schnabel, Maier & Weber, 2012). Bensel et al. (2012) vergleichen die unterschiedlichen Empfehlungen der Landesjugendämter bzw. die jeweiligen gesetzlichen Vorgaben der Bundesländer bezüglich der räumlichen Gestaltung und Ausstattung sowie der Raumgrößen. Dabei zeigt sich, dass Ausführungen zur Raumgestaltung sehr uneinheitlich und auch nicht überall zu finden sind. Bei den Angaben zur Raumgröße bestehen große Unterschiede. Durchschnittlich werden 2,4 qm pro Kind für den Gruppenraum (Altersbereich 3–6) und 3,4 qm pro Kind für den Gruppenraum (Altersbereich 0–3) empfohlen. Diese Werte liegen also deutlich unter der Expertenempfehlung von 6 qm. Hinsichtlich der Größe der anderen Raumarten (wie Schlafraum und Bewegungsraum) sind nur vereinzelt Angaben zu finden, so dass sich keine zusammenfassenden Aussagen treffen lassen. Die Vorgaben für das Außengelände sind mit durchschnittlich 10,3 qm pro Kind für den Altersbereich 3–6 und 12,8 qm pro Kind für den Altersbereich 0–3 nahezu identisch mit den Expertenempfehlungen. Hierbei ergibt sich auch ein deutlich homogeneres Bild zwischen den einzelnen Bundesländern. Im Gegensatz zu den Landesgesetzen, Ausführungsverordnungen und Empfehlungen der Landesjugendämter enthalten die meisten Bildungs- und Orientierungspläne der Bundesländer detaillierte Ausführungen zur qualitativen Gestaltung der Räume (▶ Kap. 2.3). Vor allem folgende Raumbildungsmerkmale werden erwähnt: *körperliche Herausforderungen/Bewegungsanreize, sprachliche Anreize/Literacy, Sinneserfahrung/Wahrnehmung, experimentelle Natur(wissenschaftliche)-, Technik- und Materialerfahrung, Selbsterfahrung/Selbstwirksamkeit, Partizipation und Autonomie*. Es finden sich also durchaus sowohl Bildungsbereiche, die einer Autonomieorientierung zugeordnet werden können (Selbsterfahrung und Selbstwirksamkeit), als auch Bereiche, die eher einer Verbundenheitsorientierung (im Sinne einer Unterstützung einer *Handlungsautonomie*) zuzuordnen sind (Partizipation). Ähnlich findet sich dies auch in anderen Raumbildungsmerkmalen wie der folgenden Zusammenstellung (siehe u. a von der Beek, 2001):

Raumgestaltung sollte:

- Selbstbildung ermöglichen
- unterschiedliche Spielbereiche für Gesellungsformen (alleine, zu zweit, mehrere Kinder) anbieten
- Grundbedürfnisse nach Bewegung, Ruhe, Rückzug, Gestalten, Rollenspiel, Bauen und Essen berücksichtigen
- freie Wahl des Spielortes, der Spielmaterialien, der Spielpartner und der Spieldauer erlauben
- die Sinne anregen (Licht, Akustik, Farben, Materialeigenschaften)
- räumliche Beziehungen herstellen (Übergänge, kurze Wege, Transparenz, Begrenzungen)
- Orte für Begegnungen schaffen.

(Wiebe, 2011, S. 5)

Häufig wird bei diesen Zusammenstellungen ein besonderer Schwerpunkt auf Selbstbildungsaspekte und Kindzentrierung gelegt, wie die folgenden Textauszüge verdeutlichen:

> Im Mittelpunkt für die Gestaltung von Räumen steht die Eigenaktivität und somit die Selbstbildung der Kinder. Je jünger die Kinder sind, desto wichtiger ist es, ihre Selbstbildungsprozesse dadurch zu fördern, dass die Räume entsprechend gestaltet und die Materialien bedürfnisorientiert ausgewählt werden. (Wiebe, 2011, S. 13)

> Mit der neuen Wahrnehmung unserer Kinder als Individuen verbindet sich das Bestreben, anspruchsvolle Architektur für sie zu entwerfen. (Hetkamp, 2012, S. 123)

In diesen Diskussionen wird erstaunlich wenig Wert gelegt auf Dimensionen des Raumes, die mit Vertrautheit und Wohlbefinden zusammenhängen. Das Konzept der Ortsidentität besagt, dass Menschen nicht nur mit anderen Menschen Beziehungen eingehen, sondern z. B. auch mit Räumen, Landschaften und Bäumen. Diese Dimensionen können in einer multikulturellen Kita sehr bedeutsam sein, wenn sich zum Beispiel Kinder im Freien wohler und entspannter fühlen als in den Räumen, die nach hiesigen Vorstellungen ausgestaltet und dekoriert sind. Kulturen unterscheiden sich deutlich in ästhetischen Präferenzen, Farbvorlieben und Gestaltungsmerkmalen. Kinder, die in eine sehr fremde räumliche Situation kommen, müssen andere Anpassungsleistungen vollbringen als Kinder, die in einem vertrauten Raumkonzept ankommen (siehe dazu ausführlich Keller, 2019a).

Für manche Kinder kann es möglicherweise auch hilfreich sein, in angeleiteten Aktivitäten an dem Raum und der Freifläche mitzuarbeiten, z. B. in kleineren Gartenarbeiten – in vielen Kitas werden bereits Nutzpflanzen gezogen. So kann Ortsidentität gebildet werden und auch ein Gruppengefühl.

Auch ist es wichtig, sowohl Raum für gemeinsame Aktivitäten und Möglichkeiten des kooperativen Zusammenseins als auch Rückzugsangebote für einzelne Kinder zu schaffen und vor allem auch ein Bewusstsein dafür zu erlangen, dass neben individuellen Vorlieben der Kinder auch kulturelle Unterschiede bestehen können. Für manche Kinder könnte es beispielsweise völlig ungewohnt sein, sich alleine zu beschäftigen und eine Atmosphäre der Ruhe um sich zu haben, während es für andere Kinder eher wichtig sein kann, auch mal einen Freiraum und Ruhe für sich zu haben und diesen Freiraum nach eigenen Wünschen gestalten zu können. Darin können auch unterschiedliche Wünsche und Vorstellungen der Eltern zum Ausdruck kommen:

- Welchen Wert messen sie der motorischen Aktivität und Entwicklung bei?
- Sollen gemeinschaftsbezogene Handlungsroutinen (z. B. Tischdecken) früh erlernt werden?
- Wird eher eine Auseinandersetzung mit formaleren Bildungsbereichen erwartet?
- Werden diese Bildungsfelder dann eher vom Kind selbst gewählt oder sollen sie von den frühpädagogischen Fachkräften im Rahmen von Angeboten oder Anleitungen vorgegeben werden?

Auch können Eltern vor allem eine entspannte Atmosphäre für ihr Kind wünschen, in der es sich ohne Druck und Vorgabe selbstbestimmt im Raum bewegen kann. Diese unterschiedlichen Vorstellungen, die für die Haus-, Raum- und Geländegestaltung von Bedeutung sind, werden häufig bereits in den pädagogischen Alltag einbezogen (z. B. Haug-Schnabel & Wehrmann, 2012; Stadtkinder-Extra, 2003). Werden die dargestellten kulturellen Unterschiede berücksichtigt, dann können die jeweiligen räumlichen Möglichkeiten von Häusern, Räumen und vom Außengelände noch besser und systematischer auf die Bedürfnisse und kulturellen Hintergründe der jeweiligen Kinder und Familien bezogen werden. Damit können dann nicht nur der konzeptionelle Rahmen sowie die Handlungen der frühpädagogischen Fachkräfte zu einer kultursensitiven Umgebung beitragen, sondern es kann bereits eine kultursensitive Umgebung durch die räumliche Gestaltung herstellt werden.

In Tabelle 8 sind noch einmal die zentralen Aspekte dieses Kapitels zusammengestellt sowie hinsichtlich der Aspekte *Kenntnis*, *Haltung* und *Können* untergliedert.

Tab. 8: Kenntnis – Haltung – Können bezüglich der Raumgestaltung

Kenntnis	Kulturelle Unterschiede bestehen hinsichtlich der Bedeutung von ... • Raum zur Selbstverwirklichung und Eigenaktivität • Raum zum Sich-Zurückziehen und Alleine-Sein • Raum zur sozialen Begegnung und zum Erleben von Gemeinschaft • Raum zum Erleben von Verbundenheit im Rahmen von vorgegebenen Angeboten
Haltung	• Offenheit und Wertschätzung von unterschiedlichen Erwartungen der Eltern hinsichtlich der Raumnutzung • Offenheit und Wertschätzung für unterschiedliche kindliche Vorlieben und Gewohnheiten bezüglich der Nutzung von Räumen
Können	• Raumgestaltung, die sowohl Möglichkeiten zur Eigengestaltung und Selbstbildung bietet als auch zur sozialen Begegnung und zur Durchführung von Angeboten sowie zum Rückzug und Alleine-Sein • variable Nutzungsmöglichkeiten für die Kinder anbieten

3.4 Empfohlene Literatur zur Vertiefung

Borke, J., Döge, P. & Kärtner, J. (2011). *Kulturelle Vielfalt bei Kindern in den ersten drei Lebensjahren – Anforderungen an frühpädagogische Fachkräfte* (WiFF Expertisen, Band 16). München: DJI.
Ausgehend von Befunden zur kulturvergleichenden Säuglings- und Kleinkindforschung werden in dieser Expertise für die Weiterbildungsinitiative Frühpädagogische Fachkräfte (WiFF) des Bundesministeriums für Bildung und Forschung, der Robert Bosch Stiftung und des Deutschen Jugendinstituts e. V. Ableitungen für unterschiedliche Schlüsselsituationen im Krippenalltag dargestellt und diskutiert.

Borke, J. & Schwentesius, A. (2018). *Kultursensitives Arbeiten in der Kita – Ein Leitfaden für pädagogische Fachkräfte*. Kronach: Carl Link.
In diesem Leitfaden für die Praxis werden unterschiedliche Methoden, Übungen und Arbeitsblätter dargestellt, welche die Reflexion einer kultursensitiven Haltung sowie das kultursensitive Arbeiten bezogen auf Schlüsselsituationen mit Kindern und Eltern unterstützen können.

Keller, H. (2011a). *Kinderalltag*. Heidelberg/Berlin: Springer.
Dieses Buch gibt in gut lesbarer Weise sowie ergänzt durch viele Beispiele und Fotos zentrale Grundlagen der kulturvergleichenden Säuglings- und Kleinkindforschung wieder. Zudem werden in diesem Buch Bedeutungen für die Anwendung in der frühpädagogischen Arbeit thematisiert.

4 Zusammenfassung und Ausblick

Dieses Buch stellt einen Entwurf für eine kultursensitive Frühpädagogik dar. Ausgehend von den Erkenntnissen der kulturvergleichenden Familienforschung sowie vor dem Hintergrund anthropologischer und evolutionärer Befunde wurden in einem ersten Schritt Ideen und Impulse für eine Arbeit in Kindertageseinrichtungen ausgeführt, die eine systematische Berücksichtigung von kulturellen Unterschieden und damit eine empirisch wie theoretisch untermauerte Bereitstellung unterschiedlicher pädagogischer Handlungsoptionen ermöglichen können. Der Fokus liegt auf einer Beschreibung unterschiedlicher Kontexte, in denen Kinder und Familien aufwachsen. Es kann gezeigt werden, dass hier je nach Kontext ganz unterschiedliche Überzeugungen und Verhaltensweisen vorliegen, die jeweils auf das Leben in den spezifischen Kontexten vorbereiten. Hierdurch können maßgebliche Aspekte des Spektrums einer kulturellen Vielfalt abgebildet werden. So kann dieser Ansatz einer kultursensitiven Frühpädagogik im Sinne einer Differenziellen Pädagogik dazu beitragen, die in den pädagogischen Einrichtungen vorhandene kulturelle Vielfalt in einer Form zu ordnen, die weder beliebig noch übermäßig vereinfachend ist. Dieses Hintergrundwissen kann so dazu beitragen, dass frühpädagogische Fachkräfte die Werte, Wünsche und Verhaltensweisen von Familien mit unterschiedlichen kulturellen Hintergründen besser verstehen und einordnen können.

In einem zweiten Schritt wurden die aktuellen frühpädagogischen Ansätze, Konzepte, Debatten, Pläne und Begriffe dargestellt und hinsichtlich einer kultursensitiven Eignung im Sinne dieses Buches eingeordnet. Zudem wurde das Konzept der Inklusion beschrieben und in seinen Chancen und Risiken bewertet.

Es zeigten sich dabei für alle Bereiche unterschiedliche Möglichkeiten, aber auch Grenzen. So wurde die teilweise einseitige Ausrichtung an einer Autonomieorientierung in den pädagogischen Konzepten wie auch im Bildungsbegriff der Frühpädagogik beschrieben. Deutlich wurde aber auch, dass die pädagogischen Konzepte ebenfalls Anteile einer Verbundenheitsorientierung enthalten.

Für die frühpädagogische Arbeit scheint dabei bedeutsam, die Grenzen und Chancen für eine kultursensitive Anwendung jeweils bewusst erkennen und analysieren zu können, um daraus die Möglichkeiten für einen flexiblen Umgang und Einsatz der Konzepte im Sinne einer kultursensitiven Anwendung entwickeln zu können. Auf diese Weise erscheint es umsetzbar, dass eine Vielfalt in der Anwendung und Auslegung mit einer Vielfalt der Kinder und Familien korrespondieren kann. In den meisten Bildungs- und Orientierungsplänen der Bundesländer wird betont, wie bedeutsam die Berücksichtigung kultureller Unterschiede in der frühpädagogischen Arbeit ist. Die Ausführungen bleiben aber meist eher allgemein, und nur in wenigen dieser Curricula wird angedeutet, welche Konsequenzen eine systematische Berücksichtigung der kulturellen Vielfalt für die alltäglichen Abläufe in einer Kindertagestätte hat und wie der Umgang mit dieser kulturellen Vielfalt ganz konkret gestaltet werden kann.

Im dritten Schritt stand die Anwendung einer kultursensitiven Frühpädagogik im Mittelpunkt. Als hilfreicher Zugang erwies sich ein Dreiklang aus *Kenntnis, Haltung* und *Können*. Anhand bedeutender Situationen des frühpädagogischen Alltages wurden konkrete Umsetzungsmöglichkeiten dargestellt. Handlungsalternativen wurden aufgezeigt, die den frühpädagogischen Fachkräften ermöglichen, sensitiv auf die unterschiedlichen kulturellen Hintergründe von Kindern und Eltern eingehen und diese somit berücksichtigen zu können.

Der Ansatz einer kultursensitiven Frühpädagogik berücksichtigt *systematisch* kulturelle Vielfalt in der Frühpädagogik. Familien mit unterschiedlichen kulturellen Philosophien können darüber Vertrauen in die Sinnhaftigkeit der frühkindlichen Bildungsprozesse in Kindertageseinrichtungen entwickeln, was wiederum zu einer größeren Partizipation an Bildung und Gesellschaft führen kann. Gerade in diesem frühen Altersbereich ist die Teilnahme von Kindern aus Familien mit Migrationshintergrund noch recht gering (Tietze et al., 2013), was neben strukturellen Faktoren (Erreichbarkeit, Kosten) auch kulturelle Diskrepanzen widerspiegelt. Die (Be-)Achtung kulturspezifischer Routinen im Alltag der Kindertageseinrichtungen ist ein erster Schritt zur Ermöglichung einer besseren Teilhabe am Bildungsgeschehen. Wie wir unter anderem am Beispiel des Spracherwerbs aufgezeigt haben, gibt es verschiedene Möglichkeiten und Zugangswege, Kompetenzen zu erwerben. Um allen Kindern die Teilhabe am Bildungsgeschehen zu ermöglichen, müssen diese Möglichkeiten zukünftig systematischer genutzt werden.

Wie oben erwähnt, stellt das Buch den Entwurf einer kultursensitiven Frühpädagogik dar. Weitere Spezifizierungen sowie eine enge Kooperation mit der frühpädagogischen Praxis sind erforderlich, um diesen Ansatz einer Differenziellen Pädagogik weiterentwickeln und evaluieren zu können – auch unter einer längerfristigen Perspektive (siehe hierzu z. B. Borke & Schwentesius, 2018). Wir freuen uns, wenn wir mit diesem Buch einen Beitrag sowohl zum Diskurs in der Frühpädagogik als auch vor allem zur praktischen Arbeit in frühpädagogischen Einrichtungen vorlegen konnten.

Literatur

Ahnert, L. (2008). Frühe Bindung – Entstehung und Entwicklung (2. Aufl.). München: Reinhardt.
Albers, T. (2011). Mittendrin statt nur dabei. Inklusion in Krippe und Kindergarten. München: Reinhardt.
Akinci, H. (2008). Das Fleisch gehört dir, die Knochen mir. Norderstedt: Books on Demand.
Ataca, B. (2006). Turkey. In J. Georgas, J. W. Berry, F. J. R. van de Vijver, Ç. Kağıtçıbaşı & Y. H. Poortinga (Eds.), Families across cultures: A 30 nation psychological study (pp. 467–474). Cambridge: Cambridge University Press.
Auernheimer, G. (2003). Einführung in die Interkulturelle Pädagogik (3., neu bearb. u. erw. Aufl.). Darmstadt: WBG.
Auernheimer, G. (2007). Einführung in die Interkulturelle Pädagogik (5., erg. Aufl.). Darmstadt: WBG.
Baden-Württemberg – Ministerium für Kultus, Jugend und Sport (Hrsg.) (2014). Orientierungsplan für Bildung und Erziehung in baden-württembergischen Kindergärten und weiteren Kindertageseinrichtungen. Freiburg: Herder.
Barz, H. & Randoll, D. (Hrsg.) (2007). Absolventen von Waldorfschulen. Eine empirische Studie zu Bildung und Lebensgestaltung. Wiesbaden: VS.
Bates, E., Dale, P. S. & Thal, D. (1995). Individual differences and their implications for theories of language development. In P. Fletcher & B. MacWhinney (Eds.), The handbook of child language (pp. 96–152). Oxford: Basil Blackwell.
Bates, E., Marchman, V., Thal, D., Fenson, L., Dale, P., Reznick, J. S., Reilly, J. & Hartung, J. (1994). Developmental and stylistic variation in the composition of early vocabulary. Journal of Child Language, 21, 85–124.
Bacia, H. (2008). Dalai Lama im Exil – Zufluchtsort Klein-Lhasa. Frankfurter Allgemeine Zeitung. Zugriff am 25.07.2019: https://www.faz.net/aktuell/politik/china-spezial/dalai-lama/dalai-lama-im-exil-zufluchtsort-klein-lhasa-1511985.html
Becker-Textor, I. (2000). Maria Montessori – der pädagogische Ansatz. In W. E. Fthenakis & M. R. Textor (Hrsg.), Pädagogische Ansätze im Kindergarten (S. 30–41). Weinheim: Beltz.
Belsky, J., Steinberg, L. & Draper, P. (1991). Childhood experience, interpersonal development, and reproductive strategy: An evolutionary theory of socialization. Child Development, 62, 647–670.
Bensel, J. (2003). Frühe Säuglingsunruhe: Einfluss westlicher Betreuungspraktiken und Effekte auf Aktivitätsmuster und biologischen Rhythmus. Berlin: VWB-Verlag.
Bensel, J., Haug-Schnabel, G., Maier, M. & Weber, S. (2012). 16 Länder – 16 Raumvorgaben: Föderalismus als Chance oder Risiko? In G. Haug-Schnabel & I. Wehrmann (Hrsg.), Raum braucht das Kind – Anregende Lebenswelten für Krippe und Kindergarten (S. 31–43). Kiliansroda: verlag das netz.
Berger, M. (2001). Kurze Chronik der ehemaligen und gegenwärtigen Ausbildungsstätten für Kleinkindlehrerinnen, Kindergärtnerinnen, Hortnerinnen … und ErzieherInnen in Bayern – Ein Beitrag zur Geschichte und Gegenwart der professionellen ErzieherInnenausbildung. In M. R. Textor (Hrsg.), Kindergartenpädagogik – Online-Handbuch. Zugriff am 25.07.2019: https://kindergartenpaedagogik.de/414.pdf?id=414
Besse, M. (1983). Gestaltung des Lebens in der Kinderkrippe. In E. Schmidt-Kolmer (Hrsg.), Krippenpädagogik (S. 81–107). Berlin: VEB Verlag Volk und Gesundheit.

Bjorklund, D. F. & Pellegrini, A. D. (2002). The origins of human nature: Evolutionary developmental psychology. Washington, D. C.: American Psychological Association.
Böhm, D. & Böhm, R. (2007). Der Situationsansatz. kindergarten heute spezial, 107, 50–59.
Böhm, D., Böhm, R. & Deiss-Niethammer, B. (1999). Handbuch Interkulturelles Lernen – Theorie und Praxis für die Arbeit in Kindertageseinrichtungen. Freiburg: Herder.
Bohnsack, F. (2011). John Dewey (1859–1952). In H.-E. Tenorth (Hrsg.), Klassiker der Pädagogik 2 – Von John Dewey bis Paulo Freire (2., durchgeseh. Aufl.) (S. 44–60). München: C. H. Beck.
Booth, T., Ainscow, M. & Kingston, D. (2006). Index für Inklusion – Tageseinrichtungen für Kinder (deutschsprachige Ausgabe). Frankfurt a. M.: Gewerkschaft Erziehung und Wissenschaft (GEW).
Booth, T., Ainscow, M. & Kingston, D. (2017). Index für Inklusion in Tageseinrichtungen – Gemeinsam leben, spielen und lernen (für den Gebrauch in Deutschland überarbeite Fassung). Frankfurt a. M.: Gewerkschaft Erziehung und Wissenschaft (GEW).
Borke, J. (2018). Kultur des Schlafens. Betrifft Kinder, 05–06, 30–32.
Borke, J., Bruns, H., Brouer, A., Döge, P., Hamilton-Kohn, B., Harting, V., Kärtner, J., Kleemiß, H. & Pypec, K. (2013). Kultursensitive Krippenpädagogik – Anregungen für den Umgang mit kultureller Vielfalt. Kiliansroda: verlag das netz.
Borke, J., Döge, P. & Kärtner, J. (2011). Kulturelle Vielfalt bei Kindern in den ersten drei Lebensjahren – Anforderungen an frühpädagogische Fachkräfte (WiFF Expertisen, Band 16). München: DJI.
Borke, J. & Hawellek, C. (2011). Trotz – entwicklungspsychologische und klinische Perspektiven. In H. Keller (Hrsg.), Handbuch der Kleinkindforschung (4. Aufl., S. 1076–1086). Bern: Huber.
Borke, J., Lamm, B. & Schröder, L. (2019). Kultursensitive Entwicklungspsychologie (0–6 Jahre). Grundlagen und Praxis für pädagogische Arbeitsfelder. Göttingen: Vandenhoeck & Ruprecht.
Borke, J., Schiller, E.-M., Schöllhorn, A. & Kärtner, J. (2015). Kultur – Entwicklung – Beratung. Kultursensitive Therapie und Beratung für Familien mit Säuglingen und Kleinkindern. Göttingen: Vandenhoeck & Ruprecht.
Borke, J. & Schwentesius, A. (2018). Kultursensitives Arbeiten in der Kita – Ein Leitfaden für pädagogische Fachkräfte. Kronach: Carl Link.
Borke, J. & Schwentesius, A. (Hrsg.) (2020). Zusammenarbeit mit Eltern in Kindertagesstätten – Unter Berücksichtigung vorurteilsbewusster, interkultureller, kultursensitiver und interreligiöser Ansätze sowie von Migrations- und Fluchtprozessen. Weinheim: Beltz Juventa.
Bossong, L. (2017). Kulturell divergierende Vorstellungen von Erziehung, frühkindlicher Bildung und Betreuung in deutschen Kindertageseinrichtungen – Die Perspektiven von pädagogischen Fachkräften und von Müttern aus unterschiedlichen ökosozialen Kontexten. Dissertation, Universität Osnabrück. Zugriff am 24.09.2019: https://repositorium.ub.uni-osnabrueck.de/bitstream/urn:nbn:de:gbv:700-2017091316268/7/thesis_bossong.pdf
Bostelmann, A. (Hrsg.) (2008). Praxisbuch Krippenarbeit. Leben und lernen mit Kindern unter 3. Mühlheim an der Ruhr: Verlag an der Ruhr.
Bredekamp, S. & Copple, C. (Eds.). (1997). Developmentally appropriate practice in early childhood programs. Washington, D. C.: National Association for Education of Young Children.
Brockschnieder, F.-J. (2007). Reggio-Pädagogik. kindergarten heute spezial, 107, 41–49.
Bruner, J. (1985). Actual minds, possible worlds. Cambridge, MA: Harvard University Press.
Bundesministerium für Bildung und Forschung (BMBF) (o. J.). PISA – internationale Schulleistungsstudie. Zugriff am 16.09.2019: https://www.bmbf.de/de/pisa-programme-for-international-student-assessment-81.html
Bundesministerium für Bildung und Forschung (BMBF) (2004). Konzeptionelle Grundlagen für einen Nationalen Bildungsbericht – Non-formale und informelle Bildung im Kindes- und Jugendalter. Berlin: Bundesministerium für Bildung und Forschung (BMBF).
Bundesministerium für Familie, Senioren, Frauen und Jugend (BMFSFJ) (2019a). Gesetz zur Weiterentwicklung der Qualität und zur Teilhabe in der Kindertagesbetreuung (Gute-KiTa-Gesetz). Zugriff am 16.09.2019: https://www.bmfsfj.de/bmfsfj/service/gesetze/gesetz-zur-

weiterentwicklung-der-qualitaet-und-zur-teilhabe-in-der-kindertagesbetreuung--gute-kita-gesetz-/127136

Bundesministerium für Familie, Senioren, Frauen und Jugend (BMFSFJ) (2019b). Kita-Ausbau: Gesetze und Investitionsprogramme. Zugriff am 16.09.2019: https://www.bmfsfj.de/bmfsfj/themen/familie/kinderbetreuung/kita-ausbau

Caldwell, J. C. (1982). Theory of fertility decline. New York: Academic Press.

Chaudhary, N. & Scheidecker, G. (2019). Can the best of intentions have negative outcomes? Campaigns, claims and consequences. Zugriff am 07.10.2019: https://masalachaimusings.com/2019/08/30/can-the-best-of-intentions-have-negative-outcomes/

Cherry, T. (2011). Ein Waldorfkindergarten. Zugriff am 09.12.2019: https://www.freunde-waldorf.de/die-freunde/publikationen/waldorfpaedagogik-weltweit/teil-2/vietnam.html

Chirkov, V. I., Ryan, R. M., Kim, Y. & Kaplan, U. (2003). Differentiating autonomy from individualism and independence: A self-determination theory perspective on internalization of cultural orientations and well-being. Journal of Personality and Social Psychology, 84, 97–110.

Corte, M., Benedict, H. & Klein, D. (1983). The relationship of pragmatic dimensions of mothers' speech to the referential-expressive dimension. Journal of Child Language, 10, 35–43.

Dahlberg, G., Moss, P. & Pence, A. (1999). Beyond quality in early childhood education and care – Postmodern perspectives. London/Philadelphia: Falmer Press.

Deci, E. L. & Ryan, R. M. (1991). A motivational approach to self: Integration in personality. In R. Dienstbier (Ed.), Nebraska symposium on motivation: Vol. 38. Perspectives on motivation (pp. 237–288). Lincoln, NE: University of Nebraska Press.

Demuth, C. (2008). Talking to infants: How culture is instantiated in early mother-infant interactions. The case of Cameroonian farming Nso and North German middle-class families. Dissertation, Universität Osnabrück. Zugriff am 09.12.2019: https://repositorium.ub.uni-osnabrueck.de/bitstream/urn:nbn:de:gbv:700-2009030626/3/E-Diss865_thesis.pdf

Derman-Sparks, L. (2008). Anti-Bias Pädagogik: Aktuelle Entwicklungen und Erkenntnisse aus den USA. In P. Wagner (Hrsg.), Handbuch Kinderwelten. Vielfalt als Chance – Grundlagen einer vorurteilsbewussten Bildung und Erziehung (S. 239–248). Freiburg: Herder.

Derman-Sparks, L. & Anti Bias Task Force (1989). Anti-Bias-Curriculum. Tools for empowering young children. Washington, D. C.: National Association for the Education of Young Children.

Deutsche UNESCO Kommission (DUK) (2009). Frühkindliche Bildung inklusiv gestalten: Chancengleichheit und Qualität sichern. Resolution der 69. Hauptversammlung. Deutsche UNESCO Kommission (Hrsg.). Zugriff am 09.12.2019: https://www.unesco.de/bildung/inklusive-bildung/fruehkindliche-bildung-inklusiv-gestalten-chancengleichheit-und-qualitaet

deVries, M. W. & deVries, M. R. (1977). Cultural relativity of toilet training readiness: A perspective from East Africa. Pediatrics, 60, 170–177.

Dewey, J. & Dewey, E. (1915). Schools of to-morrow. New York: Dutton.

Dirim, İ. & Mecheril, P. (2010). Die Schlechterstellung Migrationsanderer. Schule in der Migrationsgesellschaft. In P. Mecheril, M. do Mar Castro Varela, I. Dirim, A. Kalpaka & C. Melter (Hrsg.), Migrationspädagogik (S. 121–149). Weinheim: Beltz.

Diskowski, D. (1993). Planlos – oder ›Alles nach Plan‹? Zwischen Erziehungs- und Bildungsprogramm und Beliebigkeit. Kita Debatte, 3, 51–54.

Dreier, A. (1999). Was tut der Wind, wenn er nicht weht? Begegnungen mit der Kleinkindpädagogik in Reggio Emilia (4. Aufl.). Berlin: Luchterhand.

Dubiel, H. (1988). Kritische Theorie der Gesellschaft. Eine einführende Rekonstruktion von den Anfängen im Horkheimer-Kreis bis Habermas. Weinheim: Juventa.

Dunbar, R. (1996). Grooming, gossip, and the evolution of language. Cambridge, MA: Harvard University Press.

Ebert, S. (2007). Friedrich Fröbel. kindergarten heute spezial, 107, 8–15.

Ellis, E. M. & Thal, D. J. (2008). Early language delay and risk for language impairment. Perspectives on Language Learning and Education, 15, 93–100.

Elschenbroich, D. (2001). Weltwissen der Siebenjährigen. Wie Kinder die Welt entdecken können. München: Kunstmann.

Enßlin, U. & Henkys, B. (2003). Vielfalt ins Gespräch bringen mit Persona Dolls. In C. Preissing & P. Wagner (Hrsg.), Kleine Kinder – keine Vorurteile (S. 118–131). Freiburg: Herder.

Erikson, E. H. (1950). Childhood and society. New York: Norton.

Födinger, D. G. (2012). Das freie Spiel: Emmi Pikler und Maria Montessori im Vergleich (2., überarb. Aufl.). Hamburg: Diplomica Verlag.

Foerch, D. & Iuspa, F. (2016). The Internationalization of the Reggio Emilia Philosophy. Contrapontos, 16, 321–350.

Föppl, K. & Lohrenz, H. (1999). Die Freie Waldorfschule in Hildesheim. Konzeption und Praxis. In R. W. Keck (Hrsg.), Didaktik im Zeichen der Ost-West-Annäherung. Zur Didaktik im Kontext (post-)moderner Pädagogik und Konzeptionen zur Humanisierung der Bildung (S. 238–245). Münster: LIT.

Forschungsgruppe JugendMedienKultur, Universität Trier (2005). (Spät-)Aussiedler: Statistische Grunddaten. Zugriff am 09.12.2019: https://www.waldemar-vogelgesang.de/dekra.ppt

Fröbel, F. (1862). In W. Lange (Hrsg.), Friedrich Fröbels gesammelte pädagogische Schriften. Berlin: Verlag von Th. Chr. Fr. Enslin.

Fthenakis, W. E. (2002). Die Ausbildung von Erzieherinnen und Erziehern: Strategiekonzepte zur Weiterentwicklung von Ausbildungsqualität. In W. E. Fthenakis & P. Oberhuemer (Hrsg.), Ausbildungsqualität (S. 15–38). Berlin: Luchterhand.

Fthenakis, W. E. (2003). Zur Neukonzeptualisierung der Bildung in der frühen Kindheit. In W. E. Fthenakis (Hrsg.), Elementarpädagogik nach Pisa. Wie aus Kindertagesstätten Bildungseinrichtungen werden können (5. Aufl., S. 18–37). Freiburg: Herder.

Furrow, D. & Nelson, K. (1984). Environmental correlates of individual differences in language acquisition. Journal of Child Language, 11, 523–534.

Gaitanides, S. (2006). Interkulturelle Öffnung der Sozialen Dienste. In H.-U. Otto & M. Schrödter (Hrsg.), Soziale Arbeit in der Migrationsgesellschaft (S. 222–233). Lahnstein: Verlag neue praxis.

Gaskins, S. (1999). Children's daily lives in a Mayan village: A case study of culturally constructed roles and activities. In A. Göncü (Ed.), Children's engagement in the world: Sociocultural perspectives (pp. 25–60). New York: Cambridge University Press.

Gaskins, S. (2006). Cultural perspectives on infant-caregiver interaction. In N. J. Enfield & S. C. Levinson (Eds.), The roots of human sociality: Culture, cognition, and human interaction (pp. 279–298). Oxford: Berg.

Gaskins, S. (2013). Pretend play as culturally constructed activity. In M. Taylor (Ed.), The Oxford handbook of the development of imagination (pp. 224–247). Oxford: Oxford University Press.

Gaskins, S., Haight, W. & Lancy, D. F. (2007). The cultural construction of play. In A. Göncü & S. Gaskins (Eds.), Play and development: Evolutionary, sociocultural and functional perspectives (pp. 179–202). Mahwah, NJ: Erlbaum.

Gaskins, S. & Keller, H. (2019). Learning about Children by Listening to Others and Thinking about Ourselves. Zugriff am 01.10.2019: https://perspectives.waimh.org/2019/06/07/learning-about-children-by-listening-to-others-and-thinking-about-ourselves/

Geary, D. C. & Flinn, M. V. (2001). Evolution of human parental behavior and the human family. Parenting: Science and Practice, 1, 5–61.

Gerspach, M. & Naumann, T. (2010). Besorgte Nachfragen zur Debatte um die Elementarpädagogik. Zeitschrift für Inklusion, 3. Zugriff am 09.12.2019: https://www.inklusion-online.net/index.php/inklusion-online/article/view/127

Göncü, A. (1993). Guided participation in Keçioren. In B. Rogoff, J. Mistry, A. Göncü & M. Christine (Eds.), Guided participation in cultural activity by toddlers and caregivers. Monographs of the Society for Research in Child Development, 58(7), 126–147.

Gonzalez-Mena, J. (2008). Diversity in early care and education. Honoring differences (5th Ed.). New York: McGraw-Hill.

Gonzalez-Mena, J. & Widmeyer Eyer, D. (2008). Säuglinge, Kleinkinder und ihre Betreuung, Erziehung und Pflege. Freiamt: Arbor.

Gopnik, A., Meltzoff, A. & Kuhl, P. (2003). Forschergeist in Windeln. München: Piper.

Greenfield, P. M. (2004). Weaving generations together. Evolving creativity in the Maya of Chiapas. Santa Fe, NM: Sar Press.

Grell, F. (2010). Über die (Un-)Möglichkeit, Früherziehung durch Selbstbildung zu ersetzen. Zeitschrift für Pädagogik, 56, 154–167.
Grimm, H. (2003). Störungen der Sprachentwicklung (2., überarb. Aufl.). Göttingen: Hogrefe.
Grochla, N. (2008). Qualität und Bildung. Münster: LIT.
Grunder, H.-U. (2001). Schule und Lebenswelt. Münster: Waxmann.
Gründler, E. C. (2002). Kooperation mit dem Säugling. In Das Familienhandbuch des Staatsinstituts für Frühpädagogik (IFP). Zugriff am 09.12.2019: https://www.familienhandbuch.de/babys-kinder/entwicklung/saeugling/spiel/KooperationmitdemSaeugling.php
Günther, F. (2006). Sozialistischer Nachwuchs. ZEIT online. Zugriff am 07.10.2011: http://www.zeit.de/online/2006/31/kindergarten-konzepte-ddr
Gutknecht, D. (2012). Bildung in der Kinderkrippe. Wege zur Professionellen Responsivität. Stuttgart: Kohlhammer.
Harkness, S. & Super, C. (1992). Shared child care in East Africa: Sociocultural origins and developmental consequences. In M. E. Lamb, K. J. Sternberg, C.-P. Hwang & A. G. Broberg (Eds.), Child care in context: Socio-cultural perspectives (pp. 441–459). Hillsdale, NJ: Erlbaum.
Hart, B. & Risley, T. R. (1995). Meaningful differences in the everyday experience of young American children. Baltimore, MD: Brookes.
Hart, B. & Risley, T. R. (2003). The early catastrophe. Education Review, 17, 110–118.
Haug-Schnabel, G. & Wehrmann, I. (Hrsg.) (2012). Raum braucht das Kind – Anregende Lebenswelten für Krippe und Kindergarten. Kiliansroda: verlag das netz.
Havighurst, R. J. (1972). Developmental tasks and education (3rd Ed.). New York: Basic Books (originally published in 1948).
Hebenstreit, S. (2008). Bildung im Elementarbereich – Die Bildungspläne der Bundesländer der Bundesrepublik. Zugriff am 09.12.2019: https://www.kindergartenpaedagogik.de/1869.pdf
Hedderich, I. & Hecker, A. (2009). Belastung und Bewältigung in Integrativen Schulen. Bad Heilbrunn: Klinkhardt.
Heiland, H. (2009). Gruppierung als Prinzip der Pädagogik Friedrich Fröbels. Die Gruppe im Kindergarten Fröbels. In M. R. Textor (Hrsg.), Kindergartenpädagogik – Online-Handbuch. Zugriff am 09.12.2019: https://www.kindergartenpaedagogik.de/2024.html
Heimlich, U. (2013). Kinder mit Behinderung – Anforderungen an eine inklusive Frühpädagogik (WiFF Expertisen, Band 33). München: DJI.
Heimlich, U. & Ueffing, C. M. (2018). Leitfaden für inklusive Kindertageseinrichtungen – Bestandsaufnahme und Entwicklung (WiFF Expertisen, Band 51). München: DJI.
Hetkamp, J. (2012). Architektur für Kinder – Bauen für Kinder und Wahrnehmung von Kindern als Schlüssel für unsere Zukunft. In G. Haug-Schnabel & I. Wehrmann (Hrsg.), Raum braucht das Kind – Anregende Lebenswelten für Krippe und Kindergarten (S. 119–127). Kiliansroda: verlag das netz.
Hofmann, U., von Prümmer, C. & Weidner, D. (1981). Bildungslebensläufe ehemaliger Waldorfschüler. Eine Untersuchung der Geburtsjahrgänge 1946 und 1947. Stuttgart: Pädagogische Forschungsstelle beim Bund der Freien Waldorfschulen.
Honneth, A. (1992). Kampf um Anerkennung. Zur moralischen Grammatik sozialer Konflikte. Frankfurt a. M.: Suhrkamp.
Hörner, W., Drinck, B. & Jobst, S. (2008). Bildung, Erziehung, Sozialisation. Stuttgart: UTB.
Huppertz, N. (1998). Wo stehen wir in der Kindergarten- und Vorschulpädagogik? In N. Huppertz (Hrsg.), Konzepte des Kindergartens (S. 10–20). Oberried: Pais-Verlag.
Ilg, C. (2003). Vorschulische Erziehung und Bildung in Deutschland – angesichts der PISA-Ergebnisse. Wissenschaftliche Hausarbeit an der Pädagogischen Hochschule Freiburg. Zugriff am 09.12.2019: https://www.ph-freiburg.de/fileadmin/dateien/fakultaet1/ew/ew1/Personen/roeber/publikationen/studierende/zula_ilg_christina.pdf
Institut für den Situationsansatz & Fachstelle Kinderwelten (Hrsg.) (2016). Inklusion in der Kitapraxis. 4 Bände. (Band 1: Die Zusammenarbeit mit Eltern vorurteilsbewusst gestalten, Band 2: Die Lernumgebung vorurteilsbewusst gestalten, Band 3: Die Interaktion mit Kindern vorurteilsbewusst gestalten, Band 4: Die Zusammenarbeit im Team vorurteilsbewusst gestalten). Berlin: Wamiki.

Isik-Ercan, Z. (2010). Looking at school from the house window: Learning from Turkish-American parents' experiences with early elementary education in the United States. Early Childhood Education Journal, 38, 133–142.
Jäkel, J. & Leyendecker, B. (2009). Erziehungsverhalten türkischstämmiger und deutscher Mütter von Vorschulkindern. Psychologie in Erziehung und Unterricht, 56, 1–15.
Jansa, A. (2011). Das Atelier als Werkstatt der 100 Sprachen – Teil 1. Betrifft KINDER, Heft 11–12, 8–18.
Jansa, A. (2012). Das Atelier als Werkstatt der 100 Sprachen – Teil 2. Betrifft KINDER, Heft 1–2, 6–13.
Kağıtçıbaşı, Ç. (1996). Individualism and collectivism. In J. W. Berry, M. H. Segall & C. Kağitcibaşi (Eds.), Handbook of cross-cultural psychology. Volume 3: Social behavior and applications (2nd Ed., pp. 1–49). Boston: Allyn & Bacon.
Kağıtçıbaşı, Ç. (2005). Autonomy and relatedness in cultural context: Implications for self and family. Journal of Cross-Cultural Psychology, 36, 403–422.
Kağıtçıbaşı, Ç. (2017). Family, self, and human development across cultures: Theory and applications. New York: Routledge Classic Edition.
Kalpaka, A. & Mecheril, P. (2010). »Interkulturell«. Von spezifisch kulturalistischen Ansätzen zu allgemein reflexiven Perspektiven. In P. Mecheril, M. do Mar Castro Varela, I. Dirim, A. Kalpaka & C. Melter (Hrsg.), Migrationspädagogik (S. 77–98). Weinheim: Beltz.
Kast-Zahn, A. & Morgenroth, H. (2007). Jedes Kind kann schlafen lernen (9. Aufl.). München: Gräfe & Unzer.
Keller, H. (2003). Socialization for Competence: Cultural Models of Infancy. Human Development, 46, 288–311.
Keller, H. (2007). Cultures of infancy. Mahwah, NJ: Erlbaum.
Keller, H. (2010). Linkages between the Whiting model and contemporary evolutionary theory. Special Issue of the Journal of Cross-Cultural Psychology, 41, 563–577.
Keller, H. (2011a). Kinderalltag. Heidelberg/Berlin: Springer.
Keller, H. (Hrsg.) (2011b). Handbuch der Kleinkindforschung (4. Aufl.). Bern: Huber.
Keller, H. (2015). Die Entwicklung der Generation Ich – Eine psychologische Analyse aktueller Erziehungsleitbilder. Wiesbaden: Springer essentials.
Keller, H. (2016). Psychological autonomy and hierarchical relatedness as organizers of developmental pathways. Philosophical Transactions of the Royal Society B: Biological Science, 371, doi: 10.1098/rstb.2015.0070.
Keller, H. (2017). Die biokulturelle Realität des Schlafens. Andere Kulturen verstehen. Theorie und Praxis der Sozialpädagogik, 2, 34–37.
Keller, H. (2018). Culture and Development. In D. Cohen & S. Kitayama (Eds.), Handbook of cultural psychology (2nd Ed., pp. 397-423). New York: Guilford Press.
Keller, H. (2019a). Mythos Bindungstheorie: Konzepte – Methode – Bilanz. Kiliansroda: verlag das netz.
Keller, H. (2019b). The Role of Emotions in Socialisation Processes Across Cultures – Implications for Theory and Practice. In D. Matsumoto & H. C. Hwang (Eds.), The handbook of culture and psychology (2nd Ed., pp. 209–231). New York: Oxford University Press.
Keller, H. & Bard, K. A. (Eds.) (2017). The Cultural Nature of Attachment: Contextualizing Relationships and Development. Cambridge: MIT Press.
Keller, H., Borke, J., Chaudhary, N., Lamm, B. & Kleis, A. (2010). Continuity in parenting strategies – A cross-cultural comparison. Journal of Cross-Cultural Psychology, 41, 391–409.
Keller, H., Borke, J., Staufenbiel, T., Yovsi, R. D., Abels, M., Papaligoura, Z., Jensen, H., Lohaus, A., Chaudhary, N., Lo, W. & Su, Y. (2009). Distal and proximal parenting as two alternative parenting strategies during infant's early months of life. A cross-cultural study. International Journal of Behavioral Development, 33, 412–420.
Keller, H., Borke, J., Yovsi, R., Lohaus, A. & Jensen, H. (2005). Cultural orientations and historical changes as predictors of parenting behaviour. International Journal of Behavioral Development, 29, 229–237.
Keller, H. & Kärtner, J. (2013). Development – The cultural solution of universal developmental tasks. In M. Gelfand, C.-Y. Chiu & Y.-Y. Hong (Eds.), Advances in culture and psychology (Vol. 3, pp. 63–116). New York: Oxford University Press.

Keller, H. & Lamm, B. (2005). Parenting as the expression of sociohistorical time: The case of German individualisation. International Journal of Behavioral Development, 29, 238–246.

Keller, H. & Otto, H. (2011). Different faces of autonomy. In X. Chen & K. H. Rubin (Eds.), Socioemotional development in cultural context (pp. 164–185). New York: Guilford.

Keller, H., Otto, H., Lamm, B., Yovsi, R. D. & Kärtner, J. (2008). The timing of verbal/vocal communications between mothers and their infants: A longitudinal cross-cultural comparison. Infant Behavior & Development, 31, 217–226.

Keller, H., Yovsi, R., Borke, J., Kärtner, J., Jensen, H. & Papaligoura, Z. (2004). Developmental consequences of early parenting experiences: Self recognition and self regulation in three cultural communities. Child Development, 75, 1745–1760.

Kitayama, S. & Uchida, Y. (2005). Interdependent agency: An alternative system for action. In R. Sorrentino, D. Cohen, J. M. Olson & M. P. Zanna (Eds.), Culture and social behavior: The Ontario Symposium (Vol. 10, pp. 137–164). Mahwah, NJ: Erlbaum.

Kiziak, T., Kreuter, V. & Klingholz, R. (2012). Dem Nachwuchs eine Chance geben. Was frühkindliche Sprachförderung leisten kann. Expertise des Berlin-Instituts für Bevölkerung und Entwicklung. Zugriff am 09.12.2019: https://www.berlin-institut.org/fileadmin/user_upload/Veroeffentlichungen/DP_Sprachfoerderung/Sprachfoerderung_online.pdf

Klein-Landeck, M. (2009). Freie Arbeit bei Maria Montessori und Peter Petersen (5. Aufl.). Münster: LIT.

Kluckhohn, C. & Murray, H. A. (1953). Personality formation: The determinants. In C. Kluckhohn, H. A. Murray & D. Schneider (Eds.), Personality in nature, society and culture (pp. 53–67). New York: Knopf.

Knauf, T. (2005). Reggio-Pädagogik: kind- und bildungsorientiert. In M. R. Textor (Hrsg.), Kindergartenpädagogik – Online-Handbuch. Zugriff am 09.12.2019: https://www.kindergartenpaedagogik.de/1138.html

Kölsch-Bunzen, N., Morys, R. & Knoblauch, C. (2015). Kulturelle Vielfalt annehmen und gestalten. Eine Handreichung zur Umsetzung des Orientierungsplans für Kindertageseinrichtungen in Baden-Württemberg. Freiburg: Herder.

König, A. (2008). Pädagogik der frühen Kindheit. In T. Coelen & H.-U. Otto (Hrsg.), Grundbegriffe Ganztagsbildung (S. 311–320). Wiesbaden: VS.

Kron, M. (2010). Ausgangspunkt: Heterogenität. Weg und Ziel: Inklusion? Zeitschrift für Inklusion, 3. Zugriff am 09.12.2019: https://www.inklusion-online.net/index.php/inklusion/article/view/65/68

Kultusministerkonferenz (KMK) (1996). Empfehlung »Interkulturelle Bildung und Erziehung in der Schule«. Zugriff am 25.07.2019: https://www.kmk.org/fileadmin/veroeffentlichungen_beschluesse/1996/1996_10_25-Interkulturelle-Bildung.pdf

Kultusministerkonferenz (KMK) (2004). Gemeinsamer Rahmen der Länder für die frühe Bildung in Kindertagesstätten. Zugriff am 25.07.2019: https://www.kmk.org/fileadmin/Dateien/veroeffentlichungen_beschluesse/2004/2004_06_03-Fruehe-Bildung-Kindertageseinrichtungen.pdf

Laewen, H.-J. (2002). Bildung und Erziehung in Kindertageseinrichtungen. In H.-J. Laewen & B. Andres (Hrsg.), Bildung und Erziehung in der frühen Kindheit. Bausteine zum Bildungsauftrag von Kindertageseinrichtungen (S. 16–102). Weinheim: Beltz.

Laewen, H.-J. & Andres, B. (Hrsg.) (2002). Bildung und Erziehung in der frühen Kindheit. Bausteine zum Bildungsauftrag von Kindertageseinrichtungen. Weinheim: Beltz.

Laewen, H.-J., Andres, B. & Hédervári, É. (2007). Ohne Eltern geht es nicht. Die Eingewöhnung von Kindern in Krippen und Tagespflegestellen. Berlin: Cornelsen Scriptor.

Laewen, H.-J., Andres, B. & Hédervári, É. (2009). Die ersten Tage – ein Modell zur Eingewöhnungssituation in Krippe und Tagespflege. Berlin: Cornelsen Scriptor.

Lamm, B. & Keller, H. (2010). Kinder erziehen Kinder – Die Rolle von Peers im Kulturvergleich. In E. Hammes-Di Bernardo & A. Speck-Hamdan (Hrsg.), Kinder brauchen Kinder (S. 25–35). Kiliansroda: verlag das netz.

Largo, R. H. (2006). Babyjahre. Die frühkindliche Entwicklung aus biologischer Sicht (13. Aufl.). München: Piper.

Lauth, R. & Jacob, H. (Hrsg.) (1965). Fichte, Johann Gottlieb: Gesamtausgabe. Reihe I: Werke. Werke 1793–1795. Band 2. Stuttgart-Bad Cannstatt: Frommann-Holzboog.

Leenen, W. R., Grosch, H. & Kreidt, U. (1990). Bildungsverständnis, Plazierungsverhalten und Generationenkonflikt in türkischen Migrantenfamilien. Zeitschrift für Pädagogik, 5, 753–771.

Leisau, A. (2006). Kindergärten für Weltkinder: Zur interkulturellen Pädagogik im Elementarbereich. In M. R. Textor (Hrsg.), Kindergartenpädagogik – Online-Handbuch. Zugriff am 09.12.2019: https://www.kindergartenpaedagogik.de/1525.html

Leu, H. R. (2007). Erziehung zwischen Anleitung und Selbstbildung. In E. Hammes-Di Bernardo (Hrsg.), Kompetente Erziehung – Zwischen Anleitung und Selbstbildung (S. 16–32). Kiliansroda: verlag das netz.

LeVine, R. A., Dixon, S., LeVine, S., Richman, A., Leiderman, P. H., Keefer, C. H. & Brazelton, T. B. (1994). Childcare and culture: Lessons from Africa. New York, NY: Cambridge University Press.

LeVine, R. A., Miller, P. M., Richman, A. L. & LeVine, S. (1996). Education and mother-infant interaction: A Mexican case study. In S. Harkness & C. M. Super (Eds.), Parents' cultural belief systems (pp. 254–288). New York: Guilford.

Liegle, L. (2005). Politisches Gemeinwesen und pädagogisches Konzept. Zur internationalen Rezeption der Reggio-Pädagogik. Vortrag an der Akademie der Diözese Rottenburg-Stuttgart, Weingarten, 13. Oktober. Zugriff am 08.08.2011: http://www.akademie-rs-test.de/…/20051110_1549_Reggion_Vortrag_Liegle_…

Liegle, L. (2007). Pädagogische Konzepte und Bildungspläne. kindergarten heute spezial, 107, 2–6.

Lill, G. (2006). Einblicke in die Offene Arbeit. Kiliansroda: verlag das netz.

List, G. (2007). Förderung von Mehrsprachigkeit in der Kita. Expertise für das Deutsche Jugendinstitut (DJI). Zugriff am 09.12.2019: https://www.dji.de/fileadmin/user_upload/bibs/384_8288_Expertise_List_MSP.pdf

Lohaus, A., Keller, H., Lamm, B., Teubert, M., Fassbender, I., Freitag, C., Goertz, C., Graf, F., Kolling, T., Spangler, S., Vierhaus, M., Knopf, M. & Schwarzer, G. (2011). Infant development in two cultural contexts: Cameroonian Nso farmer and German middle-class infants. Journal of Reproductive and Infant Psychology, 29, 148–161.

Lorber, K. (2008). Erziehung und Bildung von Kleinstkindern – Geschichte und Konzepte. Hamburg: Diplomica.

Lyytinen, P., Kenneth, E. & Lyytinen, H. (2005). Language development and literacy skills in late-talking toddlers with and without familial risk for dyslexia. Annals of Dylexia, 55, 166–192.

Markus, H. R. & Kitayama, S. (1991). Culture and the self. Implications for cognition, emotion and motivation. Psychological Review, 98, 224–253.

McLaren, P. & de Lissovoy, N. (2011). Paulo Freire (1921–1997). In H.-E. Tenorth (Hrsg.), Klassiker der Pädagogik 2 – Von John Dewey bis Paulo Freire (2., durchgeseh. Aufl.) (S. 217–226). München: C. H. Beck.

Mecheril, P. (2004). Einführung in die Migrationspädagogik. Weinheim: Beltz.

Mecheril, P. (2010). »Kompetenzlosigkeitskompetenz«. Pädagogisches Handeln unter Einwanderungsbedingungen. In G. Auernheimer (Hrsg.), Interkulturelle Kompetenz und pädagogische Professionalität (3. Aufl., S 15–34). Wiesbaden: VS.

Mecheril, P., do Mar Castro Varela, M., Dirim, I., Kalpaka, A. & Melter, C. (Hrsg.) (2010). Migrationspädagogik. Weinheim: Beltz.

Merkel, J. (2005). Warum Kinder sich selbst bilden. Zugriff am 09.12.2019: https://www.handbuch-kindheit.uni-bremen.de/teil1_4.html

Mertens, H. A. (1788). Vortrag eines Vaters an seine Kinder. Über die Kunst, stets froh zu leben. Zur Selbstbildung beym Eintritt in die große Welt; 17. Erziehungsrede. Augsburg: Deckardt.

Michaelis, R. (2006). Die ersten fünf Jahre im Leben eines Kindes. München: Knaur.

Mol, S. E., Bus, A. G., de Jong, M. T. & Smeets, D. J. H. (2008). Added value of parent-child dialog readings: A meta-analysis. Early Education and Development, 19, 7–26.

Montessori, M. (1965). Grundlagen meiner Pädagogik. Wiebelsheim: Quelle & Meyer (Erstausgabe 1934).

Moser, T. & Martinsen, M. T. (2010). The outdoor environment in Norwegian kindergartens as pedagogical space for toddlers' play, learning and development. European Early Childhood Education Research Journal, 18, 457–471.

Nelson, K. (1973). Structure and strategy in learning to talk. Monographs of the Society for Research in Child Development, 38, 1–2.
Nelson, K. (2009). Young minds in social worlds: Experience, meaning, and memory. Cambridge: Harvard University Press.
Nentwig-Gesemann, I, Fröhlich-Gildhoff, K., Harms, H. & Richter, S. (2012). Professionelle Haltung – Identität der Fachkräfte für die Arbeit mit Kindern in den ersten drei Lebensjahren (WiFF Expertisen, Band 24). München: DJI.
Niedersächsisches Kultusministerium (2018). Orientierungsplan für Bildung und Erziehung im Elementarbereich niedersächsischer Tageseinrichtungen für Kinder. Zugriff am 23.07.2019: https://www.mk.niedersachsen.de/download/4491
Nieke, W. (1986). Multikulturelle Gesellschaft und interkulturelle Erziehung. Zur Theoriebildung in der Ausländerpädagogik. Deutsche Schule, 4, 462–473.
Nisbett, R. E., Peng, K., Choi, I. & Norenzayan, A. (2001). Culture and systems of thought: Holistic vs. analytic cognition. Psychological Review, 108, 291–310.
Nohl, A.-M. (2010). Konzepte interkultureller Pädagogik – Eine systematische Einführung. Bad Heilbrunn: Klinkhardt.
Oberhuemer, P. (2012). Interkulturelle Pädagogik. Zugriff am 02.01.2012: http://www.ifp.bayern.de/projekte/laufende/oberhuemer-interkulturell.html#kultur
Oberhuemer, P., Ulich, M. & Soltendieck, M. (1999). Kulturenvielfalt in Kindertageseinrichtungen. Empfehlungen an Träger und Trägerorganisationen. KiTa aktuell BY, 4, 89–91.
Ogunnaike, O. A. & Houser, R. F. Jr. (2002). Yoruba toddlers' engagement in errands and cognitive performance on the Yoruba mental subscale. International Journal of Behavioral Development, 26, 145–153.
Otto, H. (2009). Culture-specific attachment strategies in the Cameroonian Nso: Cultural solutions to a universal developmental task. Dissertation, Universität Osnabrück. Zugriff am 09.12.2019: https://repositorium.ub.uni-osnabrueck.de/bitstream/urn:nbn:de:gbv:700-2009050119/2/E-Diss881_thesis.pdf
Otto, H. (2011). Bindung – Theorie, Forschung und Reform. In H. Keller (Hrsg.), Handbuch der Kleinkindforschung (4. Aufl., S. 390–428). Bern: Huber.
Otto, H., Schröder, L. & Gernhardt, A. (2013). Kulturelle Heterogenität in Kitas. Weiterbildungsformate für Fachkräfte (WiFF Expertisen, Band 32). München: DJI.
Otyakmaz, B. Ö. & Döge, P. (2015). Erzieherinnen-Eltern-Beziehung in Migrationskontexten. In B. Ö. Otyakmaz & Y. Karakaşoğlu (Hrsg.), Frühe Kindheit in der Migrationsgesellschaft (S. 159–178). Wiesbaden: Springer.
Oysermann, D., Coon, H. M. & Kemmelmeier, M. (2002). Rethinking individualism and collectivism: Evaluation of theoretical assumptions and meta-analyses. Psychological Bulletin, 128, 3–72.
Papoušek, H. & Papoušek, M. (1995). Intuitive parenting. In M. H. Bornstein (Ed.), Handbook of parenting: Vol. 2. Biology and ecology of parenting (pp. 117–136). Hillsdale, NJ: Erlbaum.
Paulsen-Brink, K. (2011). Inklusion in der Ausbildung. Kita aktuell ND, 9, 208–209.
Pichler-Bogner, D. M. I. (2006). Aus Erziehung wird Beziehung. Die Grundlagen menschlicher Entwicklung. In M. R. Textor (Hrsg.), Kindergartenpädagogik – Online-Handbuch. Zugriff am 09.12.2019: https://www.kindergartenpaedagogik.de/786.html
Penn, H. (Ed.). (2001). Early childhood services – Theory, policy and practice. Maidenhead: Open University Press/McGraw Hill.
Penn, H. (2011). Quality in early education and care – An international perspective. Maidenhead: Open University Press/McGraw Hill.
Pervin, L. A. (1987). Persönlichkeitstheorien (2., überarb. Aufl.). München: Reinhardt.
Pikler, E. (2001). Lasst mir Zeit. Die selbständige Bewegungsentwicklung des Kindes bis zum freien Gehen (3. Aufl.). München: Pflaum.
Pirmoradi, S. (2012). Interkulturelle Familientherapie und -beratung. Göttingen: Vandenhoeck & Ruprecht.
Prechtl, H. (1984). Continuity of neural functions from prenatal to postnatal life. London: Spastics International Medical Publications.
Preissing, C. (2003). Vorurteilsbewusste Bildung und Erziehung im Kindergarten. In C. Preissing & P. Wagner (Hrsg.), Kleine Kinder – keine Vorurteile (S. 12–33). Freiburg: Herder.

Prengel, A. (1993). Pädagogik der Vielfalt. Wiesbaden: VS.
Prengel, A. (2010). Inklusion in Frühpädagogik (WiFF Expertisen, Band 5). München: DJI.
Radisch, I. (2011). Der letzte Prophet. Die Zeit, Nr. 8, S. 71.
Raithel, J., Dollinger, B. & Hörmann, G. (2007). Einführung Pädagogik (2., erw. Aufl.). Wiesbaden: VS.
Reese, E. & Cox, A. (1999). Quality of adult book reading affects children's emergent literacy. Developmental Psychology, 35, 20–28.
Reese, E., Leyva, D., Sparks, A. & Grolnick, W. (2010). Maternal elaborative reminiscing increases low-income children's narrative skills relative to dialogic reading. Early Education and Development, 21, 318–342.
Randoll, D. (2010). Empirische Forschung und Waldorfpädagogik. In H. Paschen (Hrsg.), Erziehungswissenschaftliche Zugänge zur Waldorfpädagogik (S. 127–156). Wiesbaden: VS.
Regel, G. & Kühne, T. (2007). Pädagogische Arbeit im Offenen Kindergarten: Profile für Kitas und Kindergärten. Freiburg: Herder.
Roeder, P. M. (2011). Bildungsforschung und Schulreform: Jerome S. Bruner, Heinrich Roth, Saul B. Robinsohn, Torsten Husén, James S. Coleman. In H.-E. Tenorth (Hrsg.), Klassiker der Pädagogik 2 – Von John Dewey bis Paulo Freire (2., durchgeseh. Aufl.) (S. 227–248). München: C. H. Beck.
Rogoff, B. (1990). Apprenticeship in thinking: Cognitive development in social context. New York: Oxford University Press.
Rogoff, B. (2003). The cultural nature of human development. New York: Oxford University Press.
Rogoff, B. (2014). Learning by observing and pitching in to family and community endeavors: An orientation. Human Development, 57, 69–81.
Röhner, Ch. (2014). Bildungspläne im Elementarbereich. In R. Braches-Chyrek, Ch. Röhner, H. Sünker & M. Hopf (Hrsg.), Handbuch Frühe Bildung (S. 601–613). Opladen: Barbara Budrich.
Rommelspacher, B. (1995). Dominanzkultur. Texte zu Fremdheit und Macht. Berlin: Orlanda.
Roos, J., Polotzek, S. & Schöler, H. (2010). Unmittelbare und längerfristige Wirkungen von Sprachförderung in Mannheim und Heidelberg. Abschlussbericht der wissenschaftlichen Begleitung der Sprachfördermaßnahmen im Programm »Sag' mal was – Sprachförderung für Vorschulkinder« der Baden-Württemberg Stiftung. Zugriff am 09.12.2019: https://www.sagmalwas-bw.de/fileadmin/Mediendatenbank_DE/Sag_Mal_Was/Dokumente/EVAS_Abschlussbericht_mit-Anhang_und_Vorspann_und_Danksagung_21-04-2010.pdf
Roth, X. (2014). Handbuch Elternarbeit – Bildungs- und Erziehungspartnerschaft in der Kita. Freiburg: Herder.
Sarimski, K. (2012). Behinderte Kinder in inklusiven Kindertagesstätten. Stuttgart: Kohlhammer.
Saßmannshausen, W. (2007). Waldorfpädagogik. kindergarten heute spezial, 107, 26–31.
Schäfer, G. E. (Hrsg.) (2005a). Bildung beginnt mit der Geburt. Ein offener Bildungsplan für Kindertagesstätten in Nordrhein-Westfalen (2., erw. Aufl.). Berlin: Cornelsen.
Schäfer, G. E. (2005b) Der Raum als erster Erzieher. Konkrete Erfahrungen sind Voraussetzung für symbolisches Denken. Theorie und Praxis der Sozialpädagogik, 1, 6–9.
Schäfer, G. E. (2007). Was ist frühkindliche Bildung? In G. E. Schäfer (Hrsg.), Bildung beginnt mit der Geburt. Ein offener Bildungsplan für die Kindertageseinrichtungen in Nordrhein-Westfalen (S. 15–74). Berlin: Cornelsen Scriptor.
Schäfer, G. E. (2008a). Bildung in der frühen Kindheit. In W. Thole, H.-G. Roßbach, M. Fölling-Albers & R. Tippelt (Hrsg.), Bildung und Kindheit. Pädagogik der Frühen Kindheit in der Wissenschaft und Lehre (S. 125–140). Opladen: Barbara Budrich.
Schäfer, G. E. (2008b). Das Denken lernen – Bildung im Krippenalter. Betrifft Kinder, Zugriff am 09.12.2019: https://www.betrifftkinder.eu/zeitschrift/betrifft-kinder/betrifft-kinder-2008/bk-08-0908/209-das-denken-lernen-bildung-im-krippenalter.html
Schaub, W. (2011). Reggio-Pädagogik – Eine Fortbildungsveranstaltung des VHL am 29.4.98 in der Helene-Lange-Schule in Tuttlingen. Zugriff am 20.07.2011: http://www.s-direktnet.de/homepages/vhl-mutschler/reggio.htm

Schelle, R. & Friedrich, T. (2015). Weiterentwicklung pädagogischer Qualität durch inklusive Frühpädagogik: Eine Analyse der Schlüsselprozesse in Kitas. Diskurs Kindheits- und Jugendforschung, 1, 67–80.
Schlagenwerth, M. (2008). Seine Heiligkeit ist auch nur ein Mensch aus Fleisch und Blut. Berliner Zeitung, 10. Mai 2008. Zugriff am 09.12.2019: https://archiv.berliner-zeitung.de/jetsun-pema-ueber-ihren-bruder–den-dalai-lama–die-chinesischen-besatzer-in-tibet–montessori-paedagogik–den-potala-palast-und-die-begabung–gedanken-zu-lesen-seine-heiligkeit-ist-auch-nur-ein-mensch-aus-fleisch-und-blut-15559140
Schlösser, E. (2001). Wir verstehen uns gut – Spielerisch Deutsch lernen. Münster: Ökotopia.
Schmitt, A. (2017). Ko-Konstruktion in der KiTa-Praxis. In J. Borke, A. Schwentesius & E. Sterdt (Hrsg.), Berufsfeld Kindheitspädagogik – Aktuelle Erkenntnisse, Projekte und Studien zu zentralen Themen der Frühen Bildung (S. 17–26). Kronach: Carl Link.
Schmutzler, H.-J. (1976). Montessoris Verrat am Kinde – statt Spiel nur Arbeit? Montessori-Werkbrief, H. 43/44, 3–14.
Schmutzler, H.-J. (2007). Maria Montessori. kindergarten heute spezial, 107, 16–25.
Schröder, L. & Keller, H. (2012). Alltagsbasierte Sprachförderung. nifbe-Themenheft Nr. 6. Zugriff am 09.12.2019: https://nifbe.de/images/nifbe/Infoservice/Downloads/Themenhefte/Alltagsbasierte_Sprachbildung_online.pdf
Schütze, F. (1992). Sozialarbeit als »bescheidene Profession«. In B. Dewe, W. Ferchhoff & F.-O. Radtke (Hrsg.), Erziehen als Profession. Zur Logik professionellen Handelns in pädagogischen Feldern (S. 132–170). Opladen: Leske und Budrich.
Sperry, D. E., Sperry, L. L. & Miller, P. J. (2018). Reexamining the Verbal Environments of Children from Different Socioeconomic Backgrounds. Child Development, 90, 1303–1318.
Spiewak, M. (2011). Eine Schmiede guter Menschen. Die Zeit, Nr. 8, S. 69.
Sriram, S. & Chaudhary, N. (2004). An ethnography of love in a Tamil family – Review essay. Culture & Psychology, 10, 111–127.
Statistisches Bundesamt (2017). Bevölkerung und Erwerbstätigkeit. Bevölkerung mit Migrationshintergrund – Ergebnisse des Mikrozensus 2017. Zugriff am 01.08.2019: https://www.destatis.de/DE/Themen/Gesellschaft-Umwelt/Bevoelkerung/Migration-Integration/Publikationen/Downloads-Migration/migrationshintergrund-2010220177004.pdf?__blob=publicationFile
Statistisches Bundesamt (2018). Statistisches Jahrbuch – Deutschland und Internationales 2018. Zugriff am 01.08.2019: https://www.destatis.de/DE/Themen/Querschnitt/Jahrbuch/statistisches-jahrbuch-2018-dl.pdf?__blob=publicationFile
Stadtkinder-Extra (2003). Schlüsselsituationen im Krippenbereich. Hamburg: Mitteilungsblatt der Vereinigung Hamburger Kindertagesstätten gGmbH.
Sulzer, A. & Wagner, P. (2011). Inklusion in Kindertageseinrichtungen – Qualifikationsanforderungen an die Fachkräfte (WiFF Expertisen, Band 15). München: DJI.
Super, C. & Harkness, S. (1996). The cultural structuring of child development. In J. W. Berry, P. R. Dasen & T. S. Saraswathi (Eds.), Handbook of cross-cultural psychology, Vol. 2: Basic processes and human development (2nd Ed., pp. 1–39). Boston: Allyn & Bacon.
Szagun, G. (2006). Sprachentwicklung beim Kind. Weinheim: Beltz.
Szagun, G. (2008). Sprachentwicklung beim Kind (2., vollst. überarb. Aufl.). Weinheim: Beltz.
Tettenborn, A. & Roos, J. (2011). Fortbildung Interkulturelle Kompetenz für Pädagogische Fachkräfte – Zentrale Evaluationsergebnisse. Zugriff am 13.04.2012: http://nifbe.de/pages/posts/bestnoten-fuer-nifbe-fortbildung-zur-interkulturellen-kompetenz-374.php?p=30
Textor, M. R. (1999). Bildung, Erziehung, Betreuung. In M. R. Textor (Hrsg.), Kindergartenpädagogik – Online-Handbuch. Zugriff am 09.12.2019: https://kindergartenpaedagogik.de/fachartikel/bildung-erziehung-betreuung/127
Textor, M. R. (2003). Kindergarten – Dienstleistungsunternehmen oder Bildungseinrichtung? In M. R. Textor (Hrsg.), Kindergartenpädagogik – Online-Handbuch. Zugriff am 09.12.2019: https://kindergartenpaedagogik.de/fachartikel/bildung-erziehung-betreuung/917
Textor, M. R. (2011, Februar). Nationaler Stand der Zusammenarbeit mit Eltern. Vortrag anl. Fachtagung »Zusammenarbeit mit Eltern in Kindertageseinrichtungen«, EH Freiburg.

Tietze, W., Becker-Stoll, F., Bensel, J., Eckardt, A. G., Haug-Schnabel, G., Kalicki, B., Keller, H. & Leyendecker, B. (Hrsg.) (2013). NUBBEK – Nationale Untersuchung zur Bildung, Betreuung und Erziehung in der frühen Kindheit. Forschungsbericht. Kiliansroda: verlag das netz.
Tobin, J., Hsueh, Y. & Karasawa, M. (2009). Preschool in three cultures revisited. Chicago: University of Chicago Press.
Tolksdorf, U. (1998). Situationsansatz – Was heißt das wirklich und welche Vorteile bietet er? In N. Huppertz (Hrsg.), Konzepte des Kindergartens (S. 109–159). Oberried: Pais-Verlag.
Tomasello, M. (2019). Becoming human. A theory of ontogeny. Cambridge, MA: Havard University Press.
Trumbull, E., Rothstein-Fisch, C., Greenfield, P. M. & Quiroz, B. (2001). Bridging cultures between home and school – A guide for teachers. Mahwah, NJ: Erlbaum.
UNESCO (1990). World declaration on education for all: Jomtien, Thailand. UNESCO Paris: Publishing.
UNESCO (1994). Die Salamanca Erklärung und der Aktionsrahmen zur Pädagogik für besondere Bedürfnisse. Zugriff am 09.12.2019: https://www.unesco.de/fileadmin/medien/Dokumente/Bibliothek/salamanca-erklaerung.pdf
von der Beek, A. (2001). Kinderräume bilden. Ein Ideenbuch für Raumgestaltung in Kitas. Weinheim: Beltz.
von der Beek, A. (2012). Raum als erster Erzieher. In G. Haug-Schnabel & I. Wehrmann (Hrsg.), Raum braucht das Kind – Anregende Lebenswelten für Krippe und Kindergarten (S. 11–19). Kiliansroda: verlag das netz.
von der Beek, A., Fuchs, R., Schäfer, G. E. & Strätz, R. (2005). Entwurf einer Bildungsvereinbarung für Kindertagesstätten in Nordrhein-Westfalen. In G. E. Schäfer (Hrsg.), Bildung beginnt mit der Geburt – Ein offener Bildungsplan für Kindertageseinrichtungen in Nordrhein-Westfalen (2., erw. Aufl., S. 179–271). Berlin: Cornelsen.
von Klitzing, K. (2019). Presidential Address: WAIMH's infants' rights statement – a culturally monocentric claim? Perspectives in Infant Mental Health, 27 (1), 1–4.
Viernickel, S. (2010). Die Fachkraft-Kind-Relation. In Niedersächsisches Institut für frühkindliche Bildung und Entwicklung (nifbe) (Hrsg.), Starke Kitas – starke Kinder. Wie die Umsetzung der Bildungspläne gelingt (S. 61–73). Freiburg: Herder.
Völkel, P. (2011). Aufgaben der Sprachentwicklung. Zugriff am 09.12.2019: https://www.kita-fachtexte.de/fileadmin/Redaktion/Publikationen//FT_voelkel_2011.pdf
Vygotsky, L. S. (1930/1978). Mind and Society. Cambridge, MA: Harvard University Press.
Wagner, P. (2003). Unsere Hautfarben – die ganze Palette! Ganz besondere Buntstifte. Zugriff am 09.12.2019: https://situationsansatz.de/files/texte%20ista/fachstelle_kinderwelten/kiwe_pdf/32%20hautfarbenstifte.pdf
Wagner, P. (Hrsg.) (2008a). Handbuch Kinderwelten. Vielfalt als Chance – Grundlagen einer vorurteilsbewussten Bildung und Erziehung. Freiburg: Herder.
Wagner, P. (2008b). Gleichheit und Differenz im Kindergarten – eine lange Geschichte. In P. Wagner (Hrsg.), Handbuch Kinderwelten. Vielfalt als Chance – Grundlagen einer vorurteilsbewussten Bildung und Erziehung (S. 11–33). Freiburg: Herder.
Wagner, P. (Hrsg.) (2017). Handbuch Inklusion. Grundlagen vorurteilsbewusster Bildung und Erziehung (4. Aufl.). Freiburg: Herder.
Whitehurst, G. J., Falco, F., Lonigan, C. J., Fischel, J. E., DeBaryshe, B. D., Valdez-Mechaca, M. C. & Caulfield, M. (1988). Accelerating language development through picture-book reading. Developmental Psychology, 24, 552–559.
Whiting, B. B. & Whiting, J. W. M. (1975). Children of six cultures: a psycho-cultural analysis. Cambridge, Mass: Harvard University Press.
Wiebe, V. (2011). Grundlagen der Raumgestaltung für Kinder in den ersten drei Lebensjahren unter der Berücksichtigung entwicklungsbedingter und bedürfnisorientierter Aspekte. Zugriff am 09.12.2019: https://www.kita-fachtexte.de/fileadmin/Redaktion/Publikationen//KiTaFT_Wiebe_2011.pdf
Winner, A. & Erndt-Doll, E. (2009). Anfang gut? Alles besser! Ein Modell für die Eingewöhnung in Kinderkrippen und anderen Tageseinrichtungen für Kinder. Kiliansroda: verlag das netz.
Winnicott, D. W. (1969). Übergangsobjekte und Übergangsphänomene. Eine Studie über den ersten, nicht zum Selbst gehörenden Besitz. Psyche, 23, 666–682.

Wood, D., Bruner, J. & Ross, G. (1976). The role of tutoring in problem solving. Journal of Child Psychology and Psychiatry, 17, 89–100.

Woodhead, M. (1996). In search of the rainbow. Pathways to quality in large-scale programmes for young disadvantaged children. The Hague: Bernhard van Leer Foundation.

Woodhead, M. (1998). ›Quality‹ in early childhood programmes – A contextually appropriate approach. International Journal of Early Years Education, 6, 5–17.

Wulf, C. (1999). Der Andere. Perspektiven zur interkulturellen Bildung. In P. Dibie & C. Wulf (Hrsg.), Vom Verstehen des Nichtverstehens. Ethnosoziologie interkultureller Begegnungen (S. 61–75). Frankfurt a. M.: Campus.

Wyneken, H.-G. (2007). Die Entwicklung des Kindes und ihre Berücksichtigung in der Praxis der Waldorf-Pädagogik. In A. Hellmich & P. Teigeler (Hrsg.), Montessori-, Freinet-, Waldorfpädagogik. Konzeption und aktuelle Praxis (5., überarb. Aufl., S. 173–187). Weinheim: Beltz.

Youniss, J. (1994). Soziale Konstruktion und psychische Entwicklung. Beiträge zur Soziogenese der Handlungsfähigkeit. Frankfurt a. M.: Suhrkamp.

Yovsi, R., Kärtner, J., Keller, H. & Lohaus, A. (2009). Maternal interactional quality in two cultural environments: German middle class and Cameroonian rural mothers. Journal of Cross-Cultural Psychology, 40, 701–707.

Zander, H. (2001). Anthroposophische Rassentheorie. Der Geist auf dem Weg durch die Geschichte. In S. von Schnurbein & J. H. Ulbricht (Hrsg.), Völkische Religion und Krisen der Moderne. Entwürfe »arteigener« Glaubenssysteme seit der Jahrhundertwende (S. 292–341). Würzburg: Königshausen & Neumann.

Zimmer, J. (1998). Kleines Handbuch zum Situationsansatz. Ravensburg: Ravensburger Buchverlag.